特殊学校教师教育技能

昝 飞 马红英 主编

图书在版编目（CIP）数据

特殊学校教师教育技能/昝飞，马红英主编．—北京：北京大学出版社，2019.8
（21世纪特殊教育创新教材）
ISBN 978-7-301-30528-7

Ⅰ．①特⋯ Ⅱ．①昝⋯ ②马⋯ Ⅲ．①特殊教育—教师教育—教材 Ⅳ．①G76

中国版本图书馆CIP数据核字（2019）第095948号

书　　　名	特殊学校教师教育技能 TESHU XUEXIAO JIAOSHI JIAOYU JINENG
著作责任者	昝飞　马红英　主编
丛书主持	李淑方
责任编辑	李淑方
标准书号	ISBN 978-7-301-30528-7
出版发行	北京大学出版社
地　　　址	北京市海淀区成府路205号　100871
网　　　址	http://www.pup.cn　新浪微博：@北京大学出版社
微信公众号	通识书苑（微信号：sartspku）　科学元典（微信号：kexueyuandian）
电子邮箱	编辑部 jyzx@pup.cn　总编室 zpup@pup.cn
电　　　话	邮购部 010-62752015　发行部 010-62750672　编辑部 010-62767857
印　刷　者	河北滦县鑫华书刊印刷厂
经　销　者	新华书店
	720毫米×1020毫米　16开本　14.75印张　300千字 2023年12月第1版　2023年12月第3次印刷
定　　　价	45.00元

未经许可，不得以任何方式复制或抄袭本书之部分或全部内容。
版权所有，侵权必究
举报电话：010-62752024　电子邮箱：fd@pup.cn
图书如有印装质量问题，请与出版部联系，电话：010-62756370

前　　言

　　从关心特殊教育、支持特殊教育到办好特殊教育，虽然仅仅是两个字的变化，但体现了国家对特殊教育的重视以及要求。2016年教育部颁布的新的《残疾人教育条例》《盲校义务教育课程标准》《聋校义务教育课程标准》《培智学校义务教育课程标准》，以及2017年出台的第二期特殊教育提升计划，都对特殊教育未来发展提出了新要求。为了规范特殊教育教师的培养和发展，2015年9月，国家教育部颁布了我国首个《特殊教育教师专业标准（试行）》（以下简称《标准》），该《标准》从专业理念与师德、专业知识和专业能力等三个方面对特殊教育教师提出了明确的要求，这既是特殊教育教师实施教育教学的基本规范，也是特殊教育教师培养、准入、培训、考核等工作的重要依据。

　　为了提升特殊教育教师的培养水平，适应特殊学校对教师的能力要求，我们编写了本书。本书编写的目的是为了强化特殊教育学生对特殊教育教师的职业认同、了解并熟悉特殊学校教师的工作内容和工作方式、掌握特殊学校教育教学的特点和技能，做好实习和就业的准备。因此，本书所介绍的内容都是特殊学校工作中的关键技能。编写组从当前实践需求出发对全书结构和内容进行了仔细设计，以保证各篇章内容的系统性和连贯性，在撰写过程中力求理论联系实际，尽力反映当前特殊学校教师面临的问题以及解决问题时的创造性做法；同时尽可能反映当前相关领域的研究成果，以体现内容的前沿性、科学性和实用性。作为特殊教育专业的参考书，本书在撰写时不仅强调专业性，同时还非常重视可读性。

　　全书共七章，第一章阐述了特殊教育教师的职业观和学生观，以便让读者对特殊教育教师的职业信念形成整体的认识；第二章详尽介绍了特殊学校教师听课、备课、说课、上课和教学反思，以及教态与着装等要求和技巧，为读者获得特殊教育的教学技能提供了实践方案；第三章详细说明了特殊学校常用的几类教具学具以及制作方法，为读者了解、制作和选用教具学具提供了实践的方向；第四章从特殊学校课堂管理的特殊性出发介绍了特殊学校常见课堂问题行为、发生原因及课堂管理应遵循的原则，为读者了解课堂和管理课堂提供了实践样例；第五章比较了特殊学校个训与个案工作的不同，介绍了个案工作与个训的具体内容，为读者实施个案管理、开展个训工作提供了实践基础；第六章从班主任工作常规、班集体建设、师生关系、家长工作四个方面介绍了特殊学校的班主任工作，为新教师了解、开展特殊学校的班主任工作提供了实践参考；第七章对特殊学校的儿童保健工作进行了详细的介绍，凸显了特殊儿童的生理特殊性对保健工作的特殊要求，为读者开展学校保健工作提供了实践思路。

全书由昝飞、马红英设计编写思路与写作提纲。各章编写人员具体分工如下：第一章，刘春玲；第二章，马红英；第三章，柳笛；第四章，昝飞；第五章，昝飞；第六章，江琴娣；第七章，杨长江。全书由昝飞、马红英统稿。

本书得以出版，得到了北京大学出版社的鼎力支持，谨此表示真诚的谢意！感谢北京大学出版社李淑方编辑给予的大力协助，在此也表示衷心的感谢！感谢书中各位特殊学校教师所提供的案例和素材！本书是教育部卓越特殊教育教师培养项目和华东师范大学专业硕士实践基地建设项目的研究成果之一。

由于作者水平、资料以及时间等因素的限制，书中可能存在纰漏之处，敬请读者批评指正，以便今后进一步修订和不断完善。

编者
2019 年 1 月
于华东师范大学

目　　录

第一章　特殊教育教师职业认同 ··············· 1
第一节　特殊教育教师的职业观 ··············· 1
一、教师职业的本质属性 ··············· 1
二、特殊教育教师的专业素质 ··············· 4
三、特殊教育教师的专业发展 ··············· 13
第二节　特殊教育教师的学生观 ··············· 19
一、学生是学习的主体 ··············· 20
二、学生是发展中的个体 ··············· 21
三、学生是完整的个体 ··············· 22
四、学生是独特的个体 ··············· 22
五、学生是权利的主体 ··············· 23

第二章　特殊教育教师教学基本功 ··············· 24
第一节　特殊教育教师的听课 ··············· 24
一、什么是"听课" ··············· 24
二、为什么要"听课" ··············· 25
三、"听课"准备 ··············· 25
四、"听课"技巧 ··············· 26
第二节　特殊教育教师的备课 ··············· 36
一、什么是"备课" ··············· 37
二、为什么要"备课" ··············· 37
三、"备课"备什么 ··············· 37
四、写一份教学设计 ··············· 41
第三节　特殊教育教师的说课 ··············· 42
一、什么是"说课" ··············· 43
二、为什么要"说课" ··············· 43

三、教师"说课"说什么 …………………………………………………… 44
　　四、"说课"应注意的几个问题 ……………………………………………… 51
　　五、说课、备课、上课间的关系 …………………………………………… 51
　第四节　特殊教育教师的上课 ………………………………………………… 53
　　一、处理好课堂上的三个关系 ……………………………………………… 53
　　二、写好板书 ………………………………………………………………… 54
　　三、给新教师上课的几点建议 ……………………………………………… 54
　第五节　特殊教育教师的教态与着装 ………………………………………… 57
　　一、教师的教态 ……………………………………………………………… 57
　　二、教师的情绪 ……………………………………………………………… 58
　　三、上课时的衣着与饰品 …………………………………………………… 59

第三章　特殊学校教具学具的制作与使用 ……………………………………… 60
　第一节　使用教具学具的意义 ………………………………………………… 60
　　一、教具学具是学生认识活动的必不可少的媒介 ………………………… 60
　　二、教具学具是教师教学活动不可缺少的工具 …………………………… 61
　第二节　教具学具的分类与功能 ……………………………………………… 61
　　一、教具学具的分类 ………………………………………………………… 61
　　二、教具学具的功能 ………………………………………………………… 65
　第三节　教具学具的制作与选择 ……………………………………………… 66
　　一、教具学具制作与选择的原则 …………………………………………… 66
　　二、简单教具学具的制作与选择 …………………………………………… 67
　　三、多功能教具学具的制作 ………………………………………………… 74
　　四、教具学具制作范例 ……………………………………………………… 85

第四章　特殊学校课堂管理 ……………………………………………………… 104
　第一节　特殊学校课堂管理的特殊性 ………………………………………… 104
　　一、课堂管理的概念及要素 ………………………………………………… 104
　　二、课堂管理的特点及特殊学校课堂管理的特殊性 ……………………… 108
　第二节　特殊学校课堂管理的基本原则 ……………………………………… 113
　　一、认识到所有学生的价值,营造积极的班级氛围 ……………………… 113
　　二、建立课堂常规,并致力于让学生遵守 ………………………………… 113
　　三、开展有效教学是课堂管理的基础 ……………………………………… 114
　　四、主动、积极的管理优于对课堂问题行为的反应性策略 ……………… 115
　　五、一致性是有效课堂管理的关键 ………………………………………… 116

第三节　特殊学校学生课堂问题行为及其出现原因 …………………… 117
　　一、常见课堂问题行为 ………………………………………………… 117
　　二、导致特殊学校学生课堂问题行为出现的原因 …………………… 118
第四节　特殊学校学生课堂问题行为的处理原则 …………………… 126
　　一、基于课堂问题行为功能进行干预 ………………………………… 127
　　二、关注学生良好的课堂学习行为，促进其有效参与课堂教学 …… 128
　　三、对课堂问题行为进行主动积极预防而非事后干预 ……………… 129
　　四、强调多要素的综合行为干预而非单一策略 ……………………… 132
　　五、开展多方合作而非单兵作战 ……………………………………… 133
　　六、事后干预要以维持正常课堂教学秩序为准 ……………………… 133

第五章　特殊学校个训和个案工作 …………………………………… 135
第一节　个训与个案工作概述 ………………………………………… 135
　　一、个训、个案与个案工作 …………………………………………… 135
　　二、个训师与个案管理员 ……………………………………………… 138
　　三、个训的基本形式 …………………………………………………… 138
第二节　特殊学校个案工作 …………………………………………… 141
　　一、特殊学校个案工作的基本模式 …………………………………… 141
　　二、特殊学校各部门个案工作的管理职责 …………………………… 147
　　三、特殊学校个案工作需注意的事项 ………………………………… 148
第三节　培智学校个训的主要对象与内容 …………………………… 150
　　一、培智学校个训的主要对象 ………………………………………… 150
　　二、培智学校个训的主要内容 ………………………………………… 152

第六章　班主任工作 ……………………………………………………… 167
第一节　班主任工作常规 ……………………………………………… 167
　　一、学生档案建立 ……………………………………………………… 167
　　二、班级日常管理 ……………………………………………………… 169
　　三、班规制定 …………………………………………………………… 173
第二节　班集体建设 …………………………………………………… 174
　　一、教室环境营造与布置 ……………………………………………… 175
　　二、班集体建设目标 …………………………………………………… 178
　　三、班干部的培养 ……………………………………………………… 180
　　四、班级活动的开展 …………………………………………………… 181

第三节 师生关系 ················· 185
一、教师与学生的角色 ············· 185
二、师生间的关系形态 ············· 186
三、教师对学生不当行为的处理 ······· 187

第四节 家长工作 ················· 189
一、家长参与教育的重要性 ··········· 189
二、班主任与家长的沟通 ············ 191

第七章 特殊儿童保健 ············· 195

第一节 特殊儿童保健概述 ··········· 195
一、特殊儿童保健的重要性 ··········· 196
二、特殊儿童保健的范围 ············ 196
三、特殊儿童保健的特点 ············ 197

第二节 健康和安全流程 ············· 198
一、常规的医学评估 ··············· 198
二、营养保健 ··················· 200
三、传染病的预防和控制 ············ 206
四、心肺复苏术 ·················· 207
五、急救护理 ··················· 209

第三节 日常的预防工作 ············· 210
一、牙齿和牙龈护理 ··············· 210
二、皮肤护理 ··················· 211
三、肠道护理 ··················· 212

第四节 特殊的医疗护理流程 ·········· 213
一、对癫痫的监控 ················ 213
二、生长发育监测、营养补充和对摄入食物的管理 ········ 218

参考文献 ······················ 221

第一章　特殊教育教师职业认同

　　1966年联合国教科文组织在《关于教师地位的建议》中提出：教师工作应被视为一种专门的职业，它要求教师具有专门的知识和技能，并通过严格训练和持续不断的信息研究来获得、维持和发展这些专业知识和专业技能。根据教育部《特殊教育教师专业标准（试行）》(2015)的规定，特殊教育教师是指在特殊教育学校、普通中小学、幼儿园及其他机构中专门对残疾学生履行教育教学职责的专业人员。特殊教育教师的职业认同是指对特殊教育教师这一职业的地位、待遇、职责、功能、知识、能力等的认知、判断与价值取向。特殊教育教师职业认同将影响特殊教育教师的从业品质、队伍稳定和职业伦理道德情操，决定着特殊教育教学质量的高低成败。因此，职业认同对特殊教育教师专业发展有重要的意义。

第一节　特殊教育教师的职业观

　　职业观是个人对自身职业角色的性质、职责和价值，以及这一职业的基本素养和专业发展等方面的认识。特殊教育教师的职业观是建立在对特殊教育教师职业角色认识的基础上的，所回答的核心问题是：特殊教育教师是怎样的一种职业。

一、教师职业的本质属性

　　《中华人民共和国教师法》第三条规定：教师是履行教育教学职责的专业人员，承担教书育人、培养社会主义事业建设者和接班人、提高民族素质的使命。

（一）教师职业是一种专业性职业，教师是专业人员

　　2015年6月21日，我国国家统计局和国家标准局发布了《中华人民共和国国家标准职业分类与代码》，将所有职业分为8个大类、65个中类和410个小类。其中，教师列在"专业、技术人员"这一大类之中。教师职业作为一种专业性职业，具备以下几方面的特征。

　　1. **教师职业具有不可或缺的社会功能**

　　教师是为社会服务的，是培养人的职业。正如律师是为了社会正义，医生是为了人类健康,教师是为了传承知识和优秀文化,从事的是培养人的事业。这种职业的责任,就是让人人都实现接受教育的权利,它应该关注所有学生的全面发展,实现有教无类的原则,这种职业对社会具有重要的作用,它使社会的文化得以传承,使社会更加文明进步。其作用和贡献更是整个社会持续存在及发展所不可或缺和替代的。教师专业服务不足或水准低落,将会对社会构成严重的伤害。

2. 教师应具有完善的专业理论和成熟的专业技能

教师职业是一个专业性职业。教师职业要经过较长时间以系统专业知识技能为基础的专业训练。[①] 一个人要能够从事教师这个职业,通常需要经过比较长时间的专业训练并取得教师资格。教师职业有一整套心理学、教育学和其他相关学科的系统化知识和一套职业技能的系统培训。教师需要具有完善的、高标准的知识基础,包括学科专业知识与技能,以及教育专业理论与专业技能,需要在大学受过良好的文理科教育,并具有不断追求新的知识与技术的意识和能力。

3. 教师在专业范围内有较大的自主权

教师有权处理自己专业范围内的事务和活动,享有教学自由和学术自由,教师在从事教育和教学工作中享有一定的权威。

根据《中华人民共和国教师法》第七条规定,教师享有下列权利:① 进行教育教学活动,开展教育教学改革和实验。② 从事科学研究、学术交流,参加专业的学术团体,在学术活动中充分发表意见。③ 指导学生的学习和发展,评定学生的品行和学业成绩。④ 按时获取工资报酬,享有国家规定的福利待遇以及寒暑假期的带薪休假。⑤ 对学校教育教学、管理工作和教育行政部门的工作提出意见和建议,通过教职工代表大会或者其他形式,参与学校的民主管理。⑥ 参加进修或者其他方式的培训。

4. 教师职业有自己的专业标准

国家对教师任职有明确的规定。《中华人民共和国教师法》第十条规定,国家实行教师资格制度。教师需具备教师法规定的学历要求,并经国家教师资格考试合格,方可取得教师资格。

5. 教师有自己的专业团体

专业团体主要是指行业协会。许多国家都有教师的专业组织,如美国的全美教育协会(National Education Association,NEA)、全美教师联盟(The American Federation of Teachers,AFT)、国际教育荣誉协会(Kappa Delta Pi, International

---

① 耿文侠,冯春明. 教师职业的专业特性分析[J]. 教育研究,2007(2):83—88.

Honor Society in Education,KDP),英国的全国教师联盟(National Union of Teachers,NUT)。我国有中国教育学会(CES)、中国教师工会等组织。这些专业组织代表教师的利益,它们扮演了三重角色:保证专业权限,保证专业水准,提升专业地位。

(二) 教师职业的角色和责任

个体从自然人发展成社会人,是在学习人类经验,消化、吸收人类文化的社会化过程中逐步实现的。在个体社会化过程中承担主要教育任务的是教师。教师角色是一种复杂的职业角色,其主要任务就是引导、帮助和促进学生成长。

1. 教师是传道者

教师负有传递国家和社会赋予的传统道德与价值观念的使命。教师的道德观、价值观代表着居于社会主导地位的道德观、价值观,并用这种观念引导学生。因而,教师的教育教学不具有随意性。教师的言论行为、为人处世的态度对学生具有耳濡目染、潜移默化的作用,对学生有引导和示范的责任。教师要以"传道"为第一责任和使命,把教书育人事业与国家民族的奋斗目标、前途命运联系起来,用好课堂讲坛,用学识、阅历、经验和实际行动激励学生对真善美的向往和追求。

2. 教师是授业解惑者

教师的基本职责就是传递人类的知识与经验。从教育产生之初,教师就成为知识的拥有者和传递者。教师在掌握了人类经过长期的劳动实践活动获得的知识经验、技能的基础上,对其进行精心加工和整理,然后以特定的方式传授给学生,并帮助他们解决学习中的困惑,启发他们的智慧,形成一定的知识结构和技能技巧,成为对社会有用的建设者。教师要有胜任教学的专业知识与技能,掌握教学智慧,源源不断地为学生提供鲜活的知识清泉。

3. 教师是管理者

教师肩负教育教学管理的职责,是学校教育教学活动的组织者和管理者。教师确定教育教学的具体目标,建立班集体,制定和贯彻规章制度,维持班级纪律,组织班级活动,对教育教学活动进行控制、检查和评价。在教育教学活动中,教师通过组织教学、课堂管理和考核激励等措施,确保教育教学的有序性和有效性。

4. 教师是学生学习的引导者

教师致力于激发学生的学习兴趣和潜能、指导学生的学习方法、组织管理学生的学习过程,培养学生自主学习与合作学习的能力,使学生在学习中学会学习、学会合作、学会做事、学会做人。教师要使学生真正成为学习的主体,重视他们的需要、情感和认知水平,给学生创造一种民主、和谐、宽松的学习氛围。

5. 教师是学生发展的促进者

教师关注学生的人格健康成长与个性发展,与学生进行心灵沟通和情感交流,通过自己的人格力量对学生产生深刻影响,并通过自己的关爱、扶助、引导和行为示范去实现德育的目标,成为学生人生的引路人。

6. 教师是课程的开发者和建设者

教师是课程的实施者,更是课程的开发者和建设者。教师应充分理解国家课程方案,理解国家课程、地方课程、校本课程之间的关系,正确认识教材在课程中的地位和功能,创造性地使用国家课程教材,积极进行国家课程地方化、校本化的实践探索。同时,积极参与地方课程和校本课程的开发与建设。

教师要对国家课程、地方课程进行"二次开发",根据实际教育情境对国家课程、地方课程内容进行适度调整和加工,从而更好地适应学生学习;同时,教师要进行校本课程的开发与建设,根据学校的教育目标、学生学习需求、学校资源等确定课程目标,选择和组织课程内容,实施教学并进行恰当的教学评价等。

7. 教师是教育教学的研究者

教师的工作对象是充满活力且千差万别的个体,传授的内容是不断发展变化的知识,这就决定了教师要以一种发展的观点、研究的态度对待自己的工作对象、工作内容和教育活动。只有在教育教学工作中不断反思和实践,才有可能最终成长为专家型的教学能手。"教师要成为研究者",课程改革鼓励教师在真实的教育情境中研究教育,在研究中工作,在工作中研究。

8. 教师是学生的朋友和知己,是心理医生

师生之间良好的情感交流,对学生的健康成长具有极大的作用。教师要心中有爱,通过真情、真心、真诚,拉近与学生的距离,成为学生的好朋友和贴心人。要尊重、理解和宽容学生,平等对待每一个学生,尊重学生个性,理解学生情感,教师要善于洞察学生的心理变化、解决学生发展中的各种问题。

二、特殊教育教师的专业素质

《教育大辞典》指出,教师专业素质是"教师为完成教育教学任务所应具备的心理和行为品质的基本条件"[①],教师的专业素质是教师从事专业工作的基本保障。《特殊教育教师专业标准(试行)》(以下简称《专业标准》)基于"师德为先、学生为本、能力为重、终身学习"的理念,对特殊教育教师专业素质进行了明确规定,

---

① 顾明远. 教育大词典[M]. 上海:上海教育出版社,1990:16.

主要包括三方面的内容:专业理念与师德、专业知识以及专业能力。

(一)专业理念与师德

专业理念是特殊教育教师对特殊教育的观念和理性信念,是教师专业行为的理性支点。《专业标准》要求,特殊教育教师在专业理念与师德方面应具备以下素质。

1. 职业理解与认识

(1)贯彻党和国家教育方针政策,遵守教育法律法规。

(2)理解特殊教育工作的意义,热爱特殊教育事业,具有职业理想和敬业精神。

(3)认同特殊教育教师职业的专业性、独特性和复杂性,注重自身专业发展。

(4)具有良好的职业道德修养和人道主义精神,为人师表。

(5)具有良好的团队合作精神,积极开展协作交流。

2. 对学生的态度与行为

(1)关爱学生,将保护学生生命安全放在首位,重视学生的身心健康发展。

(2)平等对待每一位学生,尊重学生人格尊严,维护学生合法权益。不歧视、讽刺、挖苦学生,不体罚或变相体罚学生。

(3)理解残疾是人类多样性的一种表现,尊重个体差异,主动了解和满足学生身心发展的特殊需要。

(4)引导学生正确认识和对待残疾,自尊自信、自强自立。

(5)对学生始终抱有积极的期望,坚信每一位学生都能成功,积极创造条件,促进学生健康快乐成长。

案例 1-1

有爱无碍

在辅读学校里有这样一群"小调皮"——自闭症学生,课上他们时常独自一人走神游荡;课下活动也不和其他同学嬉戏打闹;他们不会用合适的语言表达自己的需求或想法,而是常常用暴力方式达到自己的目的,如抢其他小朋友的物品、因计划临时变更而大发雷霆。他们可能是任课教师眼里的麻烦制造者,而在马老师看来他们也可以成为很好的玩伴,只是需要你能走近他们,陪伴他们,了解他们。

马老师午餐过后第一件事情不是回到办公室休息,而是常走进教室与自闭症的小朋友一起搭讪、嬉戏和玩耍。看,操场上,马老师正在跟患有自闭症的洋洋同学一起玩投篮球游戏,洋洋同学在场上有模有样地指挥着"到徐××投了,该马老师投了,这次又轮到我了……"这是马老师在组织本次投篮游戏中有意安排"轮流等待"这个社会交往技巧基本规则的学习,让洋洋在游戏中学会并养成轮流交替的意识,促进他将来的身心发展。瞧,马老师又在三年级教室敦促自闭症患者天天同学吃饭呢,天天严重挑食,很多肉类和蔬菜都不吃,只吃白米饭,这可急坏了家长和班主任老师,马老师中午第三节个训课结束后,就会先跟天天打好招呼,提前提醒他接下来要将食物吃掉,并手把手帮助他将蔬菜、肉类与米饭混合搅拌在一起,吃完以后给他一定的强化激励,他渐渐地开始养成吃蔬菜和肉类的习惯。

爱是相互的,马老师值班的时候,常常会被学校的孩子们前拥后簇,学生们都很喜欢围在他周围,这与马老师坚持陪伴分不开。家长们常夸他是个好老师,但他认为这是他应该做的。他说作为一名教师,最高兴的事情不就是看着学生能更好地成长吗?

此案例节选自上海市青浦区辅读学校:有爱无碍,砥砺前行——马占刚"为人、为师、为学"事迹材料。

3. 教育教学的态度与行为

(1) 树立德育为先、育人为本、能力为重的理念,将学生的品德养成、知识学习与能力发展相结合,潜能开发与缺陷补偿相结合,提高学生的综合素质。

(2) 尊重特殊教育规律和学生身心发展特点,为每一位学生提供合适的教育。

(3) 激发并保护学生的好奇心和自信心,引导学生体验学习乐趣,培养学生的动手能力和探究精神。

(4) 重视生活经验在学生成长中的作用,注重教育教学、康复训练与生活实践的整合。

(5) 重视学校与家庭、社区的合作,综合利用各种资源。

(6) 尊重和发挥好少先队、共青团组织的教育引导作用。

4. 个人修养与行为

(1) 富有爱心、责任心、耐心、细心和恒心。

(2) 乐观向上、热情开朗、有亲和力。

(3) 具有良好的耐挫力,善于自我调适,保持平和心态。
(4) 勤于学习,积极实践,不断进取。
(5) 衣着整洁得体,语言规范健康,举止文明礼貌。

(二) 专业知识

专业知识是教师从事教育教学的基础。特殊教育教师应充分了解特殊学生发展的特点与规律、具备扎实的学科专业知识、丰富的教育教学知识以及广博的科学文化知识和艺术知识。《专业标准》要求,特殊教育教师在专业知识方面应具备以下素质。

1. 学生发展知识

特殊教育教师要做好教育特殊学生的工作,首先要认识和了解学生,系统掌握特殊学生的特点与发展规律。

(1) 了解关于学生生存、发展和保护的有关法律法规及政策。

(2) 了解学生身心发展的特殊性与普遍性规律,掌握学生残疾类型、原因、程度、发展水平、发展速度等方面的个体差异及教育的策略和方法。

(3) 了解对学生进行青春期教育的知识和方法。

(4) 掌握针对学生可能出现的各种侵犯与伤害行为、意外事故和危险情况下的危机干预、安全防护与救助的基本知识与方法。

(5) 了解学生安置和不同教育阶段衔接的知识,掌握帮助学生顺利过渡的方法。

案例 1-2

专业的力量

记得在大学读书时,听上海辅读学校一位优秀校长说过这么一句话:"做特殊教育,仅靠爱心和耐心还是远远不够的。"当时马老师就下定决心要做一名有扎实专业学识的特殊教育工作者,立志用自己的专业所长去帮助那些残缺的花朵。从踏入特殊教育学校大门的那一刻起,他便使出浑身解数尝试将自己学到的先进教育理念和康复技术运用到实际的康复教学实践中。

记得那是一个被诊断为多关节挛缩的小姑娘——妮妮。她原本全身各大关节就比较僵硬,祸不单行,一次意外让她从床上掉下,导致右侧肘关节受伤,自此她的肘关节再也无法自主地屈伸,上臂和前臂的联合处就像机械部件生锈般,动弹不得。最严重的是无法用右手将勺子送进口中,生活自理都成了问题。去医院就医,医生说是她自身多关节牵缩症的问题,没有好办法。而马老师并没放弃,他查阅文献,结合之前在bobath运动康复培训班学到的新理念,采用关节松动技术和牵拉技术坚持帮助她做康复训练。为了保证训练强度,在那段日子里除上课外,他每天中午吃好午饭都会到妮妮的教室里,帮她做肘关节的牵拉与松动,每次都在20分钟以上。1个月过去了,她能摸到耳朵了;3个月过去了,她能摸到鼻子了;半年过去了,她终于可以自己用勺子吃饭了……看到自己用所学的专业知识真正地帮助到孩子们时,他自己就会有一种莫名的成就感萦绕在心头,这也成为他继续前行的动力。

此案例节选自上海市青浦区辅读学校:有爱无碍,砥砺前行——马占刚"为人、为师、为学"事迹材料。

2. 学科知识

学科知识又称本体性知识,是指教师所具有的任教学科的知识。例如,语文教师所具有的语言文字知识,这类知识是教师从事教学活动的基础,它直接影响着教师对课程和教学内容的理解、掌握和选择。《专业标准》要求特殊教育教师:

(1) 掌握所教学科知识体系的基本内容、基本思想和方法。

(2) 了解所教学科与其他学科及社会生活的联系。

3. 教育教学知识

教学实践离不开教育理论的指导与规范,特殊教育教师必须具备相关的教育学和心理学知识,不但要知道"如何教",更要说清楚"为什么这样教",才能以科学、恰当的方式传授知识。《专业标准》要求特殊教育教师:

(1) 掌握特殊教育教学基本理论,了解康复训练的基本知识与方法。

(2) 掌握特殊教育评估的知识与方法。

(3) 掌握学生品德心理和教学心理的基本原理和方法。

(4) 掌握所教学科的课程标准以及基于标准的教学调整策略与方法。

(5) 掌握在学科教学中整合情感态度、社会交往与生活技能的策略与方法。

(6) 了解学生语言发展的特点,熟悉促进学生语言发展、沟通交流的策略与方法。

4. 通识性知识

通识性知识是指教师应具备一般的人文知识、社会科学和自然科学的知识,

具备基本的艺术修养等综合性知识,以适应教学内容的多元化以及教育对象特殊的需要。《专业标准》要求特殊教育教师:

(1) 具有相应的自然科学和人文社会科学知识。

(2) 了解教育事业和残疾人事业发展的基本情况。

(3) 具有相应的艺术欣赏与表现知识。

(4) 具有适应教育内容、教学手段和方法现代化的信息技术知识。

(三) 专业能力

按照教育教学活动的要求,特殊教育教师应具备一系列专业能力,这些能力结合在一起构成特殊教育教师开展教育教学工作所必需的能力结构。特殊教育教师应具备一定的环境创设与利用能力、具备教育教学设计与组织实施的能力、具备对特殊学生激励与评价的能力、具备与各类相关人员以及家长等沟通与合作的能力、具备积极的反思与发展的能力。《专业标准》要求特殊教育教师在专业能力方面应具备以下素质。

1. 环境创设与利用

(1) 创设安全、平等、适宜、全纳的学习环境,支持和促进学生的学习和发展。

(2) 建立良好的师生关系,帮助学生建立良好的同伴关系。

(3) 有效运用班级和课堂教学管理策略,建立班级秩序与规则,创设良好的班级氛围。

(4) 合理利用资源,为学生提供和制作适合的教具、辅具和学习材料,支持学生有效学习。

(5) 运用积极行为支持等不同管理策略,妥善预防、干预学生的问题行为。

2. 教育教学设计

(1) 运用合适的评估工具和评估方法,综合评估学生的特殊教育需要。

(2) 根据教育评估结果和课程内容,制订学生个别化教育计划。

(3) 根据课程和学生身心特点,合理地调整教学目标和教学内容,编写个别化教学活动方案。

(4) 合理设计主题鲜明、丰富多彩的班级、少先队和共青团等群团活动。

3. 组织与实施

(1) 根据学生已有的知识和经验,创设适宜的学习环境和氛围,激发学生学习的兴趣和积极性。

(2) 根据学生的特殊需要,选择合适的教学策略与方法,有效实施教学。

(3) 运用课程统整策略,整合多学科、多领域的知识与技能。

（4）合理安排每日活动，促进教育教学、康复训练与生活实践紧密结合。

（5）整合应用现代教育技术及辅助技术，支持学生的学习。

（6）协助相关专业人员，对学生进行必要的康复训练。

（7）积极为学生提供必要的生涯规划和职业指导教育，培养学生的职业技能和就业能力。

（8）正确使用普通话和国家推行的盲文、手语进行教学，规范书写钢笔字、粉笔字、毛笔字。

（9）妥善应对突发事件。

4．激励与评价

（1）对学生日常表现进行观察与判断，及时发现和赏识每一位学生的点滴进步。

（2）灵活运用多元评价方法和调整策略，多视角、全过程评价学生的发展情况。

（3）引导学生进行积极的自我评价。

（4）利用评价结果，及时调整和改进教育教学工作。

5．沟通与合作

（1）运用恰当的沟通策略和辅助技术进行有效沟通，促进学生参与、互动与合作。

（2）与家长进行有效沟通合作，开展教育咨询、送教上门等服务。

（3）与同事及其他专业人员合作交流，分享经验和资源，共同发展。

（4）与普通教育工作者合作，指导、实施随班就读工作。

（5）协助学校与社区建立良好的合作互助关系，促进学校与社区融合。

案例 1-3

延伸的课堂

每天学生的大部分时间都是在家中度过的，家庭教育是特殊儿童教育的重要资源和阵地，然而多数家长缺乏专业的康复知识和技能，严重弱化了家庭康复的功能。为了让特殊学生的康复效果达到最好，马老师一直尝试将工作延伸到家庭和家长中。他经常利用课后时间与陪读的家长一起商讨如何将最近康复训练的内容延伸到家庭中去，马老师用通俗易懂的语言为家长们讲授运动康复和感统训练的知识，使家长们在掌握了一定的知识技能之后能在家中继续为孩子做相应的训练,从而增强了康复效果。他还利用周末时间,通过网络平台,为家长提供在家康复咨询工作。除此之外,自2013年参加工作以来,他就一直以一名志愿者的身份为3名重残在家的学生开展送教上门服务。其中一名重度脑瘫学生小张,存在严重的肢体障碍,手臂屈曲握笔困难,在很大程度上影响了他的学业发展。在对小张进行了科学全面的评估后,马老师开始了每周一次的康复训练。为了更好地帮助小张改善运动能力,他特别留心康复技能的最新进展,并且积极参加专业的培训班。虽然培训非常辛苦,但因为参加培训而耽误的送教课他一节也没有落下,而是利用周末时间乘坐公交车近2个小时去孩子家里上课。也许有人会说,为什么要做吃力不讨好的事情,但他说,看着孩子的手臂能在更大的范围活动,看着他的字迹越来越整齐,看着家长绽开的笑颜和真切的信任,心里觉得踏实,觉得送教比什么都重要。

此案例节选自上海市青浦区辅读学校:有爱无碍,砥砺前行——马占刚"为人、为师、为学"事迹材料。

6. 反思与发展

(1) 主动收集并分析特殊教育相关信息,不断进行反思,改进教育教学工作。

(2) 针对特殊教育教学工作中的现实需要与问题,进行教育教学研究,积极开展教学改革。

(3) 结合特殊教育事业发展需要,制订专业发展规划,积极参加专业培训,不断提高自身专业素质。

案例 1-4

我愿,和你一起成长

欣欣是一个自闭症儿童,我从来没有听她说过话,她每天来到学校就在座位上坐着,我们根本看不出她喜欢什么,不喜欢什么,那段时间我最大的愿望就是听听她说话的声音。还记得那是一个夏日的午后,我和欣欣正在上语言康复训练课,她看着桌子上的饼干,伸手要去拿,我快速地把饼干拿起来,就在这个时候,我有了一个想法,欣欣想吃饼干,是不是可以用饼干作为引导她说话的刺激物呢?于是我根据欣欣的情况制订详尽的训练计划,采用语言提示的策略对她进行训练。

"想吃吗?"欣欣看看我,又看看饼干,我知道她想吃。

"想吃吗? 想。"为了引导她,我问完之后立刻回答。

然后继续问欣欣:"想吃吗?"她的嘴微微地动了一下。我知道这是一个很好的机会,我一定要抓住这个可能让欣欣主动开口的机会。

"想吃吗? 想。"我继续自问自答。

"想吃吗?"我等了她两秒,没有期待中的声音。于是我又回到零秒提示。

我就这样反复地尝试,不断地自问自答,"想吃吗? 想。""想吃吗? 想。"……

不知道试了多少次,当我再次问"想吃吗?"时,我从来没有觉得两秒钟有那么漫长,但就在那两秒后,我听到了一个含混不清的"想",是欣欣的声音,欣欣竟然主动说出来了!我一下抱住她,紧紧地搂在怀里,眼眶湿润了,原来欣欣说话的声音这么好听!那一刻,我感受到她的小手也在紧紧地抱着我。

那天,我写了很长的教学反思,我记得我给自己写了一句话——用心发现孩子的一举一动,哪怕只是一个动作一个眼神,那都是教育的源头。

用心的时候,教育随时随地都可以开展。

课间操的时候,小妮的拧劲儿犯了,怎么都不去上操。王老师让我到班里看着她。我跟她说话,她不理我,我看到旁边的盒子里有一些小棒和插板,我拿起小棒,说:"小妮,你插小棒吗?"她还是没有理我。我就一个人插小棒,刚开始时,她没有注意我,慢慢地,她将头靠在胳膊上,我隐隐感觉她在关注着我的活动,"插一根红色的,插一根蓝色的……"我一边插小棒一边说着。我尝试把一根小棒放在她手上,说:"小妮,你来试一试。"小妮慢慢地接过小棒,插在了我手指着的地方。"哇,小妮好棒!"我一边鼓掌一边说道。然后一根一根地把小棒塞到她手上,在她看上去欣然接受这样的安排后,我把放小棒的盒子推到了她面前,让她自己拿,于是她一根一根地把所有的小棒都插完了。小棒是我和小妮之间沟通的桥梁,让我有机会逐渐打开小妮封闭的心。她不再拒绝我了,每次看到我的时候,她都会主动地拉拉我的手,温暖就在两只手上互相传递。

如果说十几年前,特教教师面临的问题是没有技术,那么近年来随着特殊教育的快速发展,特教教师已经掌握了许多前沿的科学教育方法,我们今天面临的问题已经不再是没有技术,而是这些孩子越来越多样化、个性化的需求。只有认真研究、用心读懂这些孩子,我们才可能实施优质的特殊教育;只有我们用自己的专业帮助他们取得进步,才是我们特教教师真正的师爱所至!让特殊孩子过上有尊严的生活,是我们每个特教教师最初,也是最执着的追求!

此案例由北京市健翔学校马莎莎老师提供。

三、特殊教育教师的专业发展

特殊教育教师专业发展是指特殊教育教师在职业生涯中,习得特殊教育的知识与技能、内化特殊教育的专业规范、形成特殊教育的专业精神、表现专业自主性,并实现其专业责任的过程。任何一个准备从事特殊教育教师职业的人,从进入职业准备阶段起,就已经开始了自己的特殊教育教师专业发展历程,这个历程将伴随其职业生涯的始终。

(一)特殊教育教师专业发展的阶段

依照时间顺序,教师专业发展通常经历以下几个阶段。

1. 顺应阶段

新教师首先要学习进入"特殊教育教师"角色,适应自己的身份。在这一时期,教师不仅要继续努力学习专业知识和技能,还需要获得精神上的鼓励和支持,包括他人的理解、鼓励、肯定和帮助等。通常情况下,新教师会通过与老教师结对子的方式得到具体的指导与帮助,以逐步认同自己的"特殊教育教师"角色。

案例 1-5

一个特教老师眼中的师爱

记得还在实习的时候,听得最多的便是曹老师每天挂在嘴边的"小孩儿,小孩儿"。普通的称呼,却融汇了曹老师对孩子们深深的爱,她说教学一定要让孩子们感受到快乐。在我们身边有很多像曹老师一样的教师在三尺讲台上默默地耕耘,他们的师爱就体现于细微之处。张老师外出学习,看到群里发的学生劳动的照片,立刻打电话给带班的老师,"白色的是擦桌子的布,黑色的是擦黑板的布,记得提醒孩子们不要拿错了"。而在我看来,生活中的张老师并不是一个注重细节的人,可是在面对孩子的时候,他的心却如此细腻。菲菲来到班里的时间比其他同学晚,规则意识还未养成,每天中午吃饭就是一个难题,梁老师就一口一口地喂她。我问梁老师:"你这样喂过你儿子吗?"梁老师笑了笑,没有回答,过了几秒钟他说"喂过呀",我想他是怕我笑话他并不熟练的喂食技巧,可是,谁又会笑话一个对学生耐心、细心的老师呢?握着白老师的手臂,伤痕随处可见,但她总是笑着告诉我们这是怎么被弄伤的,那是怎么来的。她不是不疼,而是她懂学生,懂他们控制不了自己的情绪,懂他们咬完人、打伤人哭泣时的痛苦。此刻,我特别喜欢我的一颗感性的心,让我能够深切地感受这些师爱;此刻,我也特别庆幸能够来到这个至真至爱的集体,这样的校园氛围时刻浸润我的心灵,引领我成长。

此案例由北京市健翔学校马莎莎老师提供。

2. 适应阶段

新教师工作一年左右便进入了适应阶段。在这一阶段,新教师对特殊儿童教育的整体情况有了大概的了解,可以独立处理日常班级或教学中的一般问题,遇到特殊情况时,新教师也会尝试着自己去解决。在这一时期,新教师的工作重心可能会转向如何组织教育教学活动,以及如何更加有技巧地处理学生的特殊问题。在这个阶段,教师的主要任务是提升专业能力和自信心。

3. 发展阶段

工作四五年之后,教师便进入了发展阶段。这时,教师对自身能力的发展有了更高的要求,开始关注特殊教育发展的新趋势、新观点和新方法,并努力更新自己的知识体系,不断提高自己的能力和水平。

4. 专业化阶段

不同的特殊教育教师进入专业化阶段的时间有所差异。进入专业化阶段的教师,对特殊学生身心发展规律以及教育教学规律有了较为深入的理解,并能在实践中运用自如,进而探讨更深层面的问题,能够自我反思。进入专业化阶段的特殊教育教师具有以下几方面特征。

首先,专业化的特殊教育教师是研究型教师。他们会对教育对象进行深入的观察和分析,依靠专业知识进行判断,他们会着眼于学生的长远发展;他们会自觉、主动地发现并研究特殊教育实践中遇到的问题,并运用自己的专业知识和实践经验努力探索解决问题的方法,提高教育教学质量。

其次,专业化的特殊教育教师是反思型教师。他们会就当前及可能发生的问题进行思考,分析问题的缘由,探索解决问题的方法。

案例 1-6

让特殊教育充满爱与智慧的力量(节选)

2012年,已经成为语文教研组组长的我和语文组的全体教师,启动了18册语文校本教材的编写工作。在华东师范大学特殊教育系语文课程与教材教法专家——马红英教授——的指导下,我们坚持整套教材贴合《上海市辅读学校实用语文课程指导纲要》,并且在充分考虑到学生的认知特点和发展水平的条件下,把语文的基本特点和公民情感道德情操的培养,科学、有序地以生活化的内容来呈现。2015年,"基于《上海市辅读学校实用语文课程指导纲要》的语文教材研发"被立项为教育部青年课题。

2014年,我开始负责学校教导处的工作,为了解决让"教材的学习目标适合每一个学生"的问题,我启动了"宝山区培智学校学生个别化教育系统平台"的研发项目,并于2015年1月在全校投入试用。每一位教师经过了平台上的操作,可以形成以评估为起点,贯穿学生入学前后、衔接三类课程的正确的教育理念。通过平台,家长可以知道孩子的优势和劣势,为家庭教育训练提供依据;教师可以直观地了解每一个孩子的发展情况,为教学方法的优化带来启示。

此案例由上海市宝山区培智学校吴筱雅老师提供。

(二)特殊教育教师专业发展的途径

教师的专业发展是终身的,特殊教育教师也不例外。特殊教育教师专业发展途径主要包括两种:学历教育以及非学历教育。

1. 学历教育

特殊教育的专业性非常强,教师需经过系统的教育方能培养出来。特殊教育教师的学历教育从大学专科、本科,一直延伸至研究生阶段的教育,教师可以在接受第一学历、学位教育之后,继续接受学历教育。

案例 1-7
《华东师范大学 2015 级特殊教育专业培养方案》(摘录)

培养目标及要求:

通过四年的学习,使学生具有特殊教育职业理想,有扎实的学科基础、较宽的专业知识面,系统掌握现代特殊教育专业知识与技能,具备将学科知识运用于特殊教育实践的能力,初步具备独立从事科学研究的能力。毕业后能够胜任特殊教育教学、管理和研究工作,成为适应特殊教育事业改革与发展需求的复合型专业人才。

1. 具备良好的教师职业道德,热爱特殊教育事业。

2. 系统掌握特殊教育专业知识。熟悉特殊儿童身心特点与学习需求,掌握特殊教育基本理论、专业技能和相关学科(中文/数学)的专业知识,了解特殊教育发展的前沿与动态。

3. 掌握特殊教育专业技能。熟悉特殊儿童评估的基本方法,掌握特殊儿童教育教学设计的方法,具备在不同教学组织形式下实施特殊儿童教育教学的能力,掌握特殊儿童行为干预与课堂管理的方法,初步具备特殊教育学科及教育教学研究的能力,具备与同事、特殊儿童家长以及相关专业人员沟通合作的能力。

4. 外语、计算机学习水平达到国家教育部规定的要求。掌握文献检索、资料查询的基本方法,能运用一种外语阅读、翻译专业文献。

5. 身心健康,有责任感,富有团队合作的能力。

2. 非学历教育

面向特殊教育教师开展的非学历教育主要为各种形式的职后培训。根据国家规定,特殊教育教师要定期或不定期地参加培训,以不断提高专业水平。目前,国内主要的培训形式有:① 国家级培训,如"国培计划"。② 地方培训,包括省级培训、县(市)级培训,如"省培计划"。③ 校本培训,如学校教学比赛、教学研究等各种校本研习活动。非正规的专业培训形式多样,内容丰富,是特殊教育教师专业化发展的重要形式。表 1-1 为上海市特殊教育专业岗位培训内容。

表 1-1　上海市特殊教育专业岗位培训内容[①]

内　　容		学　时	考核方式
课程	各类特殊儿童的身心发展与教育 — 听障儿童身心发展特点与教育	16	考试
	各类特殊儿童的身心发展与教育 — 视障儿童身心发展特点与教育	16	
	各类特殊儿童的身心发展与教育 — 智障儿童身心发展特点与教育	16	
	各类特殊儿童的身心发展与教育 — 自闭症儿童身心发展特点与教育	16	
	各类特殊儿童的身心发展与教育 — 脑瘫儿童身心发展特点与教育	16	
	特殊儿童行为矫正	16	考试
	特殊教育概论	12	考试
	特殊儿童的教育教学	12	考试
专题讲座	上海市特殊教育的现状与趋势	8	
	特殊儿童的保健	8	
观摩实践	特殊学校观摩（特殊学校、随班就读学校）		
	特殊学校教育教学实践/随班就读教育教学实践		现场考核
总　　计		136	

（三）特殊教育教师专业发展方法

1. 终身学习，积极建构

终身学习是教师专业化发展的动力，也是对教师提出的要求。现代知识的迅速更新，要求教师必须建立终身学习的理念，不断学习，以拓宽和完善自己的知识结构，充实和更新知识内容，不断提高自己的专业素养和教育教学水平。

特殊教育教师终身学习的途径主要有两种：其一，参加系统的学习，包括定期接受继续教育、参加各类培训、校本研习等，养成终身学习的习惯；其二，加强自学，通过钻研教育理论、开展教学研究、参加各种学习与考察活动、参加各种教学活动等，不断积累知识，提高教育教学技能。

2. 教研结合，行动研究

随着特殊教育事业的发展，教育对象不断拓展、教育理念不断更新，特殊教育实践中有大量未知的领域以及需要解决的难题，特殊教育教师应积极发现教育教学实践中的问题，通过行动研究探索规律，寻找解决问题的有效途径，通过教研结

[①] 上海市教育委员会关于开展上海市特殊教育专业岗位培训的通知．沪教委人[2013]57号．

合,提高自己的专业化水平。

案例 1-8

让特殊教育充满爱与智慧的力量(节选)

"怎样上好课?"成了我碰到的第二个问题。

宝山区要求每一位新教师都要参加三年的入职培训,学校又为每一位新教师配了一名有经验的老教师作为带教师父。所以每周末参加培训,工作日师父对我听课、评课、磨课,就成了我的生活常态。每一次师父或教研组的教师们来听课,我都一遍遍修改教案,一次次对着放学后空荡荡的教室试讲,每每从睡梦中醒来,脑子里也全是上课的事情:每个环节要用多长时间,过渡语该怎么说,学生答不出该怎么引导……此外,我还一遍遍地重温大学时的各种教科书和笔记,回忆老师上课时说过的话,找寻能解决问题的答案。说实话,这个过程真的很辛苦,但只要想到我稚嫩的教学可能会耽误智障孩子们本就有限的学习时间,使他们没有准备好就离开学校,我就咬牙坚持下去。就这样,经过一次次的历练,慢慢地,我上课变得得心应手起来。连续三年,我都在学校青年教师教学评优活动中得到一等奖,还获得了宝山区中青年教师教学大奖赛一等奖。我想,正是有了之前无数"公开"的镜子,我才知道怎么不断地修正自己。所以,即便没有人听课,我也始终让自己仿佛是站在公开课的讲台上,怀着对学生的爱与尊重,为他们上好每一堂课。

此案例由上海市宝山区培智学校吴筱雅老师提供。

3. 协同合作,专业引领

协同合作是特殊教育教师必备的专业素养。在特殊教育实践中,一方面,特殊教育教师要充分学习和借鉴他人的经验,取长补短,共同发展;另一方面,教师要养成与其他相关专业人员以及家长共同合作的能力,在特殊学生的评估、教育计划制订与实施中充分整合多方面的信息,为学生提供最适当的教育服务。

4. 反思实践,不断成长

反思是教师对自己的教学经验重新组织与建构的过程。通过对教育教学活动的反思,教师对自己的教育教学行为产生新的理解,同时,将教育理论与自身的教学实践相结合,在总结实践经验的基础上不断完善自己的知识体系,实现专业化发展。

案例 1-9
让特殊教育充满爱与智慧的力量（节选）

2010年，我除了继续担任班主任和语文教师的工作外，还兼任学校语言训练康复教师。"如何找出有语言康复需要的学生，进行有针对性的康复训练"成了我教学中又一个新的问题。

多年特教专业的学习告诉我：要遵循学生的身心发展特点和特殊教育教学规律，为每一位学生提供合适的教育。所以我们应该在教学过程中最大限度地实施个别化教育，从评估入手，有针对性地进行教学。我查阅了大量的国内外相关资料，花了两年的时间，采集普小、特教、幼儿园26册语文教材，分析了354篇课文，18037个词语，8924个句子，研发了智力障碍学生语言理解能力评估工具。这一成果获得了上海市青年教师教育教学研究课题成果二等奖。

此案例由上海市宝山区培智学校吴筱雅老师提供。

第二节 特殊教育教师的学生观

学生观是教师对教育对象的基本看法。教师要管理好学生，必须对学生有正确的认识，正确的学生观有利于建立和谐的师生关系，正确地开展教育活动，进而取得积极的教育成效。

根据人的全面发展思想建立起来的学生观，就是把教育活动中的学生看作生活中的人，其含义包括：① 学生是具有主体性的"人"，学生的主体性必须受到尊重。② 学生是有着身心诸方面需要的"完整"的人，教育必须全面满足学生的身心需要。③ 学生是具有发展潜力的人，教育的作用在于充分激发出学生的发展潜力。④ 全面发展也指全体学生的发展。⑤ 学生是有差异、有个性的人，全面发展与有差异、有个性地发展是统一的。特殊教育教师要坚持育人为本，促进人的全面发展。

一、学生是学习的主体

学生是独立的社会成员,是学校教育活动中不可或缺的重要主体,他们既是教育的对象,又是教育活动中的独立主体。

学生的发展蕴含在教育活动之中,他们不是被动地接受教师的支配和塑造,而是作为自主发展的个体自觉参与教育活动过程,具有主观能动性和自我教育的可能性。学生有自己的主观意志,会做出自己的判断,在学习教育者所给出的信息时,都是经过自己的加工之后,才会做出相应的反应,学生的学习结果之所以有所不同,往往与主体活动有一定的关联。

在教育活动中,学生有学习的主体需求,也就是发展需求。他们渴望得到教师的注意、重视、关怀和鼓励,都希望教师能热情、认真负责地教育他们。高质量的教育教学只是为学生提供了良好的外部刺激,学生要实现发展,必须与外部刺激产生相互作用,将外部力量转变为内部的、主动的进步力量,形成内在动机。

因此,教师必须尊重学生的主体地位和作用,充分调动学生的学习主动性、积极性,不断提高和完善学生的主体结构,才能把学生引向愿学、爱学、会学的可持续发展的学习道路。

案例 1-10
让特殊教育充满爱与智慧的力量(节选)

第一年入职,我担任的是七年级的班主任和语文教师的工作。面对班级里14个家庭背景不同、性格迥异、障碍类型和程度也不相同的孩子,我碰到的第一个问题就是:"怎样管理好班级?"我想起大学时老师曾对我们说过:"班级是学校教育、教学工作中最基本的组织单位。作为教师,要关爱、尊重、鼓励班级中的每一位学生,平等地对待每一位学生。"带着这样的理念,我走进了他们的世界。

小周是一名重度智力障碍学生,患有唐氏综合征。绝大部分时间他和其他唐宝宝一样,生活得无忧无虑、快快乐乐,可有时他会突然间大发脾气,无缘无故攻击同学,边上的孩子都吓得四处躲藏,跑得慢的就会成为被攻击的对象。久而久之,大家都不愿意和他一起玩,甚至不愿意和他坐在一起。为了解决这一行为问题,我开始悄悄地观察、记录下小周发脾气的时间和情境。通过几次观察记录,我发现只要在一个稍长的时间间隔内,老师或同学没有和他互动,他的情绪就会产生波动,桌子上的书本、文具也会被他弄得到处都是。带着这一情况我上门家访,从和小周外婆的交谈中得知,小周的父母离异,各自组织了新的家庭,很少来看望他。小周是被外公外婆带大的,而最近外公突发疾病去世了。小周的情绪很低落,在家也经常乱发脾气。知道了一切后,我理解了小周的行为,也体谅他那由于家庭结构的骤变而造成的强烈的不安全感。于是,小周便成了我的"影子",只要一发现他的情绪有些不稳,桌子乱七八糟,我就赶紧把他拉到身边,陪他聊聊天,做做游戏,让他即将爆发的情绪平复下来。同时,我也鼓励班上的同学多和小周一起玩,一起学习。慢慢地,小周发脾气的次数越来越少,别的孩子也开始愿意和他交朋友了……小周的例子让我明白了要做一名称职的特殊教育教师,第一件事就是要了解每一个孩子,倾听每一个孩子心底的声音。

此案例由上海市宝山区培智学校吴筱雅老师提供。

二、学生是发展中的个体

学生的绝大部分时间都是在学校里、课堂上度过的。此时他们正处于人生中长身体、长知识、长能力和思想发展的最重要的时期,是连续不断发展的个体,具有巨大的发展潜能。学校和教师应该清醒地认识到学生的身心发展具有连续性和阶段性这一特点,努力为学生提供良好的发展空间。

在教育教学过程中,教师应充分认识到学生是发展中的人,具有各种可能性和发展潜力,他们处在人生发展的特定阶段,正在经历从不成熟到基本成熟、从不定型到基本定型的成长发育时期,他们的品德、观念和学习习惯都在形成之中,容易接受正面教育,也容易受到不良影响,具有极大的不稳定性和可塑性。

教师在关注学生现实发展情况的同时,也要挖掘学生发展的各种可能性,以发展的眼光来看待学生,将学生看作发展中的人,尊重学生身心发展的一般规律。教师要坚信每个学生都是可以积极成长的、是有培养潜力的、是可以获得成功的,对每个学生都应充满信心。

三、学生是完整的个体

学生是有着身心诸方面需求及丰富个性的完整的人,是一个由身体和灵魂共同构成的生命有机体,是自然存在与社会存在的统一体。教师要树立全人化的学生观。

学生不仅需要有一个健康的身体,也需要有一个健康的心灵;他们需要有学习的意识和能力,也需要有健身的意识和能力,还需要有道德意识和能力、审美意识和能力、劳动意识和能力;他们不仅要学会学习,而且要学会生存、学会生活、学会健身、学会共处、学会做事、学会做人。教师应全面关心学生,对学生的身体、智力、情感、态度、价值观、社会适应性等全面负责,使学生思想、知识、能力、审美、劳动、交往等能力全面和谐发展,学生才能全面发展、健康成长。

四、学生是独特的个体

正如世界上没有完全相同的两片树叶,学校里也没有完全相同的两个学生。每个学生都是一个独特的生命个体,是一个独立的生命存在。学生具有差异是一种客观存在,特殊学生的差异尤其显著,即便是同一年级,甚至同一班级的学生也常常因障碍类型不同、障碍程度不一、障碍表现各异、生活经验不同等原因在教育活动中呈现出极大的差异,同一个体内部也可能表现出发展的不平衡。教师必须尊重规律,将学生视为独特的个体,注意分析和研究学生的差异性及其表现,贯彻因材施教的原则,为每个学生制订适合其发展需要的个别化教育计划,力求使每个学生得到适宜的发展。

案例 1-11
让特殊教育充满爱与智慧的力量(节选)

2011年9月,我迎来了11名一年级孩子,他们的年龄为6~8岁,可智龄只有2~3岁,有好几个孩子不会说话,大多数的孩子由于处在陌生的环境根本不愿意走出教室。由于没有统一的教材,所以"怎样为这11名孩子开展有针对性的语文教学?"就成了我思考的新问题。在查阅文献后,我发现儿歌具有韵律节奏强、言语平白、结构单一等特点,如果能避免为达到押韵效果而出现的字词表达问题的话,短小精练、朗朗上口的儿歌不失为一年级语文教学的好内容。可面对市面上那么多的儿歌书籍,哪些是这些孩子迫切需要的呢?培养智力障碍学生适应社会的能力是特殊教育的重中之重。于是,我决定把学校生活编写成节奏感强的儿歌,结合有梯度的字词来进行教学。就这样,几十篇以学校生活为主题的语文儿歌教材产生了,《学校》《教室》《操场》《餐厅》《美术室》《体育室》……经过一年的儿歌教学,这11名孩子有的会发音了,有的会跟着拍手了,有的能快乐自信地说出完整的句子了,更重要的是他们在学校的适应能力有了很大的提高。

此案例由上海市宝山区培智学校吴筱雅老师提供。

五、学生是权利的主体

学生是具有自己法定权利和义务的独立社会成员。在现代社会,学生既享有一定的法律权利,又须承担一定的法律义务,是一个法律上的责权主体。

《儿童权利宣言》肯定儿童和成人一样,应当得到人的尊重,享有生存、生活和学习的权利,成人和社会应当保障儿童的相关权利。我国《宪法》和《未成年人保护法》规定儿童的合法权利有:① 生存的权利。② 受教育的权利。③ 受尊重的权利。《中华人民共和国残疾人保障法》规定:"残疾人在政治、经济、文化、社会和家庭生活等方面享有同其他公民平等的权利";"国家保障残疾人享有平等接受教育的权利"。

特殊学生作为权利主体,和成人一样平等地拥有法律保护的权利。但他们作为发展中的个体,与成人相比各方面处于弱势,其权利的行使需要社会的教育和保护。教师必须充分尊重学生的这些权利和义务,切实保障学生的受教育权利;政府和家庭也要切实保障学生享受教育的权利。在教育实践中,教师绝不能以这样、那样的方式剥夺或变相剥夺特殊学生的受教育权。教师要树立法制化的学生观,依法执教,自觉遵纪守法。只有这样,学生的合法权利才能得到维护。与此同时,学生不仅是权利主体,还是责任主体。教师要引导学生树立法律意识,学会对学习、对生活、对自己、对他人负责,学会承担责任,以使他们在未来能履行法律上的义务。

第二章　特殊教育教师教学基本功

　　特殊教育教师的专业知识和教学技能是其履职必备的职业能力。教育部在《特殊教育教师专业标准(试行)》中特别强调了特殊教育教师应以"能力为重",即特殊教育教师不仅要具备教育教学、康复训练的基本理论,还要有将学科知识、教育教学理论与教学实践结合运用的实践能力。为了提升特殊教育质量,目前不少特殊学校已经将提高教师的教学基本功作为教师自培的主要内容。教学基本功的所指较为宽泛,既包括导入、演示、讲解、提问、强化、组织教学等教学技能,也包括准确理解"课程标准"、分析教材能力,还包括听课、备课、说课、评课、反思教学能力,以及各学科教学的专门技能等。为了使特殊教育教师(尤其是新教师)掌握特殊学校听课、备课、说课、上课和教学反思的相关知识和技能,本章在充分说明听课、备课、说课、上课和教学反思对特殊教育教师专业成长重要性的基础上,结合案例详尽阐述相关内容的重点、要求和技巧。最后进一步说明特殊教育教师的教态、情绪、服饰等因素对特殊学生学习的重要影响。

第一节　特殊教育教师的听课

　　对新教师而言,走进特殊学校是一种全新的体验。新教师尽管在大学期间学习了系统的教育教学理论,参与过见习、实习活动,但在入职初期面对课堂教学依然常常感到茫然、不知所措。为使新教师成功度过课堂教学"适应期",学校通常会为新教师配备一名或数名带教老师,并要求新教师跟着带教老师听课、看课,甚至承担部分辅助教学活动。通过一段时间的跟班听课、看课活动,新教师大都能够掌握特殊学校课堂教学的基本流程、常用教学方法,并初步了解课堂管理的技巧,逐步适应特殊学校的课堂教学工作。

一、什么是"听课"

　　所谓"听课",是"教师或研究者凭借眼、耳、手等自身的感官及有关辅助工具(记录本、调查表、录音录像设备等),直接或间接地从课堂情境中获取相关信息资料,从感性到理性的一种学习、评价及研究的教育教学方法"[①]。

"听课"因其具有组织起来简便易行、理论与实践高度结合等特点,成为校本教研最常用的方法之一;又因为全体教师都能参与其中,共同研究、反思教学,故又成为学校教师自我培育的重要手段。"听课"对新教师的意义更大,新教师能够从听课中了解教育对象、教学规范和教学规律,熟悉教学内容和教学进度。

二、为什么要"听课"

不同人有不同的"听课"目的,而且听课的意义也各有不同。对于教育管理部门工作者而言,"听课"能及时了解学校实施课程的情况;对于教学研究者来说,"听课"是为了总结课程实施的经验、发现和研究教学中的问题;对于学校领导而言,"听课"能了解本校教师的教学能力、工作态度,监控学校教学整体质量;而对于教师来说,"听课"是为了相互切磋、共同提高教学水平。对于新教师而言,"听课"一方面是为了熟悉教育对象,包括教育对象的学习基础、学习特点和学习方式;另一方面则是为了学习老教师的教学方法、课堂管理技术,了解老教师如何使用教材、怎样有计划地落实课程要求等。目前,"听课"已经成为新教师自我培育、主动发展的重要途径。通过"听课"新教师能够尽快适应职场要求。

三、"听课"准备

会"听课"是教师发展的必备能力,也是新教师学习"上课"的基础条件。为了有针对性地听课,教师应该做好听课准备。"听课"准备工作包括:了解课堂活动的实质,熟悉课堂活动的构成要素,知道"听课"时怎样做到有效地听、看、记、思。

(一)课堂活动的实质

教学活动就其本质而言是一种人际交往活动,但它又不同于日常生活中的人际交往。课堂活动的主体是学生和教师,所以课堂交际活动是教师和学生的对话活动。因此,教师的教育教学语言必须符合学生的理解方式。教学过程是信息传递的过程,课堂上教师传递的所有信息均是相关"课程标准"和"教材"规定的信息,由于学生是学习主体,所以教师传递信息的方式必须符合学生接收信息的方式。

(二)课堂活动的构成要素

课堂教学活动是在特定的时空环境(给定的时间、教室、教学设施和设备)里,由特殊的群体(教师、学生)和学习材料(教学内容、教材)构成的,为完成特定的学

[①] 周勇,杨九俊.新课程:说课、听课与评课[M].北京:教育科学出版社,2004:64.

习任务（学生学会某项知识、掌握某个技能）而设计的一种师生交往活动。其中，学生、教师、教学信息、教学媒体是构成教学活动的四个基本要素。

（三）做好"听""看""记""思"的准备

为了做到有效"听课"，教师在"听课"前应该围绕教学活动的构成要素做好"听""看""记""思"的准备。包括：了解班级学生身心障碍情况、学生学习的起点和特点；了解教师的教学风格、常用教学方法和设备；熟悉所听学科的知识体系、课程标准与教材、本课教学内容、教学目标。只有做好了相关准备，"听课"才能做到有目的、有重点地听、看、记录和思考。

四、"听课"技巧

因课堂教学是非常复杂的活动过程，涉及教师、学生、学习内容、教师的教授方法、学生的学习方法以及教学资源等多个层面，故新教师在听课初期往往感到迷茫，不知道在听课、看课过程中应该重点"听什么""看什么""记什么""思考什么"。为了提升新教师的听课能力，新教师应该了解听课的要领、掌握听课的技巧。

（一）"听课"听什么、记什么

因听课目的的不同，"听"的重点、要求也各不相同。新教师"听课"不同于检查性、研讨性、示范性、评比性听课。新教师听课的目的首先是熟悉班级授课形式和教学流程，熟悉教学内容，以及教师处理教学内容的具体方法。其次要重点了解班级内特殊学生的学习基础和学习方式，为自己"上课"做好准备。所以，新教师听课时，既要努力听清并记住教师讲了什么、怎样讲的，还要听清楚学生说了什么和怎样说的，并将之尽可能详尽地记录下来。新教师听课、记录的重点如下。

1. 听、记常用"教学指令"

所谓"教学指令"是指课堂上教师针对特定教学环节或教学任务发出的要求学生据此做出适当反应的各种指令性信息。教师发布指令的方式可以是口语，也可以是手势表情、动作，或文字、图片等非言语信息。由于"教学指令"是由教师和学生长时间默契形成的，所以新教师听课时要特别注意听清、记住老教师在教学过程中所使用的重要"教学指令"，以备自己上课时使用。新教师在同一个班级上课，应该尽量沿用老教师的"教学指令"进行教学，因为这有助于学生根据"教学指令"开展学习活动，如果新教师用新的"教学指令"，可能会导致部分学生因不理解新"指令"的具体要求而无法参与学习活动。

在听课收集和记录"教学指令"时，建议新教师不仅要记录老教师使用了哪些具体教学指令，还要记录老教师是在什么教学活动中、在什么情况下用什么方式发布这些"教学指令"的,并思考这些"教学指令"的功能是什么,即该指令是用于提出学习要求、告知具体学习活动方式,还是用于管理学生的学习行为。弄清楚重要指令的具体含义和使用环境,以便在未来的教学中准确运用这些"指令"。根据教学环节和学生学习任务的不同,有些"教学指令"比较简单,有些则比较复杂。

案例 2-1

特殊学校常用"教学指令"举例

1. 简单教学指令:起立!放好。拿起来。走过去。你来说。请你上来写。大家一起读……

2. 复杂教学指令:"你们两人一起用这台电脑。""你先读课文,碰到不认识的字画下来。""这一组朗读第一段,你们组朗读第二段,老师读旁白。""开始!"

上述教学指令的功能均为向学生提出具体的学习要求、学习行为方式。

3. 儿歌式教学指令:当学生在课堂上注意力不集中时,教师通常会带领学生读一段儿歌:"小腿并并拢,小手放放好,小耳朵认真听,小眼睛看黑板。"

该儿歌的功能在于管理学生的学习行为,即集中学生的注意力。

由于"教学指令"是发布教学信息的重要方式,而且对提高特殊学生学习过程中的注意力、维持学习活动的开展具有非常重要的意义,所以新教师听课时务必听清、记住课间常用的教学指令用语。

2. 听、记重要"教学语言"

"教学语言"是指教师在课堂教学中用口语及非言语方式(手语、手势语、表情、动作)对教材、教学内容、教学问题等进行叙述、说明、描写的行为方式。"教学语言"的优劣不仅对特殊学生准确理解教学内容有很大影响,而且对特殊学生的语言发展(模仿教师的语言)具有重要的作用。所以,新教师听课时一定要听清楚老教师在讲解知识点、讲述技能要领、进行科学论证时的用语,并记录教学中的关键词句。例如,教师使用了哪些学科术语?使用了哪些特定句式?教师讲解时的语气、语调、语速是否有变化?变化的点在哪?在课堂上教师使用的是普通话还是方言?等等。

案例 2-2

特殊学校常用"教学语言"举例

案例 2-2-1 "数学"

导入:"今天我们学习得数是 7 的加法。"

(理解加法的含义)

教师:图上有什么?

学生:苹果。

教师:有什么颜色的苹果?

学生:红苹果和青苹果。

教师:数一数,图上有几个红苹果?几个青苹果?

学生:2 个红苹果,5 个青苹果。

教师:图上一共有几个苹果?

学生:一共有 7 个苹果。

教师:得数是 7,你是怎么算出来的?请你说说算式。

学生:2 和 5 组成 7,所以 2+5=7。

教师:2 表示什么?5 表示什么?7 表示什么?

学生:2 表示有 2 个红苹果,5 表示有 5 个青苹果,7 表示一共有 7 个苹果。

……

学科术语:数一数、算、一共、得数、算式、组成、表示等。

重要教学用语:教学中,教师采用了数学的学科术语和计算教学中常用的表达方式,除了教师的第一、第二两句以外,其他句子均为重要的数学学科的教学语言。

案例 2-2-2 "语文"

教学活动:学习"凉"的字形。

教师引导学生观察并分析"凉"的字形。

教师:大家仔细观察并好好想一想:"凉"是什么结构的字?它的偏旁是什么?

学生观察字形、思考问题。

教师:"凉"是什么结构的字?

学生：是左右结构的字。

教师："凉"字的偏旁是什么？

学生：是"两点水"。

教师：去掉"两点水"，谁认识这个字(指"京")？

学生：是北京的"京"。

教师：很好！

教师："两点水"和北京的"京"组成的字是……(语气拉长、带有鼓励的表情)

学生：是"凉"。

教师：非常正确！

教师：哪位同学可以说一说这个字的左边是什么偏旁，右边是什么字？

学生甲：它的左边是"两点水"，右边是北京的"京"。

教师：合起来是……(语气拉长、带有鼓励的表情)

学生：合起来是"凉"。

教师：说得对！"两点水"加上北京的"京"合起来是冰凉的"凉"。

教师：大家再看看"凉"字是左边宽，还是右边宽？

学生：左边窄，右边宽。

教师：非常好！

教师：现在我在田字格里写一遍，同学们看看，"凉"字在田字格中的位置和书写笔顺。

……

学科术语：结构、偏旁、部件、左右结构、两点水、组成、田字格、笔顺。

重要教学用语：教学中，教师采用了大量语文学科术语和识字教学常用词句，故上述词语和句子均为重要的学科教学用语。

值得特别说明的是，国家2000年颁布了《中华人民共和国国家通用语言文字法》，明确提出了"学校及其他教育机构以普通话和规范汉字为基本的教育教学用语用字"。根据此规定，教师在教育教学活动中所用的语言应该是"普通话"和规范汉字。但鉴于我国地域广阔、方言众多，而且有些方言的音系与普通话音系差距较大，故不易学习、使用。再加上有些特殊学生长期生活在方言环境中，可能一开始听不懂普通话。为了有效地开展教学活动,教师可以在学生入学初期适当用些方言授课,但应该逐步过渡到使用普通话授课。如果新教师是在方言区听课,最好能事先学些简单的方言词句,以减少听课困难。

(二)"看课"看什么、记什么

新教师在听课过程中除了要仔细"听"之外,还要细心"看"。新教师"看课"到底应该看什么呢?归纳起来,一要看老教师管理班级、引导学生学习的方法;二要看老教师准备和使用了哪些教学的设施设备;三要看老教师围绕教学内容设计了哪些教学环节、如何转换各教学环节;四要看老教师用了哪些教学方法,效果如何;五要看学生学习的兴趣,以及课堂参与度。具体而言,新教师在看课时应该重点看、记如下内容。

1. 看、记"教学内容"

新教师看课时首先要弄清楚本节课教师教授的内容是什么。由于特殊学校同时承担着文化知识、思想品德教育,以及缺陷补偿、潜能发展等多重任务,所以学科多,课程内容相对普校复杂一些。新教师在进入教室听课前必须先熟悉教材,了解本节课的教学内容、教学要求、教学目标,以便理解教师所设计的教学过程和使用的教学方法。看课时,新教师应重点看教师是怎样使用教材、怎样呈现教学内容的、学生参与课堂活动的情况,以及他们对所学内容的反应等,并将所看到的体会、疑惑等重要信息随手记下来。

2. 看、记"教学媒介"

因生理缺陷,导致特殊学校的学生具有特殊的感官偏好和独特的学习方式。为了促使特殊学生有效学习,教师在课堂上往往会根据学生的学习特点和感官偏好选择特殊的教学媒介。新教师听课时需特别留意看、记老教师在课堂上使用了怎样的教学媒介,以及运用教学媒介的途径和方法等。

案例 2-3

特殊学校常用"教学媒介"举例

1. 语言:语音(普通话、方言),文字(汉字、盲文),数字,体态语(手语、表情、动作)。
2. 印刷材料:教材、练习册等。
3. 图示媒介:图表、挂图、卡片(图卡、字卡)。

4. 照片媒介：照片、幻灯片、影视等。

5. 电子媒介：录音、录像等设备。

6. 其他教学物：实物、模型等。

3. 看、记"教学流程"

新教师看课时，要留意老教师开展教学活动的具体教学过程以及教学环节。新教师看教学过程时应该注意看以下几点：第一，观察并记录本节课中老教师采用了怎样的导入方式（复习导入、谜语导入、实验导入、故事导入……）；第二，观察并记录老教师如何从"导入"引入"新授"，并同时思考"导入"为"新授"提供了怎样的教学基础；第三，观察并记录新授环节分哪几个部分，并思考教师用什么方法衔接各教学环节；第四，观察并记录在每个教学环节中教师分别落实什么目标，教师用什么方式巩固新授教学内容；第五，观察并记录教师用什么方法、什么语言对本节课内容进行归纳、提炼；第六，观察并记录教师是否布置课后练习，如果布置课后练习，是否是有针对性的差异练习，以及练习的内容、形式、练习量如何等。

案例 2-4

特殊学校"教学流程"举例

1. 整堂课教学流程：复习导入（3分钟）→新授（15分钟）→巩固练习（7分钟）→小结（6分钟）→布置作业（4分钟）

2. 新授环节流程：整体感知新知识/技能→理解新知识/观察技能要点→操作感受新知识/操作体验新技能……

4. 看、记"教学方法"

因课程、教学对象、教学内容、教学目标不同，教师往往会使用不同的教学方法。新教师看课时应该有意识地观察并记录老教师在什么教学内容、什么教学环节、针对什么教学对象时使用什么方法，并思考、归纳使用各教学方法时教师的语言、教学内容的呈现方式、学生的反应情况等。另外，还要观察并记录教师是如何将多种教学方法穿插、配合使用的。

案例 2-5

特殊学校常用"教学方法"举例

1. 讲授法

教师运用口头语言向学生讲解知识和技能,包括讲解、讲述、讲读、讲演等。

2. 模仿法

通过让学生模仿教师的语言、动作、表情、手势等,以达到调整学生的语言和动作行为的方法。例如,体育课上学生模仿教师的运球动作做运球练习;语训课上学生模仿教师的发音动作进行发音训练;生活课上学生模仿教师的动作系鞋带;数学课上学生模仿教师的点数方式手口一致地点数给定物体。

3. 演示法

教师配合讲授或谈话,运用实物标本、模型、PPT、板图、视频等直观教具展示给学生看;或针对学生难以理解的词句,运用表情、动作等示范表演,使学生理解所学。

4. 提问法

根据教学内容和目标教师提出问题并要求学生回答,以此引导学生思考、表达,以获取知识或巩固所学。

5. 参观法

教师将学生带到真实的生活场景中,通过引导学生实地观察、比较、体验等方法加深学生对所学内容的认识和理解,获得感性认识。

6. 巩固练习法

通过让学生完成特定的练习任务,帮助学生牢固地掌握所学。

7. 情景教学法

依据教学内容在课堂上设置教育场景,并将学生置于该场景之中,通过组织学生完成情景中的具体任务来帮助学生掌握知识和技能。

8. 任务分析法

对特定、复杂的学习行为或技能进行分析,并引导学生逐步掌握该技能。

9. 个别教学法

针对个别有特殊困难学生的学习基础,教师在课堂上寻找恰当时间对其实施个别教学指导。

10. 游戏教学法

课堂上组织学生玩"规定游戏",通过游戏向学生教授知识和技能。

5. 看、记"教学板书"

随着教学活动展开,教师会在黑板上用文字、图形、线条、符号等方式呈现教学中的重要内容或各内容之间的逻辑关系,这就是教学板书(板图)。形象直观、构思精巧的教学板书(板图)对吸引学生参与课堂活动、理清教学内容、学习有目的地思考、完整记忆课程主要内容都具有重要作用。新教师应该将整个板书抄记下来。观察、记录教学板书应该重点关注以下三点:其一,观察并记录教师怎样呈现板书,即教师怎样结合内容的讲授一步步地完成整个板书的内容;其二,观察并记录教师如何通过引导学生看板书来理解和记忆本节课的主要内容;其三,思考该板书是否做到:条理清晰、言简意赅、字迹工整、格式准确,是否促进了学生对本课内容的理解和记忆。

案例 2-6

特殊学校常用"教学板书"举例

案例 2-6-1 "语文"

14. 胖乎乎的小手

　　替　爸爸　拿过拖鞋
　　　　　　　给　妈妈　洗过手绢
　　　　　　　帮　姥姥　挠过痒痒

案例 2-6-2 "数学"

10 以内数的减法(10 减几)

6. 看、记"教学操作"

观察课堂上的教学操作情况首先是看教师准备并使用了什么设备。包括：一般教学设备，比如，模型、投影仪、录音机、电子白板、电脑；特殊教学设备，比如，盲人电脑、盲人打印机、注视器、闭路电视放大设备等；一般教具学具，比如，字卡、图卡、尺子；特殊教具学具，比如，盲板、盲笔、盲用绘图板、语音计算器、低视力助写板等。除了要了解并记录教师用了什么设备、教具学具外，还要观察、记录教师是如何操作这些设备的。包括：老师在什么教学环节中使用了什么教学设备？教师是如何使用这些设备的？教师在操作这些设备、教具学具之前或之后说了什么、做了什么？等等。例如，教师放录音或录像前说了什么或提了什么问题？教师放了几遍录音或录像？放录音或录像过程中是否有暂停？暂停时教师对学生的"听"或"看"是否有指导？具体的指导语是什么？放完录音或录像后教师又说了什么？除了看教师使用了什么设施设备、教具学具授课之外，还要看学生用什么学具，学生在操作教具学具时有无教师指导，教师指导什么和怎样指导等。同时，新教师还需边看课，边思考课堂上所用的教具学具是否解决了教学的重难点，是否有助于目标的落实。

7. 看、记"练习设计"

练习是学生掌握知识、形成技能的重要途径，练习有利于激发学生学习的兴趣，促进学生对所学知识技能的理解、掌握和运用，所以设计练习是特殊学校教师必备的基本功。但是，特殊学校学生学习基础和学习风格差异大，所以学习目标层次多、练习形式差异大，新教师非常难把握好练习的设计。因此，新教师在看课时，要注意看"练习"的环节，包括：哪些知识点进入练习范围，是否有分层练习，每项练习内容的形式如何等。通过观察、记录、分析教学中的练习，了解本班级、本学科练习的主要内容、难度水平和练习形式等。

案例 2-7

特殊学校"练习设计"举例

姓名：
班级：
日期：
完成情况：

数学练习

一、看图填空（如果不会写字，可用曲线把水果连到括号里）

1. 从我这里看，（　　　）远，（　　　）近。

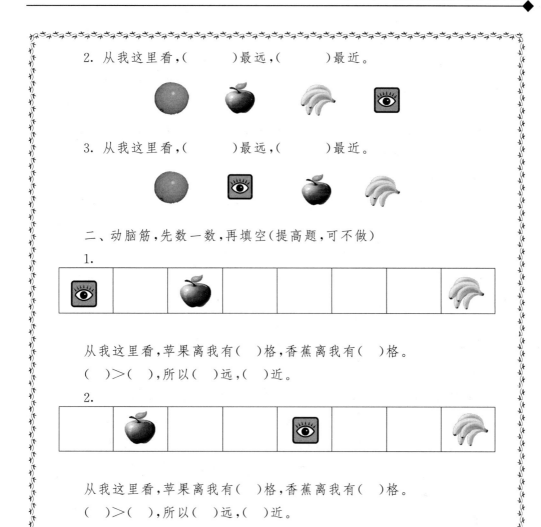

此案例由上海市浦东新区辅读学校教师吴云峰老师提供。

8. 看、记学生反应

新教师在看课时除了要看教师是如何组织教学活动、推进教学进程之外,更重要的是看学生的学习。具体而言:一是观察、记录学生对教学中各种教学手段的反应水平和反应方式;二是观察、记录学生是否达成学习目标。在此过程中,新教师还应注意观察和记录老教师是怎样评价学生的学习结果的,包括教师评价什么,在什么时候,用什么方法(语言、表情、动作、奖励物等)进行评价等。例如,可以重点看一看老教师是否通过观察学生听课时的表情、动作、参与活动的积极性等来判断学生的"学习兴趣",还是以学生完成一项具体任务的结果来评价学生。

(三)新教师听课、看课时思考什么

尽管新教师可能还没有以教师的身份组织过课堂教学,但他们毕竟以学生的身份"上过课",故其对课堂教学环境、教学方法、教学过程并不陌生,甚至有一定的"经验"。而这些过往的"经验"对其听课、看课非常有价值。但随着身份的改变,新教师再次"听课"时必须站在教师的立场上去听、去看、去记录、去思考。建议新教师在听课、看课的同时思考如下几个问题。

1. 教学内容是否恰当

新教师一边听课、一边思考本节课教学内容是否恰当时,主要思考两个问题:第一,本节课的教学内容是否符合教育总目标和学生的教育需求,即本节课所教授的知识技能是不是学生必须掌握的,教师是否对这些内容进行分层处理?第二,本节课所教授的知识技能是否符合学生的学习基础,即课堂教学的内容与学生的认知水平、学习基础是否适应?是否存在过高或过低的内容要求?

2. 教学方法是否合适

新教师在课堂上应该一边看、记老师在课上运用的教学方法,一边观察学生的反应,一边思考教师的教学方法是否合适。如果学生的学习兴趣浓、参与度高,而且操作的正确率高,说明该教学方法适合本班大部分学生,反之则说明该方法不太符合学生的学习基础或学习方法。另外,新教师还可以采用换位的方式思考教学方法的问题,即考虑同样的内容如果由"我"来教,"我"会采用什么方法,并思考不同的教学方法的长处和短处。另外,新教师还可以思考,如果我是"学生",这样的教学方法是否有助于我掌握本节课的知识和技能。

3. 教学的成功与不足

新教师大都学习过教育学和教育心理学理论,加之自己的课堂学习经验,通常会对所听、所看的教学过程有感性的评价,即这是一节成功的课还是问题较多的课。对一堂课的直观感受固然非常重要,但需要新教师在听课、看课时收集更多的教学细节,为课后共同研讨课堂教学提供依据。

第二节 特殊教育教师的备课

教师要上好一堂课,首先要学会备课。通过备课,教师要撰写一份科学且操作性强的教学设计,并准备教具学具。备课对很多老教师而言驾轻就熟,但对新教师而言却并不容易。要备课,教师必须先对教学内容、学情进行科学且充分的分析,然后据此准备教具学具,并形成一份教学活动方案。

一、什么是"备课"

所谓"备课"是指教师根据学科课程标准的要求,在对教材和学生进行分析的基础上所选择的信息传播方式和教学环节的安排顺序。"备课"包括研读课程标准和教材,分析学生的学习基础和学习风格,确定教学目标和重难点,选择和制作必要的教具学具,以及确定教学方法等内容。因为备好课是上好课的基础,所以"备课"是新教师必须掌握的一项重要的职业技能。

二、为什么要"备课"

新教师都希望运用所学教育教学理论开展教学活动,并高质量地完成教学任务。但是,教学的对象是人,而教学的内容则非常丰富,既有优秀文化、科学知识的传递,也有人生观、世界观的教育,还有审美的教育和健康体魄的训练等。所以,课堂教学的本质是对特定人群开展的文化知识、思想审美、身体素质等全方位的教育训练。鉴于课堂教学的特殊性,教师们会在课前花大量时间钻研课程标准,熟悉教材,分析学情,梳理知识,设置教学目标,选择教学方法,准备教具学具,其目的就是为了上好这节课,达到预定的教学目标。实践证明,新教师在课前考虑得越周密、准备得越充分,教学就越顺畅,目标的实现度也就越高。所以,学会"备课"对新教师而言非常重要。

三、"备课"备什么

教师将"备课"的结果用"教案"呈现出来,所以备课的过程实际上也就是编写教案的过程。为了编写好符合教学规律的"教案",编写教案前应该做好准备工作,包括备教材,备学生,备教具学具。

(一)备教材

1. "备教材"先熟悉"课程标准"和教材

所谓"备教材"是指教师在对教材进行研究分析的基础上,理解教材、吃透教材、用好教材。备教材,并不是简单地就某一课内容设计一堂课的教学活动,因为新教师对所教课程、教材缺乏研究,故他们往往不能判断什么教材是适合本班学生的,教材中的知识哪些必须先教、哪些可延后教,哪些知识必须教,而哪些知识可以缓教,甚至不教。有鉴于此,建议新教师接受所教课程的教学任务后,应该先认真研读"课程标准"("课程纲要"),通读整套教材,在此基础上再备课。

为什么"备课"前要先研读"课程标准"?因为它能够告诉我们在此阶段开设

本课程的必要性和重要性。"课程标准"阐述了课程的总目标以及各年级段的具体教学目标要求、课程实施的理念与方法、课程实施的保障与资源的选择利用等核心问题。教师通过研读"课程标准",能够快速而准确地把握所教课程的目标要求和课程实施的理念、方法,为科学地开展教学活动提供理论和实践依据。

  为什么"备课"之前要先通读全套教材?因为教师无论教授哪个年级、哪门课程,都需要先全面地了解所使用的教材,熟悉教材的编写理念、编写体系和编排特点等。教师只有通读了整套教材,才能了解所用教材知识的选择和知识点的分布以及教授的顺序、教材的排版特点等。所以通读教材成为科学、高效地使用教材的基础。

  总之,教师只有把握"课程标准"、熟悉教材体系和编排特点,备课才会有针对性、科学性。

  2."备教材"应该"备"什么?

  因为考虑到任何一套教材具有很广的适用面,加上不同教师对同一教材使用的出发点或要求有所差异,所以每个教师在使用教材时一定要根据"课程标准"、学生的教育需要和学习基础认真地阅读和分析教材。"备教材"可以从如下几个方面思考:

  (1)本节课中所选的内容是属于哪个领域的知识或技能?

  (2)我们将从这个教学材料中选择哪些知识和技能教授给学生?为什么要教授这些知识和技能?

  (3)我们将预计用几节课完成这些知识和技能的教学?

案例 2-8

特殊学校"教材分析"举例

我是能干的好孩子

  "我是能干的好孩子"选自上海教育出版社《实用语文学本》第五册。

  这是一篇看图学文材料。本课文共由4幅插图、4个词语和3个句子构成。

  本课要求学生掌握的知识为:1个部首、4个生字和6个词语。

  本课在教授语文知识的同时,还希望通过阅读理解训练,使学生逐渐养成自己的事情要自己做的好习惯。

> 本课知识点：
>
> 本课有4个一类生字："是""干""牙""己"。
>
> 本课要求会认读的词语为："自己""能干""刷牙""洗脸""穿衣""穿鞋"。
>
> 根据教学内容和学生的基础，本课内容计划用4个课时完成。

此案例由上海市宝山区培智学校教师茅娟提供。

（二）备学生

特殊学校的学生因障碍类别、障碍程度不同，故同一课堂内的学生往往存在较大差异。教师如何在一节课内实施差异化教学，使每位学生都能在其原有基础上获得发展？学生是影响教师备课的一个重要因素。备课前教师必须熟悉学生、认真分析学情，以使教学内容、教学目标、教学方法、活动方式和练习设计尽量符合班级每个学生的教育需要和学习特点。

"备学生"不仅要考虑学生的障碍类型和程度，性别，运动、语言、情绪控制等学习的基本能力，更要着重分析每名学生学习本课内容的学习基础、学习特点和达到目标的各种条件。只有分析清楚了学生的学习基础，才能制定科学的教学目标和教学程序，选择有效的教学方法和教学资源。

案例 2-9

特殊学校"学情分析"举例

本班共有10名学生。其中女生3名、男生7名。10名学生中有3名唐氏综合征学生、4名自闭症学生、1名脑瘫学生、2名单纯智力障碍学生。参与本节课学生的语文学习基础如下：

A组4名学生：这4名学生能够主动参与课堂活动，上课注意力也比较集中。他们都能独立抄写汉字，基本掌握了汉语拼音和拼音输入法，能根据给定的拼音在iPad上独立打字。

B组3名学生。他们的识字量比较大，其中1名学生能够独立描写、抄写，而另2名学生需在教师指导下描写、抄写。3名学生均存在构音障碍，口齿不清。这3名学生没有掌握汉语拼音，但在指导下能够在iPad

> 上输入拼音,所以通常他们能够在教师手把手的指导或语言提示下在 iPad 上打字。
>
>   C 组 3 名学生。识字量不大,两人尚不具备描写汉字的能力。2 名学生没有语言表达能力,仅能模仿发音。另有 1 名学生尚处于学习准备期,因其情绪控制困难,故无法参与课堂学习。3 名学生均不会拼音,也不理解打字任务,所以不会在 iPad 上打字。

此案例由上海市宝山区培智学校教师茅娟提供。

(三) 备教具学具

为了更有效地传递教学信息,教师在课前会根据需要准备如实物、模型、挂图、教学卡片(图卡、字卡、计算卡……)、音频、视频等多种教学设备和学具,以促进学生准确、完整地理解教学信息,掌握所学内容。所以,在课前教师除了要备教材、备学生以外,还需要准备课堂教学所需的各种教具学具。这对新教师备课又是一个挑战。

在准备教具学具时新教师应重点考虑三点:其一,哪些教具学具能最大限度地反映教学内容;其二,哪些教具学具能将学生的注意力集中于教学内容,而非教学设备本身;其三,哪些教具学具符合合理、简约、高效的运用原则。尽管新教师应该掌握现代教育技术,但是在课堂上使用教学设备不是为了展示教师的多媒体应用技术,也不是为了制造一个活跃的课堂气氛,而是为了更好地呈现学习材料、引导学生学习,提高教学有效性。所以本着"教具学具"是为"教学服务"的理念,反对新教师以活跃课堂气氛为宗旨的教具学具制作与选用。因为制作、使用与本课教学内容关联度较低的教具学具,不但要花费教师大量时间,而且还会降低学生对教学内容本身的关注。所以,新教师一定要选择简约、高效的教具学具。

因为教师每一次备课都要备教材、备学生、备教具学具,所以教师备课的工作量非常大。在备教材,备学生,备教具学具的"三备"中,研究教材,分析学生,准备教具学具都很重要。因为教材是学生的学习材料,通过学习教材学生要获得融入社会的知识和技能,所以教师要认真研究教材,使用好教材;鉴于教具学具是促进学生感知知识的媒介,通过观看、触摸、摆弄教具学具(甚至尝、闻教具学具),学生能够最大限度地理解和掌握知识和技能,所以教师要精心挑选、用好教具学具。但是,在"三备"中,备学生才是特殊学校"备课"中最为重要的内容。因为学生的学习基础、学习风格直接影响教师"教什么"和"怎么教",所以教师应该多花些时间分析自己的学生。教师分析学生越透彻,其教学过程就会越顺畅、教学效果自然也就会越好。

四、写一份教学设计

教学设计是教师施教的依据，如果没有对本次教学活动进行科学、详细的设计，教师就无法在规定的教学时间内条理清晰地讲授知识、完成教学任务、落实教学目标。因此，教师在完成教材分析和学情分析的基础上，需要在课前撰写一份详尽的教学设计。

教学设计没有固定的格式，一份完整的教学设计通常包括：课题名称、教学目标、重点难点、教学准备、教学过程（教学流程）和板书设计六个部分的内容。

（一）课题名称

即写明本课为第几课，课题名称是什么。

（二）教学目标

教学活动实施的方向和预期达到的结果，即本节课教师应教授的内容，学生应该学习的知识和技能，以及达到的结果目标。

根据新课改精神，教学目标可以从知识与技能、过程与方法、情感态度与价值观三个维度设置。教师在备课时要充分挖掘教材，努力反映学生在各维度上的变化。但需要说明的是，有些目标需要通过不断地教育和熏陶方能形成，而有些教学内容则很难设置情感态度与价值观的目标，所以教师在设置教学目标时一定要实事求是，不要牵强附会。另外，一堂课教学时间有限，故不宜设计太多教学目标。因为目标太多很容易使教师陷入为赶教学目标而加快教学进度，导致忽略学生的学习进程的情况。

总之，由于课堂上的学习主体是学生，故教学目标实际应为学习目标服务。因此，教学目标的表述要体现出学生的学习结果和学习方式。

（三）教学重点与教学难点

所谓"教学重点"是本学科最基本、最核心的知识或技能，也是一节课必须达到的教学目标。由于一节课可能有不止一个教学目标，所以教师必须在分析教材和教学目标的基础上确定本节课教学的重点是什么。所谓"教学难点"是指学生在学习过程中不易理解、不易掌握的知识和技能。一般而言，抽象的理论或概念、远离学生生活或相对复杂的知识和技能应该是教学的难点。但是，教师将哪些内容确定为教学难点则需根据学生的学习基础和能力而定。另外，还需注意的是虽然有些教学内容既是教学重点、又是教学的难点，但是教学难点并不一定就是教学重点。为了科学地确定教学的重难点，教师必须认真分析教材和学情，使所设置的教学重难点紧扣教学目标,并反映学生的实际学习水平。

(四) 教学准备

教学准备既包括知识准备,也包括物质准备。知识准备主要指为开展本次教学活动所做的相关知识内容准备。例如,教学中要用到的儿歌、故事、情景表演剧本、游戏等;而物质准备主要指为本次教学活动所准备的仪器,教具学具等。例如,黑板(白板)、粉笔、电化设备、服装头饰、专用沙盘、图片、卡片、镂空板等教具学具。

(五) 教学过程

教学过程是指教学活动展开的顺序和过程,是教案的主体部分。为了科学、有序地开展教学,教师一般根据教学内容、学生的学习特点和教学资源组织包括导入、新授、巩固练习、小结和布置作业在内的若干教学环节。通过各教学环节的实施,引导学生对所学知识形成感性认识,进而理解所学,最后再通过引导学生实践操作来检查和巩固所学知识。

(六) 板书和板图设计

教学板书和板图是教师在教学中为强化教学效果、清晰展示教学内容而以文字或图画的形式,按照一定的逻辑顺序排列于黑板上的文字、图表、符号和图画等。板书、板图是教学的重要组成部分,也是备课的主要内容之一。设计一个好的板书或板图,不仅能使教学清晰、流畅、形象、直观,便于学生理解,强化教学效果,还能潜移默化地培养学生的观察、分析、想象、推理等形象思维和逻辑思维能力。

板书的内容和呈现方式因学科不同而稍有差异。为了清晰、完整地呈现教学内容,不论什么学科其板书大概都应包括课题、关键词语、句子,以及重要的图、表等。目前特殊学校常用的板书形式有词语式板书、线索式板书、提纲式板书、表格式板书、图示式板书等。教师在设计板书时既要考虑板书的形式,还要考虑板书的内容。因为黑板空间有限,板书的内容繁简设计必须适当,既要考虑教学目标,还要考虑学习者的学习方式。

如果是开公开课,教案还应写明:学情分析(授课班级/对象)、教材分析(教材来源、知识点……)、教学方法、座位表,以供听课人了解相关情况。

第三节 特殊教育教师的说课

近年来,很多学校在新教师培训中通过"说课"引导新教师研究课堂教学,提升课程理解力和执行力。"说课"已经成为教师专业发展的重要途径。

一、什么是"说课"

所谓"说课"是指"教师以教育教学理论为指导,在精心备课的基础上,面对同行、领导或教学研究人员,主要用口头语言和有关辅助手段阐述某一学科课程或某一具体课题的教学设计,并与听者一起就课程目标的实现、教学流程的安排,教学重点、难点的把握及教学效果与质量评价等方面进行预测或反思,共同研讨和优化教学设计的教学研究过程。"[①]说课的核心就是通过"说"的方式理清教学的要点,思考教学的程序,使课堂教学的针对性、科学性更强,教学效率更高。

二、为什么要"说课"

教师"说课"不仅要说清楚本节课的教学内容、教学方法、教学环节及其顺序、教学目标等重要内容,还要说清楚设计本节课的理论依据和设计的思考。所以"说课"就其本质而言,是教师对课堂教学的理性思考和科学实践。说课对教师专业化发展具有如下重要价值。

(一)提高教师整体教学素养

一些教师能够独立完成教学设计,但真正将之付诸教学实践时又会感到这份精心设计的教学程序执行起来并不顺利,故而引发挫败感。而"说课"是说者和听者对教学设计合理性、科学性的一次理性研讨。其间,说课不仅要说清楚"教什么"和"怎么教",更要说清楚"为什么教"和"为什么这样教"等问题。尤其是当新教师在回答"教什么"和"为什么教"的问题时,他们必须研读"课程标准"、教材。通过研读,不但能促进他们更全面而深入地理解本门学科的课程目标、课程实施理念,熟悉教材的编写思路,知识和技能的体系框架,更重要的是能促使他们理性地思考如何将"课程标准"要求落实到每堂课的教学中。当教师在回答"怎么教"和"为什么这样教"等问题时,又会促进他们主动思考参与本节课学习的学生具有怎样的学习基础、特殊的学习方式、现有的教学资源,并进而思考怎样的教学方法最有效等重要问题。由于"说课"是教师从教学实践出发对教学理论做出的理性思考,所以通过说课教师不仅对教育理论、教学原则、教学方法等有更深刻的理解,而且对"课程标准"、教材有更准确的把握,对学生有深入的分析,其教学素养必然得到极大提升。

(二)提高教师的备课质量

只有备好课才能上好课,所以教师一般都很重视备课环节。尽管教师在课前

---

① 周勇,杨九俊.新课程:说课、听课与评课[M].北京:教育科学出版社,2004:18.

都会认真备课,但在教学中依然会出现教学顺序颠倒、教学语言不够科学、教学目标设计不太合理、教学方法与学生认知方式不完全一致等问题。如果教师有机会"说课",就能够与同行、与专家就教学中可能出现的问题进行课前商讨,听取同行和专家的建议,就有机会重新梳理备课中的问题,积极寻求解决问题的途径和方法,修改和补正教学设计,使备课更具针对性、科学性和可操作性。所以,教师说课可以克服备课的盲目性,增强备课的自觉性,[①]提高备课和上课的质量。

(三) 吸收老教师的经验

"说课"不仅能够让老教师分享教学经验,共同提高教学素养,对新教师来说"说课"的意义更大。一些老教师在带教新教师过程中会让新教师在课前先说课,然后再根据带教老师的建议修改教案。实际上,新教师在跟班听课过程中已经对教学内容、教学方法、教学流程、控班技术有所了解,而且老教师也会在日常带教中为新教师传授教学经验,但听课和设计教学方案、开展教学活动毕竟不同,新教师在撰写教案时还是会碰到很多具体问题不知如何处理。如果新教师在课前有机会通过说课向老教师讲述自己对本节课设计的思考,请教备课中的困惑,咨询解决具体问题的方法,就能够从老教师那里获得更多经验,避免在教学中走弯路。

总之,"说课"是教师共同研究教学的一种行之有效的方式。通过"说课"教师与同行、专家一起研究学情,讨论教学内容、教学方法和教学活动,这对每一位参与讨论的教师更好地把握教学本质、落实"课程标准"内容与要求、积累教学经验、优化备课质量、提高教学的有效性具有非常重要的意义。

三、教师"说课"说什么

"说课"已经成为教师专业成长的重要途径,虽然一些老教师在带教新教师时会要求新教师在课前说课,学校也会在教师自培过程中进行说课比赛,但是有些教师对"说课"应该说什么、怎么说,"说课"与备课、上课是什么关系等并不十分清楚。

根据课堂教学的构成要素,"说课"一般应该包括说教材、说学情、说教学目标、说教学法和说教学程序等五个内容。

(一) 说教材

教材是课程的载体,是落实课程标准、开展教学活动的基础材料。教师只有吃透教材、用好教材,才能有效地落实课程标准的要求。所以,教师在课前首先要对课程标准和教材进行分析。

---

① 蒋鹤生,计惠民. 教师说课的意义及主要内容[J]. 白求恩军医学院学报,2011,09(1):60—61.

"说教材"就是说课者在对"课程标准"和教材进行深入分析的基础上,向同行或专家阐述自己选教内容和选教这些内容的依据。为了让听者完整、准确地理解自己所阐述的内容,说课者还需要说明本教学内容在本学科、本单元中的地位,以及本内容对学生发展的作用等。为了说清楚选择和使用教材的思考,教师可以从教材内容与课程标准要求、教材内容与学生发展要求以及如何安排课时等三个方面进行阐述。

1. 说清楚教材内容与"课程标准"要求

教材作为落实"课程标准"的基础材料,教师在说教材时一定要以"课程标准"为依据。教师应仔细研读"课程标准"和教材,在真正理解教学要求、在充分分析教材编写思路及其特点的基础上,简单阐述所选内容在"课程标准"和本教材中的地位、作用和意义,并讲清楚在开展相关内容教学时,哪些内容是教学的重点,哪些内容是教学的难点,同时说清楚在本次教学中为什么将这些内容确定为重点、难点。说清楚这些内容,不仅可以让同行、专家了解新教师对课程标准、教材的整体把握情况,还能够使同行、专家有针对性地讨论新教师在说课中提出的具体问题。这对扩展教师教学设计的视野、修正教学设计的不足将有很大帮助。

2. 说清楚教学内容与学生发展

教师在说教材时,除了要以"课程标准"为依据阐述教学设计意图之外,还应当说明特殊学生的发展要求。特殊学校的学生具有不同的学习基础、教育需要和学业发展速度,而"课程标准"所规定的目标与要求并非是每个学生必须达到的"标准",这仅仅是教师开展学科教学的方向。所以有时教师还需根据学生的实际情况对教学内容和要求做出调整。为了让同行和专家理解教师调整的内容是什么,还要说清楚调整依据和调整思路。

3. 说清楚教材内容与课时安排

根据教学内容和学生的学习基础、学习资源,教师在说教材时还应在分析学生的学习基础、学习特点和教学内容的基础上提出课时安排计划,并说明如此安排课时的理由。同时简单说明各课时的教学目标和重难点,以使同行、专家充分了解该内容的课时安排情况,并据此讨论课时安排是否合理。

(二) 说学情

所谓"学情"主要是指特殊学生学习新知识、新技能的基础和学习特点。特殊学生不同的学习基础和学习特点既是确定教学内容、设定教学目标、选择教学方法的依据,也是设计教学过程的基础。所以教师说课时应该说清楚学生的学习基础和学习特点。

1. 说清楚学生的学习基础

所谓学习基础主要指学生学习本节课内容时已经具备的相关知识和生活经验。为了使所选定的教学内容和教学方法符合特殊学生的学习基础和学习规律,教师说课时需要向听者尽可能详细地说明参与本次教学活动的学生已经具备了哪些相关知识、技能、生活经验等,以便说者和听者共同检视此教学内容是否合理,容量是否合适,教学方法是否科学。

2. 说清楚学生的学习特点

为了与同行、专家讨论自己的教学方法是否科学,是否符合学生的学习方式,说课时教师还需简单介绍参与本次教学活动的学生共同的学习特点,以及个别学生特殊的学习方式。这是为了让听者更好地理解教师所选用的教具学具和教学方法是否符合学生学习规律。其中,要特别说清楚这些学生已经掌握了哪些学习方法,以及哪些教学方法更适合本节课内容的教学。通过介绍,听者既可以判断教师所用的教学方法是否适合学习者,同时还能够提出新的教学建议。

在说学情时教师要特别注意:学情分析应着重分析学生与本次教学内容相关的基础能力和学习特点,而非笼统地分析学生的一般基础能力和残障特点。因为笼统的分析对制订本节课教学的计划意义不大。

(三) 说目标

有效教学必定是目标清晰的教学。教师只有清楚地知道自己希望学生在本节课中了解什么、理解什么、掌握什么,才能科学地选择教学方法、合理地安排教学活动和教学进度。所以"说目标"是说课的重点。说目标不仅要说清楚本节课希望学生达到哪些目标,还要说明在多个教学目标中哪些是本节课重点要达到的目标,达到目标中的主要困难是什么,以及怎样突破这些困难等。

1. 说清楚本节课的教学目标

教师说目标,要注意如下几点。第一,说清楚本班学生共同达到的教学目标是什么,分层目标是什么,以及设计分层教学目标的依据是什么。第二,说清楚本课教学目标设置的依据是什么。第三,分别说明哪些目标是认知性学习目标,哪些目标是技能性学习目标,哪些目标是体验性学习目标。第四,说清楚这些教学目标将在哪些教学环节中实现,或将采用怎样的教学方法实现目标。

2. 说清楚本节课的教学重、难点

因为一节课通常至少有两个目标,而且有些目标是学生容易达到的,而有些目标学生达到比较困难。为了充分研讨所确定的教学目标是否合适,教师在说目标时还应该说一说哪些教学目标是本节课要重点实现的目标,以及为什么将这些目标确定为教学重点。另外,由于特殊学生的学习基础和生活经验各不相同,教师还要说清楚完成这些教学目标的难点是什么,以及影响学生达到目标的主要困难是什么。

(四) 说教法

教师分析教学内容和学情的目的是为了选择更有具针对性的教学方法。为此,教师在说明"教什么"之后,还要说一说你打算"怎么教",即本次课将采用哪些教学途径、教学方法实现教学目标。说教法应重点说明本课主要采用的教学方法和为什么要采用这些方法。

1. 说明本课主要采用哪些教学方法

特殊学校课堂上常用的教学方法有讲授法、演示法、模仿法、提问法、参观法、讨论法、练习法、情景教学法(情景扮演)和游戏教学法等。尽管有多种教学方法,但通常教师会以某一种或两种教学方法为主,多种方法配合使用。教师在说教法时可以说一说在本课中自己准备以哪种教学方法为主,同时配合使用哪些教学方法,以及这些教学方法如何配合运用等。为了说清楚这些教学方法如何使用,教师还需进一步说明本课将使用哪些教具学具,以及这些教具学具在什么时候使用、怎么使用等问题。

2. 说明选用教学法的依据是什么

为了让听者理解为什么在教授这些教学内容时要采用这些教学方法,教师必须说明选用这些教学方法的依据。教师可以从教学内容、学生的学习方式、教学资源和教师特长等几个方面阐述为什么在本课中自己要使用这几种教学方法,为什么以某种教学方法为主,同时配合使用其他教学方法等。

值得注意的是,"说教法"是说"方法",而非说"原则"、说"理念"。所以教师应该把"说"的重点放在详细介绍本节课将要使用的教学方法以及如何使用这些方法上。

(五) 说教学程序

所谓"教学程序"是指教学活动发起—展开—结束的全过程。由于特殊学校学生的学习方式、学习基础和生活经验往往具有一定的差异,因而教师要在规定教学时间内完成所有教学程序并达到预设教学目标并不容易。为了使自己所设计的教学程序符合特殊学生的学习规律和学习速度,说课时教师一定要重点说一说教学程序,以便同行、专家与自己一起分析该教学程序的合理性。说教学程序可以从以下几个方面来说。

1. 概括介绍整节课的教学程序

教师首先应该向听者说明本节课的教学程序,即自己将怎样导入课堂教学,怎样根据教学内容和学生的学习方式、学习速度设计教学环节,如何逐一展开教学活动,以及最后怎样结束课堂教学等。在介绍教学程序时,应该简要说明每个教学环节教师的活动方式和学生的学习方式,以便听者对所设计的教学程序有一个完整的了解。

2. 说明教学程序的设计思路

在简要介绍教学程序后,教师可以概括地阐述每个教学环节设计的思路和依据,以便听者深入了解教师在教学设计中的理论思考和教学风格,以便听者深入地理解和把握教学活动的安排。因为说教学程序是说课的核心内容,所以很多说课教师在说教学程序时往往说得过细,类似于上课了。正确的做法是:说教学程序应该"重点内容重点说,难点突破详细说,理论依据(包括教学法依据、教育学和心理学依据等)简单说"①。

案例 2-10

特殊学校"说课"举例

"认数 10"教学设计

各位老师、专家:

大家好!今天我的说课内容是培智学校二年级的一节数学课。下面我将从教材、学情、教学目标和教学重难点、教学过程、教学方法等几个方面说一说我对这节课的设计,不当之处请指出。

一、教材分析

"认数 10"的教学内容选自某出版社出版的《实用数学》教材第三册第二单元内容。本单元共有 5 个教学内容。即"认数 7""认数 8""认数 9""认数 10""认数 0"。根据本单元的教学要求,通过学习,学生能够认识数字 7,8,9,10,0,理解数的实际意义,学会读写所学数字,并能按照数字的大小排序。

---

① 周勇,杨九俊. 新课程:说课、听课与评课[M]. 北京:教育科学出版社,2004:32.

二、学情分析

我所教的二(2)班是一个以中重度智力障碍学生为主的班级,共有 8 名学生。他们在前期的认数学习活动中已基本掌握了口头数数、按物点数和说出总数的一些方法。其中 A 组学生能够做到"独立唱数 1~10;熟练点数 9 以内的物体;准确说出物体的总数"。B 组学生"能唱数,但只会从 1 开始顺序地往下数;能点数物体,但会出现数字与实物不对应的情况;需要在引导下说出物体的总数"。C 组学生需在老师手把手地辅助下跟数物体,跟说物体的总数。

按照我班学生的学习能力和教学常规,"认数 10"的教学需要 4 课时完成。本课为第 1 课时。本节的课重点是帮助学生初步理解数"10"的含义,并在形成数概念的同时学习计数方法、培养计数能力。

三、教学目标与教学重难点

(一)教学目标

基于本课的教学内容和对学生计数能力的评估,特制定分层教学目标。

A 层:

1. 正确认读数字"10",并能准确理解数的实际含义。

2. 能正确点数数量为 10 以内的物体,并能准确说出物体的总数。

B 层:

1. 正确认读数字"10",并能理解数的实际含义。

2. 能借助教具学具点数数量为 10 的物体,并在引导下说出物体的总数。

C 层:

1. 指认并跟读数字"10",并在帮助下感知数的实际含义。

2. 在教师辅助下跟数数量为 10 的物体。

(二)教学重难点

教学重点:借助教具学具点数数量为 10 的物体,并能正确说出物体总数。

教学难点:理解数字"10"的含义。

四、教学法

1. 情境教学与媒体技术融合,注重学习的独特体验为引导学生积极参与,我创设了以"找秋天"为主题的教学情境,设计了"秋天的果实""秋天的声音""秋天的颜色"等教学环节,并有效利用多媒体信息技术手段辅助课堂,利用课件声、像等优势设置了"给蟋蟀加点音效""树叶画"等动画效果,让主题情境中的事物"活"起来,注重学生多感官的参与,带来身临其境的独特体验。

2. 分层使用辅助教育技术,注重学生的参与

为了让不同程度、不同类型的障碍学生都能充分融入学习活动中,我设计了适合不同层次学生学习的学具。同时在教学活动中,请助教老师手把手辅助 C 组学生完成学具的操作,引导学生将口头数数与按物点数相对应,感知数 10 的含义。提高学生参与学习的兴趣,降低问题行为的产生。

五、教学过程

1. 情境引入,复习旧知

从"找秋天"的情境入手,设计了"汽车、汽车哪里开""乘车出发"的教学环节,通过复习 9 以内数的认读以及数量为 9 的物体的计数方法,为接下来学习"认数 10"做好准备。

2. 新授知识,层层递进

在新授环节,继续创设点数人数的环节,引导学生初步理解数"10"的含义,并在寻找"秋天的果实"数橘子的教学环节中巩固计数方法,理解数"10"的含义。通过让学生反复操作按物点数、说出总数、认读数字等活动加深理解,建立起"10"的数量概念,并引导学生在生活中寻找数字,感受数学与生活的联系。

3. 巩固练习,内化新知

练习部分继续利用"找秋天"主题创设情境"秋天的声音""秋天的颜色"。引导学生独立完成按物点数、说出总数、认读数字的过程,加深对数的理解。

4. 情境小结,练习评价

小结部分引导学生在感知自己身体部位的同时,通过点数手指数量来总结数"10"的点数及认读。

本课的学习活动采用了针对低年级学生学习特点的即时操作、即时反馈的方式,在学习的每一个环节中,学生们都能在引导下说出点数的方法,并在反复强化中逐渐将数词与实物对应,获得成功体验。

此案例由上海市普陀区启星学校程婕老师提供。

四、"说课"应注意的几个问题

准备说课稿以及现场"说课",教师要做很多准备。为了控制好说课时间,使说课达到教研目标,教师"说课"时要特别注意以下几点:第一,处理好"课程标准"与教材的关系。研读"课程标准"是为了准确把握"课程标准"的教育理念和学段教学要求,而研读教材则是为了分析知识点的安排顺序和呈现方式,"课程标准"是选择教学内容、确定教学目标的重要依据。第二,分清"说课"与"备课""上课"的区别。说课要以备课为基础,在给定的时间内用口头语言向同行或专家阐述与本节课相关的重要问题。第三,说课要注意详略得当。说课不是上课,说课应该在给定时间内重点说清楚本节课的教学目标、重难点、教学程序,以及这样设计的理论依据、个人对本次教学设计的整体思考等。第四,用口头语言"说"本节课的设计和想法,切忌"读"或"背"说课稿。第五,准备"说课"时要多思考几个"为什么",充分利用这次机会与听者研讨教学问题,提高教学的专业化水平。

说课是为了研讨教学,说者在说课时应该知道听者最关心的是什么,以便重点准备相关内容。一般而言,同行、专家在听教师"说课"时,最关心的有如下几个问题:第一,你选教该内容的依据是什么?第二,你确定教学目标(包括分层目标)的依据是什么?第三,你为什么选用这些教学方法和教具学具?第四,你设计教学程序的依据是什么(包括这节课为何分这几个教学环节?各教学环节如何衔接)?第五,你设计练习(包括分层设计练习)的依据又是什么?等等。教师在准备"说课"时,可以多思考这几个方面的问题。

五、说课、备课、上课间的关系

因为备课、说课都是为了更好地上课,所以备课、说课、上课三者之间密切关联。教师因不能区别三者的不同,故将"说课"变成了念或背"说课"稿,有的甚至干脆将"说课"变成了"上课"。为了保证"说课"的教研功能,教师必须了解说课、备课、上课的异同。

(一)说课与备课的关系

说课是在备课基础上,用"说"的形式向同行或专家阐述自己对所要上的一节"课"的一些理论思考和教学程序安排等。所以"说课"与"备课"既有相同点,又有区别。

1. 说课与备课的相同点

无论备课还是说课其目的都是为了更好地上课,所以它们具有一些相同点。主要的相同点在于:无论备课还是说课,教师都需花时间去研究课程标准、熟悉本阶段的教学要求,分析教材与学情。另外,教师都需要根据学生学习方式和教学内容思考用什么教学方法、教具学具,都需要设计教学程序和各教学环节中教师和学生的参与方式和参与行为,都需要准备教学资源。所以它们都属于课前准备工作。

2. 说课与备课的区别

说课与备课的区别在于,第一,内涵不同。备课是教师个人的一种教学活动,而说课是有同行、专家共同参与的教研活动。第二,针对的对象不同。备课针对的是学生,而说课面对的是同行和专家。第三,活动方式不同。备课是教师自己查阅资料、思考、准备的一种静态活动,而说课则是由说者和听者就同一节课共同思考、讨论的动态活动。第四,目的不同。说课是为了提高教师的教育教学专业化水平,而备课则是为了更好地传授知识和技能。第五,要求不同。备课只要说清楚做什么和怎么做就行了,而说课不仅要说清楚做什么和怎么做,还要说清楚教学设计的理论依据是什么。

(二)说课与上课的关系

说课与上课都是将备好的课展示给他人。其中都涉及学生,教学内容,教学目标,教学程序,教学方法,教具学具等。所以,新教师说课时很容易将"说课"现场变成了"上课"现场。

1. 说课与上课的相同点

上课是教师根据准备好的某节课教学方案,面对学生采用恰当的教学手段和教学材料,通过组织学生倾听、观看、操作、讨论、模仿、练习等各种方法逐一落实教学目标的过程。而说课也要说教学内容、教学目标、教学方法、教具学具等,所以,上课和说课所展示的教学内容、流程、方式、教学媒体等大致相同。

2. 说课与上课的区别

上课主要考虑的是"教什么"和"怎么教"的问题。所以上课中教师的注意力主要集中于教学实施的过程,包括怎样呈现学习材料,怎样吸引学生参与教学活动,怎样检验教学目标正在达成或已经达成等,而很少思考教学目标本身是否合适,教学内容的呈现方式与学生的学习方式是否吻合,如果目标未达成,那么其影响因素是什么等。所以,说课时不但要说清楚"教什么"和"怎么教",还要说清楚"为什么这样教"。为说明"为什么这样教"的问题,说课时教师应说清楚学生的学习基础和学习特点,说清楚"课程标准"要求和选择教学内容、确定教学目标、选用教学方法、使用教具学具的理论依据。另外,因为上课面对的是学生,而说课面对的是同行和专家,所以说课者还可以将需要研究的教学问题提出来,集体研讨、集思广益,将说课变为教学研讨的阵地。总之,上课是教师个人的一次教学实践活动,而说课则是群体的一次教学研究活动。

第四节 特殊教育教师的上课

"课堂"是学生学习知识和技能,建构人生观、世界观、价值观的重要场所;而"教学"则是教师传授知识和技能,引导学生形成正确的情感态度与价值观的过程。认识到课堂的重要性,所有教师都非常重视课堂教学,新教师更是如此。新教师在上课前已经系统掌握了基本的教育教学理论,具有将所学理论应用于教学实践的愿望,所以对"上课"充满期待。但是,他们因缺乏课堂教学经验,上课时常常出现课堂控制困难、教学流程未走完或教学目标未达成的结果。为此,新教师一定要处理好课堂上的各种关系,掌握教学的基本技巧。

一、处理好课堂上的三个关系

为了助力新教师尽快适应特殊学校课堂教学,新教师在课堂上首先要处理好教师与学生、师生与教学信息、师生与教学媒介等三个方面的关系。

(一) 教师与学生的关系

在课堂上学生是学习者,是课堂的主体;教师是课堂活动的组织者,是引导学生学习的人。所以,新教师在课堂上一定要处理好自己、学生、教材、教学媒介等各方关系,将学生的"学"放在首位,明确课堂"引导者"的角色定位。

(二) 师生与教学信息的关系

所谓"教学信息"主要指课堂上学生学习的具体知识和技能。面对课堂上纷杂的教学信息,教师的任务是创设情境、运用多种途径和方法引导学生注意并接受教学信息,促进学生对教学信息的理解和掌握;而学生的任务则是在教师的引导、讲解、操作下关注并主动接受教学信息,进而掌握知识、技能,形成相关能力或思想观念。

教师在处理自己、学生与教学信息的关系时应注意两点:第一,不要自认为很简单的知识就不讲或略讲;第二,不要反复讲学生已经理解或掌握的知识和技能。因为有些重要知识点的缺失会影响学生准确理解本节课的内容,而重复讲解学生已掌握的知识又可能导致学生厌倦、注意力涣散。为此,教师必须深入分析教材和学情,把握好每个知识点讲解的深度、广度。

(三) 师生与教学媒介的关系

在教育技术高度发展的当下,教学技术日趋多元,用于课堂教学的媒介非常丰富,既有语音、文字、数字、体语(手势、表情、体态语)等"符号"媒介,也有实物、模型、挂图等"物"的媒介,还有声音、图像等"媒体"媒介。教师在课堂上选用什么媒介物,要根据学校现有教学资源、教师的教学风格,但更要依据学生的学习特点、学习方式而定。教师使用媒介物时应注意三点:第一,有顺序地出示教具学具;第二,引导学生充分利用各种媒介物吸收信息(仔细倾听、观察、触摸);第三,引导学生养成收拾、整理教具学具的习惯。

二、写好板书

板书是教师必须掌握的一项教学技能,尤其对新教师而言,板书技能是评价新教师教学能力的一个重要指标。除了教学板书的"字"要规范并具有示范性,板书的逻辑关系要清楚之外,教师在背过身写板书时依然要控制教学活动,引导学生观察板书、思考和回应问题。为此教师必须掌握一边板书,一边引导学生学习的技巧。建议教师板书时做到以下几点:第一,板书时教师的身体最好向左侧,不要挡住学生看板书的视线。第二,使用黑板时要注意高度,既不能因太高或太低而导致书写困难,也不能因写得太低而影响学生看板书。第三,写错字时要用板擦去擦,不要用手在黑板上乱抹,影响后续黑板的使用。第四,合理使用彩色粉笔。彩色粉笔一般应用在重点、难点、易混、易错的关键处,但不要用得过多、过杂;另外,教师要尽量选择颜色差异较大的粉笔书写需要着重区别的内容,以免特殊学生因未能准确区分不同颜色的内容而影响学习。第五,使用"符号"时要注意使符号起到应有的作用,有效提高板书的效果。[①] 第六,教师板书时最好不要说话,更不能讲关键词句,以免特殊学生因将注意力集中于看板书、抄板书而导致没有听见或听清教师所讲内容。另外,由于教师板书时是背对学生,所以坐在后排的学生可能听不清楚教师的话,而听力障碍学生则更有可能因看不到教师的唇形而影响对所学内容的理解。如果教师边说、边写,还有可能导致某些学生产生焦虑情绪,或造成课堂秩序的混乱。

三、给新教师上课的几点建议

(一)重视创造性

虽然教学有规律,但教学无定法。上课是富有创造性的工作,就算同一教学内容,教师针对不同的学生也有不同的教法。如果希望所教的课符合学生的学习基础和学习方式、贴近学生的需要,那么教师就必须重视教学的创造性,切忌毫无变化,令人生厌。但是,因为同一课堂上的特殊学生学习的适应性各不相同,所以教师

[①] 王世臻. 小学语文课堂板书设计与应用[M]. 济南:山东教育出版社,1998:14.

一定要注意创新教学方式。但要提醒教师的是,针对特殊学生的教学方式虽然需要创新,但变化不宜过繁、过快,而且每一次变化前一定要将新的规则、新的方法向学生反复交代清楚,以免学生因不理解新活动方式而导致学习困难,影响学习的兴趣。

(二) 重视科学性

教育是传授科学知识和人文精神的活动,必须重视课堂活动的科学性。课堂教学的科学性体现在如下三个方面:第一,注重语言的科学性。由于大部分特殊学生均存在语言发展迟缓的情况,所以特殊学校教师的语言不仅能够传递信息,更具示范作用。鉴于此,教师的上课用语必须科学、准确,避免讲课时用语的随意性。第二,注重教学的科学性。任一学科体系都是由多个相互关联的知识块面组合而成。为此在教学前,教师要认真研究教学,注重教学的科学性,切不可传授错误信息,造成学习资源的浪费。第三,注重练习的科学性。教师设计练习时要注意科学性,包括练习内容,练习呈现的顺序、方式、要求、标准等都必须科学,以保证学生通过训练可以切实获得科学的知识和技能。

(三) 重视学生反应

为保证课堂教学的有效性,教师在课堂上要重视学生的情绪、态度、兴趣等各种表现,而且尽量安排所有学生都能参与的学习活动,并让每个学生都有机会表现自我。但是,由于特殊学校学生的学习基础、学习方式差异较大,要在班级授课的环境下同时满足所有特殊学生的学习风格和学习要求非常不容易。所以教师除了备课时要做好教材分析、学情分析和教具学具准备外,还要在教学实施过程中不断观察学生的学习反应,并利用一切媒介和手段提高特殊学生参与学习的兴趣,努力培养学生向学的品质、乐学的精神。

(四) 重视教学反思

教学反思是教师专业成长的动力。但是对什么是"教学反思"目前尚无一致的说法。伯莱克认为:"反思是立足于自我之外的批判地考察自己的行动及情境的能力……这样的反思性定向包括:把理论或以认知为基础的经验同实践联系起来;分析自己的教学和以实现改革为目的的学校情境;从多种角度审视情境;把机动方案当作自己的行动和自己行动的结果;理解教学的广泛的社会和道德的基础。"[①]为了不断提高教学的科学性和艺术性,教师需要不断反思自己的教学。教师可从以下几方面进行反思:第一,自己在教学前是否对"课程标准"、教材、本节课的知识点有深入的分析和理解。第二,我真的了解我的学生吗(包括他们学习

---

① 熊川武. 反思性教学[M]. 上海:华东师范大学出版社,1999:1—2.

本课内容的基础,他们的学习特点,他们参与教学活动的兴趣和能力)。第三,我是否根据每个学生的学习基础和教育需要科学地设置了教学目标。第四,我的教学程序设计是否科学、合理。第五,在教学过程中我是否保证每个学生都有机会参与活动、得到发展。第六,教学后我预定的教学目标是否达成。如果未达成,原因是什么(可以从教学内容、教学难易度、教学量、教学节奏、教学方法是否恰当等方面反思)。第七,有什么经验和值得改进的地方。在充分进行教学反思后,教师应该整理出每节课的经验和教训,以做教学参考之用。

案例 2-11

特殊学校"教学反思"举例

"认数 10"教学反思

上完课,我认真反思了本节课的教学设计和教学过程,感到既有成功之处,又有不足之处。我希望通过反思本节课,总结经验、找到不足,为未来科学地设计和开展教学活动提供参考。

"认数 10"课堂教学的成功之处在于:首先,对学生学习的"内容方面"和"动作方面"做出了准确的前期评估,以及在教学目标和教学形式上保持了认数单元教学活动的一致性,保证了学习活动有效开展。其次,在教学活动的设计中,我根据低年级学生好动、注意力持续时间短等学习特点,通过创设教学情境、运用媒体的声像技术、加强动手操作等多种学习方式,营造了轻松、互动的教学氛围,让学生在边玩、边学、边数中学习。避免因教师重复讲解、反复点数使学生因感到无趣而分散注意力情况的出现。最后,分层教具学具的使用和助教的辅助教学,有效保障了 C 组学生参与学习活动,避免了自闭症学生产生问题行为。

我认为本节课的不足之处在于:对于教学环节时间的把控不足,造成因过多强调数形而占用了授课时间,导致小结仓促。另外,在课堂的部分环节中,对 C 组学生没有给予更多的关注,如 C 组学生数树叶时媒体配上手指辅助,可让学生跟着操作,逐渐减少辅助,以便留给这些学生自主操练的空间。

此案例由上海市普陀区启星学校程婕老师提供。

第五节　特殊教育教师的教态与着装

教师在课堂上的目光、表情，举手、投足，甚至着装、发式、声音都能向学生发送信息，也就是说学生能从教师的各种非言语行为中获得丰富的学习内容。尤其是特殊学生，因生理障碍导致他们感知外界的方式与普通人不同，他们有时更依赖于通过非言语的手段接收信息。另外，考虑到教师的外表对学生学习有着一定的影响，所以教师在课堂上应该关注自己的着装、发型，充分利用一切非言语手段吸引学生注意，引导学生学习。

一、教师的教态

所谓"教态"，是指教师在课堂上通过各种非言语手段表现出来的教学仪态。包括教师在课堂上的目光与表情，手势与体态，站立与走动，以及声音的高低、强弱、快慢变化等。教师在课堂上要控制好学生的注意，除了需掌握教学理论和语言、演示、提问、板书设计、导入、结束等各种教学技能以外，还要学会运用非言语教学手段促进学生的学习。

（一）眼睛

在非言语交际手段中，眼神是能够最迅速、准确传递信息的一种方式，所以教师要特别重视"目光"对发布教学信息、提醒学生学习的作用。为维持学生的注意，整个教学过程中教师的眼睛应该始终看着学生，并将"扫视"（扫视全班学生）与"点视"（看着某个学生）结合运用。教师上课时看着学生既是对学生的尊重，也有利于了解学生的学习情况，及时调整教学。但需要提醒的是，上课时教师切忌长久地"盯"着某一个人或始终面向某一块面的学生。因为这会使其他学生感觉教师"不关心我"或"不喜欢我"，故容易走神。再有，上课时教师不要长久地望着窗外或盯着天花板。因为这样也会导致学生的注意力分散。

总之，教师上课时一定要看着学生，重视用眼睛与学生沟通，让课堂里的每一个学生都感受到老师的"关注"，将注意力集中到学习活动中。

（二）站立与走动

教学中大部分情况下教师是站立授课的，所以教师的站立姿势和站立的位置也会传递信息，并影响学生学习。例如，如果教师站在某个学生边上或其背后时，往往表示提醒"我已经注意到你的动作"或"请你认真听课"。这种提醒式的"非言语表达"方式在课堂上使用很多，且比较有用。因为当教师站在某个学生的边上时，学生会接收到教师的提醒，并在短时间内提高注意。

另外,教师在课堂上的走动尤其是教师走动的线路也同样能够传递信息。一般而言,如果教师突然从讲台上走下来时,学生的注意力会重新集中于教师;如果教师走向某个学生时,通常表明教师准备与该生互动。但是,教师在课堂上走动需要注意几点:第一,教师的走动步态要徐,不要急,步声要轻,不要响,以免扰乱学生的学习。第二,教师边走边讲时要注意声音传递的方向,以确保所有学生都能够清晰地听到教师所讲的内容。第三,从台下回到台上时最好采用"倒退"的走法,以便教师的眼睛时刻看着全体学生,声音传向学生的方向。

(三)声音与语速

声音的高低、强弱、长短、快慢等任何形式上的变化同样对学生学习有很大影响。教师在教学时要努力做到发音正确、吐字清晰、语速恰当、抑扬顿挫、适当重复。另外,声音的响度自然,词汇和语法运用规范、准确,表达生动流畅,具有逻辑性、示范性和启发性,准确体现教学内容的情感和逻辑。为此,教师在课堂上运用语言要注意几点:第一,上课时教师要面向学生讲课。因为如果教师讲课的声音传递方向与学生接收声音的方向相悖,学生会因听不清或听不到教师所讲内容而产生注意力涣散。所以无论教师是边走、边讲,还是写板书时,都要时刻注意自己语声传递的方向,要考虑全体学生都能清楚地听到教师的"话"。第二,上课时教师应尽量面向学生,让学生能够清晰地看到教师的表情、动作和手势等,帮助学生通过肢体语言理解所讲授的内容。总之,和蔼的态度、自然的语气、舒适的语调、适当的节奏,对特殊学生的学习具有重要影响。

既然教师的教态对学生学习具有很大的影响,教师应该注重良好教态的养成。课堂上,教师绝不可以使用厌恶、鄙视的表情或动作,不可使用粗俗、调侃,甚至辱骂的语言对待特殊学生。相反,教师应该抬起头、脸朝向学生、面带微笑,教学过程中眼睛看着学生、手势自然、步态轻盈。只有这样,才能让学生感到教师的温暖、气氛的祥和,只有在这样的学习环境中,教师才能将注意力放在教学上,学生也才能将注意力集中于学习之中。

二、教师的情绪

课堂上,只有学生与教师建立了良好的信任关系,学生才能始终处在放松的状态下学习;只有教师情绪饱满地讲课,才能吸引学生注意,保证学习效果。按照教师职业要求,无论什么原因教师都不允许将个人的不适、好恶、随心所欲等私人情感和工作态度带进课堂。因为教师的不良情绪会导致课堂气氛紧张、僵化,影响学生积极主动地思考和学习的热情。所以,教师的教学行为是否恰当,有时与其说是技术问题还不如说是态度问题。认识到这一点,教师在课堂上应该努力做到热情、真诚、坦率、正直与公平,而面对特殊学生则应做到接纳、理解、适当的同情和关心。

三、上课时的衣着与饰品

教师的衣着、饰品与其语言一样能够反映教师的文化品位和修养。因此,教师要注意课堂上自己的着装,佩戴合适的饰品,应该以美好的形象出现在学生面前。

(一)选择服装

1. 服装款式

教师不同于一般职业,教师站在讲台上授课,其着装一样能够传递信息。怎样的着装符合教师的身份呢?一般而言,教师服装的款式首先应该是庄重、大方的。因此,教师应该选择庄重大方的服装款式,穿戴整齐,进入教室。有时,教师也能穿时装,但要与课堂内容相适应,而且不能太怪异,更不能太过暴露。教师绝不允许穿拖鞋、吊带衫、短裤、睡衣等服装进入教室,因为这样的穿戴既不雅观,又不方便教学。

2. 服装颜色

因为学生上课必然看着教师,所以教师要考虑自己服装的颜色是否对学生的学习有影响,尤其是低视力学生、个别自闭症学生可能对颜色非常挑剔,教师一定要注意。教师在课堂上穿什么颜色的服装比较合适呢?一般而言,教师服装的颜色不宜过于艳丽,但也不必太素,要以不刺眼为准;服装上的花纹不宜太大、太乱。由于规则的图案容易给人以恬静、庄重的感觉,所以教师的服装应选择色泽沉稳、图案规则、颜色不刺眼的服装。教师(尤其是班级里有视觉障碍或自闭症学生的教师)要在课前了解本班级学生对服装颜色、花纹的感受,以便在教学中选择恰当的服装。

(二)佩戴饰品

教师可以佩戴一些饰品,但要注意所佩戴的饰品必须符合教师的职业特点。建议教师选择格调高雅、颜色自然、款式大方的饰品。教师在课堂上佩戴的饰品应表现高雅、自然的美。切忌佩戴很多饰品,因为教学时饰品过多,既不符合教师的身份和文化修养,又因太累赘而影响教学活动。

总之,虽说穿衣戴帽各有所好,但教师服饰的选择应符合年龄、气质和教师的职业特点,以能给学生柔和、舒适、美好的视觉感觉为最好。

第三章　特殊学校教具学具的制作与使用

教具学具作为课堂教学的辅助工具,对教师传递信息、学生接受信息并正确地理解所学内容具有重要的意义。特殊学校学生因身心障碍使其在某些方面的感知能力有所降低,故更需要借助教具学具学习。因此,教师不但要学会根据教学需要寻找并使用教具学具,还要掌握一些制作教具学具的方法以便有效地开展教学活动。

第一节　使用教具学具的意义

特殊学校教具学具是教师和学生进行教与学的过程中相互传递信息的媒介、工具。在特殊学校课堂教学中使用教具学具的作用表现在以下几个方面。

一、教具学具是学生认识活动的必不可少的媒介

特殊学校学生的学习,要经历一个从具体到抽象的过程。他们借助各种直观的实物获得感性认识,才逐步抽象和概括出概念、原理和方法。在这个学习过程中,直观的教具学具起到重要的中介作用。比如,在学习"交通工具"时,为了使学生能够理解词语的含义,教师常采取图文对应的方式,如图片和词语搭配的呈现方式,出示词语"飞机",在其下方出示飞机图示(如图3-1),通过图片提示让学生理解词语"飞机"的含义。再比如,学习生字"男""女"时,为了让学生理解"男""女"的含义,可采用看图片、摆文字的方式(如图3-2),让学生根据图片对应性别,在下方摆出相应的"男""女"汉字。在这个过程中,学生不仅能够通过观察图片,形成对男、女的区别认识,还能够加强对生字"男""女"的字形记忆,同时也能逐渐形成文字与图示的对应关系。

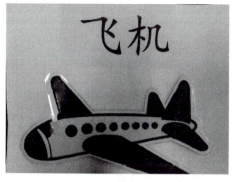
图 3-1

图 3-2

二、教具学具是教师教学活动不可缺少的工具

在特殊学校教学中,教师在设计教学方法、组织课堂教学时都需要考虑教具学具这一因素。要深刻地揭示教学内容,有效地启发学生思考,培养学生兴趣,就必须恰当地选择和运用教具学具。只有教师熟练掌握各种教具学具的功能与作用,在教学中游刃有余地运用,才能更好地达成教学目标。

第二节 教具学具的分类与功能

特殊学校的教具学具,可以按照其来源和呈现方式的不同进行分类。不同教具学具,在教学过程中发挥不同的教学功能,本节主要介绍教具学具的分类与功能。

一、教具学具的分类

教具学具是指学生学习教材的媒介物,教学时教师通过材料的操作,或是与学生共同操作,使学生更容易掌握教学内容,进而达到教学目标。特殊学校教具学具从不同的标准看有不同类型。

(一)按教具学具的来源

1. 选自大自然的材料

在自然界中可以找到很多模型与材料,包括小石块、小木棒、树叶、植物的果实等。用这些材料作为教学手段不仅方便、经济,还非常实用。在农村,随时随地可以找到各种可供操作的材料。将这些收集到的石子、果实、树叶等(如图3-3、图3-4),稍作加工,便可成为简便的教具学具。在城市,废弃的塑料瓶、卫生纸卷筒、硬纸片等,也可用作学生的操作材料。

图 3-3　　　　　　　　　　　　　　　图 3-4

2. 自制的材料

根据教学内容的需要，教师或学生可用简易的原料制作一些方便、实用的教学材料。在教学中使用自制的材料，既可以激发学生的学习兴趣，加深对所学知识的理解，又可以使学生感到亲切、自然，进而增强学习的主动性和自觉性。师生自制的教学材料包括：人民币图片、实物卡片、生字卡片、词语卡片等（如图 3-5 至图 3-8）。

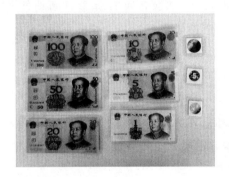 

图 3-5　　　　　　　　　　　　　　　图 3-6

图 3-7　　　　　　　　　　　　　　　图 3-8　（图 3-7 的背面）

3. 工厂生产的材料

随着科技的发展、生产技术的提高,专家设计、工厂生产的各种教学材料越来越多。专门生产的教学材料具有结构合理、美观耐用等特点。但与前两种相比,需要较多的资金购买,条件较好的地区和学校可以使用。比如,"手掌布书",布书体积小,柔软,厚度适中,配有响纸,更能吸引学生注意力。每本布书都有一个主题(图 3-9),以"家庭成员"为主题,每页都有卡通图片和相应文字介绍(如图 3-10 和图 3-11)。另外,每页颜色鲜艳,图像也很生动,容易激发学生的学习兴趣。

图 3-9

图 3-10

图 3-11

(二)按教具学具的呈现形式

1. 实物类

实物类教具学具指经过加工整理后,直接用于课堂教学的各种生活实物,如粮食、水果、蔬菜等农产品,树叶、石头、花朵等自然界物质。其优点是可以调动学生的多种感官,他们可以用眼观察、用手触摸、用鼻子嗅、用嘴品尝、用耳朵听等,这些教具学具具有强烈的真实感与亲切感,能让学生对学习内容达到较好的识记效果。

例如,在认识厨房调味品时,将现实使用的调味品带到课堂上,让学生动用视觉、嗅觉、味觉等多种感知觉认识各类调味品(如图 3-12),可促使他们更好地学习。

图 3-12

2. 图像类

图像教具学具指教学挂图、图片、照片、卡片、幻灯片、投影片、视频片段、动画片段、电影片段等。其优点是方便呈现,易制作。它通过生动、活泼、简洁的画面,形象地表现了事物的本质属性。例如,在语文课堂教学中,教师往往采用在课件中呈现图片的方式,促进学生对词语或段落的理解。教师也可以制作塑封图片,让学生多次感受物体。如图 3-13,是教师在三年级课文《厨房卫生间》中所采用的图片。

图 3-13

3. 模型类

模型类教具学具主要有平面几何图形模型、立体几何形体模型、时钟模型,以及各种示教板等(如图 3-14、图 3-15)。每件模型的制作成功,标志着对有关教材内容钻研所达到的一定深度。模型是各种物体的抽象缩影,是颇受学生欢迎的二维、三维空间的直观教具学具。其优点是可以一定程度上突破观察视角的局限,可以全方位认识图形特征;对于无法理解的图形特征,可以通过变换图形方位或将几何体进行平面展开来掌握,从而降低认知难度,激发学生的学习兴趣。

图 3-14

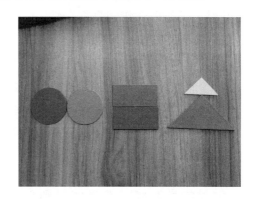

图 3-15

二、教具学具的功能

1. 提高学生的学习兴趣与学习动机

在课堂教学中,教师借助教具学具为学生创设比较活跃的学习氛围,形象生动地展现知识,这有利于调动学生的学习兴趣,激发学习动机,使教学过程更富有激励性。

2. 有助于抽象概念的习得

教具学具能够直观展现学习过程,用具体直观的方式展示抽象的概念,从而让学生清楚地理解和掌握相应的知识,有助于他们理解抽象概念。

3. 提供动手操作机会,调动多感官学习

在课堂中,教具学具的使用能够让学生体验动手操作的快乐。同时,这一过程充分调动学生的眼、耳、鼻、喉等多种感觉器官活动,促使学生协调这些器官共同参与学习环节,通过动手操作、亲身探索发现,真正验证知识,从而从表面现象升华到更加抽象的理论知识。

4. 能扩充学生的思考范围,提高解决问题的能力

使用自制的教具学具,有助于扩充学生的思考范围,学生能更加深刻全面地理解知识,并且把理论知识转化自己解决问题的一种技能,促进思维能力的发展与提高。

5. 鼓励师生互动与合作

在教学过程中,教师可以运用教具演示,而学生可以使用学具来自主探索操

作。学生的探索合作可以是几个学生同时参与,在这一过程中,师生、生生在学习过程中产生互动、合作,学会彼此依靠,共同努力,这有助于提高学生团队协作技能、发展善于与人合作的良好个性。

6. 节约教育成本

教具学具可以节省教师教以及学生学的时间,提高课堂效率,同时教具学具可以利用废旧物品,变废为宝,节约成本。

第三节 教具学具的制作与选择

一、教具学具制作与选择的原则

特殊学校教具学具的设计制作、选择,应以特殊学校课程标准、教材为依据,以教育学、心理学、教学论为指导,使之符合教学目标。

(一)符合教学目标

教具学具应配合课程目标来安排,符合教学目标的层次性。如要教学生区别两样东西或两种概念时,宜从最大的变化到最小的变化开展教学。

例如,在数学课堂上,认识"有"与"没有"概念的时候,教师让学生分辨杯中"有水"和"没有水"两种情况。在其中一个透明的杯中放了少量的自来水,结果学生无法辨认。教学生认识"有"与"没有",宜先从杯中有红色小球这样有明显差异的材料开始,而不是杯中有没有无色液体这种差异不明显的材料。待学生能够分辨后,再提供差异不明显的材料。

(二)能运用多感官呈现与操作

选择教具学具时,要注意选用学生能运用视觉、触觉、听觉、动觉等多种感觉参与的教具学具,以激发学生的学习兴趣。例如,让学生认识"大小"的含义,可先使用篮球和乒乓球,再使用排球和皮球,通过用眼睛看一看,用手摸一摸,获得对大小概念的理解。也可以通过做游戏,让学生走个大圆圈,走个小圆圈,或在桌子上画个大圆圈,画个小圆圈,来体会大小的含义。

(三)多功能性

在制作与选择教具学具时,要考虑同一教具学具可否同时达到多项教学目标,以及是否适应不同程度学生的需求,可否有助于培养学生多项能力。比如,制作的数字卡片,教师可以在认识数字的教学中运用,也可以在后续数的运算教学中运用。

(四)实用性

教师要尽量选择生活情境中的真实材料作为教具学具,如信封、广告单等。要注意教具学具是否在学生生活中经常被使用。例如,在讲时钟的相关知识的时候,最好选用家里常用的钟表作为教具。这样的教具学具有利于学生将课堂上学习到的知识与技能迁移到实际生活中。

(五)安全性

教具学具要大小适中,方便取用、收藏和保管。制作与选择教具学具时,应选择安全的材质,制作完成后应检查是否会刮手,直角、边等是否磨圆磨平。教具学具应具有良好的可视性,如字体应当是清晰、大小合适的正楷,图片真实清楚。

(六)经济耐用性

教师可在生活中就地取材、废物利用,将家庭、学校、社区中的物品视为教具学具的来源,时刻留意生活中可作为教具学具的物体,广为收集。例如,超市的宣传单、收银条、饮料瓶等。教具学具的制作选择需重复使用。例如,塑封图片较为耐用,可用魔术贴粘在卡片上,做成可拆卸的图卡或数字卡,这样可以重复利用。

二、简单教具学具的制作与选择

在特殊学校课堂教学实践中,教师需结合教学实际、学科教学内容,设计使用多种教具学具,使学生在感知的基础上理解和掌握抽象的概念,同时,也使学生的智能得到充分发展。由于学科不同,教具学具也就具有其特殊性。

(一)语文学科常用教具学具举例

1. 实物卡片

实物卡片是帮助学生理解字、词、句的学具。

(1)制作方法。在网上找学生平时常见的实物图片,如水果、交通工具、学习用品、生活用品等,也可以利用自己画的一些卡通图片,或者拍摄一些实物图片。图片大小根据用途而定,彩色打印后按轮廓剪下图片,塑封之后再按轮廓剪下来,注意四个角皆修成圆弧状。

(2)使用方法。以学生学习生字"袜"和"鞋"为例,教师可先出示"袜"和"鞋"的图片,让学生根据图片找出对应的字(如图3-16),反之亦可。通过这样的图片与汉字配对方式,来促进学生对生字字意的理解。

图 3-16

2. 生字卡片、词语卡片、部首卡片

生字卡片、词语卡片、部首卡片是学生在学习或复习生字时常用的教具学具（如图 3-17 至 3-20），也有些教师自制的教具学具是直接把词语以组词的形式写在生字卡片的背面。

图 3-17

图 3-18

图 3-19

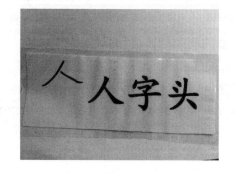

图 3-20

(1) 制作方法。在四线三格(写拼音)和田字格文档中输入所需的汉字;在空白文档中输入所需汉字或偏旁、部首;剪下生字、词语或偏旁。生字卡片的大小一般在 20 cm×14 cm 之内;词语卡片在 10 cm×6 cm 左右;偏旁部首卡片在 22 cm×7 cm 左右;塑封。

(2) 使用方法。生字卡片、词语卡片和部首卡片都可以重复使用,但对于课文中出现的新的必学字需要重新制作相应卡片。

3. 写字卡片

写字卡片也是学生在学习生字时必备的教具学具。

(1) 制作方法。教师可根据学生的能力差异制作不同的写字卡片,图 3-21 至图 3-23 是三张有关书写的卡片,是根据 A、B、C 三组学生的不同能力而制作的。图 3-21,即打印出田字格,再进行塑封。图 3-22,即打印带有田字格的红色字体,再进行塑封。图 3-23,在图 3-22 的基础上,用小刀和剪刀一点点挖空"那"字。之后在挖空完成的字卡后贴上磨砂纸,最后将其塑封。

图 3-21　　　　　　图 3-22　　　　　　图 3-23

(2) 使用方法。因特殊学生的差异较大,教师应针对不同学生的能力,制作、选择不同难度的教具学具。如在书写任务环节,A 组学生要求能够独立书写,B 组要求描红,C 组则可用手指在字卡上按笔顺写出该字,在此过程中产生触觉刺激,促进多感官信息结合,更容易记忆。

4. 写话卡片

写话卡片是学生在练习写句时常用的学具。

(1) 制作方法。用 A4 纸打印塑封如图 3-24 的卡片,卡片内容由教学内容而定,在横线上贴上魔术贴;根据写话内容,制作相应的塑封图片,并在图片的背面贴上魔术贴(一般而言,塑封图片上贴较硬的一面,卡片上贴较软的一面);对于程度较差的学生可在卡片上直接添加相应图片,要求学生配对贴图。

(2) 使用方法。学生在练习写话之前,将图片按照要求贴好。之后,对这卡片上的字图进行"说一说""读一读"练习。此学具可作为"说话"和"写话"之间的桥梁(如图 3-25 和图 3-26)。

图 3-24

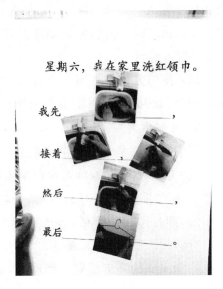

图 3-25

图 3-26

(二)数学学科常用教具学具举例

1. 数字卡片

数字卡片可以帮助学生认识、复习巩固 10 以内的数以及开展精细动作的训练。

(1)制作方法。打印出所需的数字;剪下数字;塑封;在塑封好的数字卡片上打一个小洞;装上钥匙扣或串珠绳。

(2)使用方法。比如,在对 10 以内数的认识的复习巩固阶段,可以将自制的数字卡片给学生进行训练。如认识数字 3 和数字 4,可以单用数字卡片来进行认知(如图 3-27 所示);在复习数字 4 时,也可以在数字卡片上串相应数目的雪花片(如图 3-28 所示);复习数字 8 时,教师可以让学生在数字卡片上串上相应数目的珠子(如图 3-29 所示)。

图 3-27　　　　　　　图 3-28　　　　　　　图 3-29

2. 实物材料

学生周围的实物作为操作材料,既经济又方便,是重要的教具学具来源。这类教学材料包括石子、木棍、树叶等。学生通过摆石子、木棍、硬纸片等,可以认识数的概念和数量关系;通过收集树叶并进行分类整理,可以获得统计知识。

3. 计数棒

这是一种帮助学生认数和计算的教具学具。

(1)制作方法。教师所用的计数棒可以由废弃的竹凉席条做成,每套凉席计数棒由 100 根小竹棒组成,凉席小棒长度为 16 cm,需要时可在背面贴上吸铁石。运用这套小棒,可以学习认数、计算、应用题和几何知识等。用小棒摆出 100 以内的数,这需要学生把 10 根小棒捆成一捆,每捆就表示 10(图 3-30 所示)。

(2)使用方法。例如,用小棒演示 100 以内不退位减法"34 减 12"怎么算。教师可以先演示图 3-31,摆出 3 捆 4 根,就表示 34;34 减 12,就是从 3 捆中去掉 1 捆剩下 2 捆,4 根小棒中拿掉 2 根剩下 2 根,最后共剩下 2 捆带 2 根小棒,即 22 根,如图 3-32。

 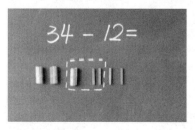 

图 3-30　　　　　　　图 3-31　　　　　　　图 3-32

考虑到安全因素,学生用的计数棒也可用棉签制成,如图 3-33。例如,用小棒演示 10 以内不退位减法"6 减 2"怎么算。教师可用棉签先摆出 6 根小棒,表示 6。6 减 2,就是从 6 跟小棒中去掉 2 根,剩下 4 根小棒,如图 3-34 所示。

图 3-33

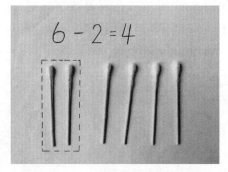

图 3-34

4. 口算卡片

这是一种帮助学生口算加、减、乘、除四则运算的教具学具。

(1) 制作方法。打印出所需的加减法算式,或乘除法算式及其答案;剪下算式,如果需要长期使用可以将其塑封。一般口算卡片属于消耗品可不塑封;将答案折到背后。

(2) 使用方法。教师通过用口算卡片指导学生读算式;用口算卡片帮助学生熟练掌握计算,例如,将一组加减法或乘除法算式卡片放在一起,请学生逐一进行计算,学生说出答案,就可将折叠至背后的答案呈现出来;在学生掌握加、减计算的关系后,可看其中一道加法算式,让学生说出另一道加法算式,对能力较强的学生可以进一步要求其说出相关的两道减法算式;在进行加减法复习时,可以让学生帮助整理口算卡片,例如,按几加 1、加 2……方式整理,也可按加减关系进行整理(如图 3-35 所示),整理的方法根据教学目标而设定。

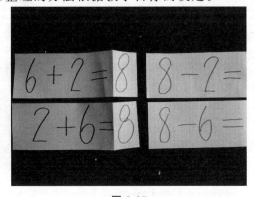

图 3-35

5. 时钟模型

时钟是计量和指示时间的精密仪器。时钟模型是帮助学生认识时间的、用于课堂教学的教具学具。

(1) 制作方法。拿一张 A4 大小的铅画纸,画上可爱的动物,在动物身上找一个合适的位置画一个钟面;在旁边空白的地方画适合钟面大小的时针和分针;将时钟的各个部件涂色,剪下来塑封;用撤钮在时钟上安装时针、分针。具体过程如图 3-36-1 至 3-36-5 所示。

(2) 使用方法。使用时,可通过手动拨动时针和分针来显示时间。例如,认识整点。教师可先示范,拨分针和时针,分针指向 12,时针指向 4,表示 4 时,如图 3-37 所示。请学生按照示范,拨分针和时针。

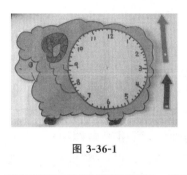
图 3-36-1

图 3-36-2

图 3-36-3

图 3-36-4

图 3-36-5

图 3-37

6. 人民币图片

人民币图片是一种帮助学生认识人民币与使用人民币的教具学具。

(1) 制作方法。在网上找第五套人民币图片,如 1 角硬币、5 角硬币、1 元硬币、1 元纸币、5 元纸币、10 元纸币、20 元纸币、50 元纸币、100 元纸币的图片;注意正反图案都要有,每种钱币图片大小尽量与平时使用的真币一样;每种面值图片打印 10 个,沿图片边框剪下,并将正反面粘起来,塑封,最后把塑封好的人民币图片再按轮廓剪下,如图 3-38 所示。

(2) 使用方法。使用时,教师可以出示相应面额的人民币图片,让学生认识与使用。例如,10元的认识。教师出示多种面额的人民币图片,让学生在其中找出10元纸币图片。

图 3-38

三、多功能教具学具的制作

在诸多教具学具之中,有些教具学具的功能较单一,而有些教具学具则兼具多种功能。多功能教具学具因其具有设计合理、结构性强,可用于多种用途,完成多项任务的功能,因而备受教师喜爱。运用这些教具学具,有助于学生理解和掌握数学基础知识,有利于学生智力的发展和能力的培养,可发展学生的操作能力、想象能力和独立思考能力。近年来,国内外开发利用了许多有结构的教具学具,这对于教育教学手段的改革起到了促进作用。

(一)蒙台梭利教具

蒙台梭利教具学具共有88件,其中日常生活教具3件、感官教具23件、数学教具41件、语文教具5件、自然科学教具16件。这里主要介绍数学教具中比较常用的几个教具。

1. 数棒

由10根由短至长,红、蓝相间的木棒和从数字1到数字10的10块数字片组成。

特殊学校在量的概念和数的认识内容领域,可以通过操作数棒,使学生建立起较深刻的感性认识,进而建立起有关数学内容的模型和表象。这有助于学生加深认识尺寸长短,了解数的大小、数序,从而加深对数概念的理解。

(1)比较长短

通过看一看、比一比等活动,将数棒由长至短排列,帮助学生理解长短的概念,掌握比较长短的方法,并进行排序,如图 3-39 所示。

(2) 数量匹配

师生互动活动,教师可以出示数棒,让学生数一数每根数棒有几段,可以用哪个数字表示,如图 3-40 所示。或者教师说一个数字,让学生找出相应的数棒。

图 3-39

图 3-40

2. 砂数字板

是由数字 0 到数字 9 的 1 块长板和数字 0 到数字 9 共计 10 块单板组成。教师可通过操作砂数字板,培养学生认识 0 到 9 的数字,帮助学生建立起对数字字形的认识。这可以用于练习书写数字,同时为纸笔书写做好准备。

(1) 认识数字

教师可通过让学生用右手食指和中指触摸数字,来感知体会数字的字形,达到认识数字的目的,如图 3-41 所示。教师还可以在学生手中写数字,让学生在砂数字板上找到相应的数字。

图 3-41

(2) 书写数字

在认识数字的基础上,教师可通过让学生学会反复触摸砂数字板,熟悉数字的起笔、落笔、笔顺、笔画等,从而让学生达到能够书写数字的目的,并能够在沙盘上写数字。

(3) 数序

在认识数字的基础上,通过让学生将砂数字板按照"1,2,……,8,9,0"或者"0,9,8,……,2,1"的顺序,将砂数字板放回盒中,以达到学生熟悉、掌握数序的目的,如图3-42和图3-43所示。

图 3-42

图 3-43

3. 数字与筹码

这由55个圆片、10张数字1到数字10的卡片组成。教师可以通过操作数字与筹码,使学生了解数与量之间的关系,感知数的大小,认识奇数与偶数。

(1) 数量匹配

教师可将数字按1~10的顺序,从左至右排列,数与数之间一拳相隔,如图3-44所示。让学生指认数字,然后从盒中取出相应数量的筹码放在手心,并握住感受数量的多少,如图3-45所示。

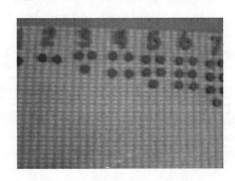

图 3-44

图 3-45

(2) 认识单、双数

让学生取出一定数量的筹码,放在相应数字的下方。要求左右两排放,如果多一个则放在两排的当中。教师示范指认数字,再用右手食指在两排筹码中穿过,如穿得过,则说:"穿得过,叫双数",如穿不过,则说:"穿不过,叫单数",如图 3-46 所示。在这一过程中,学生通过对数量的感知,理解单数、双数的含义。

图 3-46

(二)汉字多米诺

每套骨牌含 100 粒,产品为木制长方体,每个骨牌上均包含汉字、古文字、拼音、图案、文字释义五个部分。汉字多米诺骨牌在传统多米诺骨牌的基础上,结合儿童认知特征和兴趣特点,融合了汉字的多种属性,包括汉字、拼音、图案、释义及古文字于一体,帮助学生认识汉字、学习拼音。同时,该产品趣味性较强,教师可以根据需要开发各种玩法,提高学生的各项语文能力,如学习组词、造句等,这一方法也适用于特殊学校一至九年级学生。

1. 认识常见事物

骨牌的牌面上一般由字、拼音、词语和相应的图片组成,如图 3-47。学生可借助牌面上的图片得到对事物的初步认识与了解。图片采用卡通图片或实物照片,有利于学生将所学知识迁移到生活中。

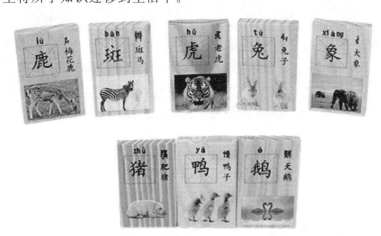

图 3-47

2. 事物分类

学生能够在教师的指导下,利用骨牌对常见事物进行分类。如图 3-48 是学生利用骨牌,对蔬菜、图形和水果进行分类。

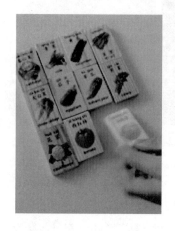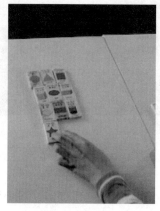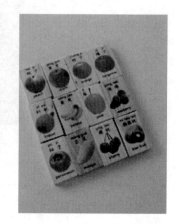

图 3-48

3. 汉字连连看

用骨牌进行"汉字连连看"的小游戏,即在一堆骨牌中找出两个或多个相同的骨牌。这种游戏方式能促进学生加快对汉字字形、图片的认识与记忆,如图 3-49 所示。

图 3-49

4. 搭汉字

"搭汉字"的游戏能加深学生对字形,包括笔画、笔顺的理解。另外,在根据字形搭汉字时,学生需要把骨牌立起来,这个过程也可以锻炼学生的精细动作技能。如图 3-50 所示,教师出示"上"的骨牌,学生按要求用骨牌搭出"上"的字形。

图 3-50

5. 学习词组串联、拼词组

教师可利用多米诺骨牌,慢慢培养学生的组词能力。如图 3-51 所示,在学习"天"的组词时,教师可把牌面是"春""夏""秋"的骨牌一并拿出,放在一起让学生对四季形成系统的认识。

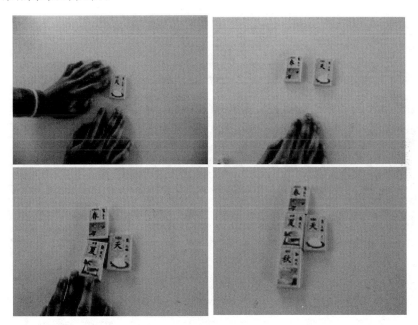

图 3-51

6. 近义词和反义词

近义词和反义词也是学生语文学习中的重点和难点所在。多米诺骨牌上不仅有字,还有相对应的图片,这些图片的辅助,有利于学生理解字义、词义,掌握近义词和反义词,如图3-52所示。

图 3-52

7. 词语接龙

"词语接龙"实际上是利用骨牌复习巩固组词,如图3-53所示,游戏形式为:学生先用教师选中的汉字组词,再用上一个词语的最后一个字作为"字头"继续组词,直到不能组词为止。

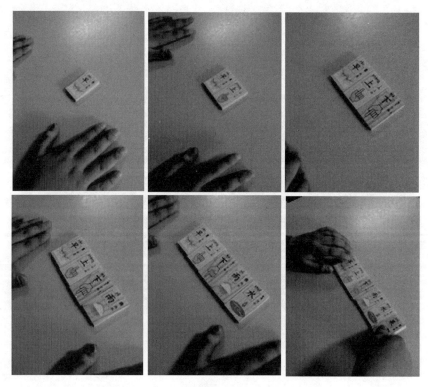

图 3-53

(三) 木脑袋

1. 木匠的眼睛

这是一套综合教具,由两部分组成。一块长 20 cm、宽 9 cm、高 3 cm 的大木砖,上面有很多大小不同的圆形凹洞,圆形凹洞的直径从 8 mm 至 2 mm 共五种不同尺寸,如图 3-54、3-55 所示。若干粗细不同的圆柱形木柱,这些圆柱的粗细与圆形凹洞的直径相一致。

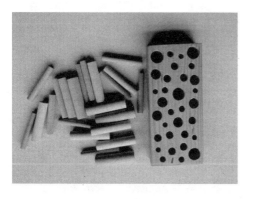
图 3-54

图 3-55

学生可通过操作木砖和圆柱形木柱子,获得深刻的感性认识,进而建立起有关数学内容的模型和表象。这样,就可以用它认识大小、粗细、10 以内的数。

(1) 大小

通过触摸木板上大小不同的凹洞,学生可直观地感知大、小。

(2) 粗细

由于有的木柱较细可以插进凹洞,有的木柱较粗无法插入凹洞,教师可通过让学生将粗细不同的圆柱插入圆形凹洞,来帮助他们初步建立粗细的概念。

(3) 10 以内的数

教师可组织师生互动游戏,如,教师插上若干小木棍让学生数一数有几根,或者说一个数字,让学生插上相同数量的木柱。还可以根据学生障碍程度提出不同的活动要求,对于程度较轻的学生,可以在数量的基础上要求他们找相同粗细的木柱,而程度较重的学生仅需达到数量要求。

2. 数字排列

这是一个由 11 个船形大木块和若干个人形小木柱组成的综合类教具。每个船形大木块上都标有一个颜色不同的数字(0~10),有与数字对应数量的凹槽;每个人形小木柱,有不同的面部表情,戴不同颜色的帽子,有的"小人"上有三粒小圆点,有的则没有。

学生可以通过操作船形大木块和人形小木柱,感性认识数与量,进而建立数概念,学生可以用它认识数字 0~10、分类等。

(1) 0~10 的认识

可以让学生根据小木船上的数字,数出相应数量的小木人,并插在小木船上,如图 3-56 和图 3-57 所示。或者,给学生一定数量的小木人,让学生找到相对应的小木船。

图 3-56

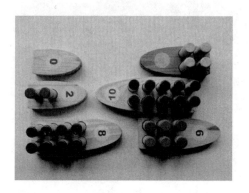

图 3-57

(2) 分类

教师可让学生根据小木人头上帽子的颜色分类,帮助学生理解并掌握分类的技能。分类时,可以根据小木人脸上的表情,还可以根据小木人身上有无纽扣分类。

(四) 几何图形片

几何图形片是一种结构简单、操作方便、趣味性强的教具学具。它是由颜色、形状和大小各不相同的塑料块组成。几何图形片包括三角形、圆形、正方形、长方形、平行四边形、梯形等六种图形,分红、黄、蓝、绿四色,含大、小两种尺寸。利用几何图形片可帮助学生了解初步的分类知识,并通过各种活动,加深对几何图形性质的认识。

1. 学习分类

教师可让学生按颜色、形状、大小把几何图形分为几类。例如,可以先按颜色,把相同颜色的放在一起,分成四部分,如图 3-58 所示。也可以按形状、颜色分类,即把同样形状的放在一起,再按照颜色分为四部分,如图 3-59 所示。也可以按照大小、形状来分,即把相同大小的放在一起,再按形状分为三部分,如图 3-60 所示。

图 3-58

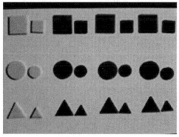
图 3-59

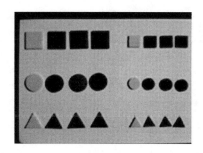
图 3-60

2. 认识集合

把同类的放在一起,就构成一个集合。同时构造几个集合,便可以认识集合之间的关系,如"绿色块"与"正方形"是两个不同的集合,但又有共同的元素。因而,就出现交集绿色正方形。

(五) 七巧板

七巧板是一种我国古代发明的、流行很广的智力拼图板。它由一个正方形图板分割成的七块基本几何图形图板构成,如图 3-61。这七块图板基本图形中,有五块三角形、一块正方形和一块平行四边形。

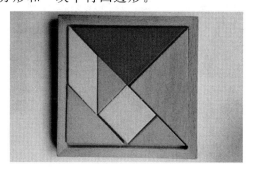
图 3-61

使用七巧板时,把七块板分开,通过不同的组合,可拼出各种各样的图案。拼图的规则是:必须在平面上拼,不能把任何一块立起来,也不能重叠;必须把七块板全用上。

用七巧板拼图分为看明图拼和看暗图拼。明图是已经画出了七巧板各块位置的图案,学生看着图,直接找出各块板,并放在相应的位置即可。摆明图比较容易,适于低、中年级学生刚开始摆七巧板用。下面几个是明图的示例,如图 3-62 所示。

图 3-62

暗图是用七巧板拼出的完整的图案。这些图案没有画出各块板的位置,只给出图案的结果。照暗图拼是七巧板的主要活动方式。以下是暗图的示例,见图 3-63。

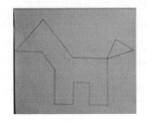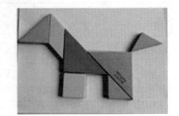

图 3-63

看暗图摆要比看明图摆难得多。可以先让学生用七巧板中的几块,拼一些基本图形,如用两个小三角形板组成一个正方形图板,如图 3-64 所示。用两个大小相同的三角形板组成一个正方形板;一个小三角形板和一个平行四边形板组成一个梯形板,如图 3-65 所示。当学生对一些基本的拼摆方式比较熟悉,并在头脑中形成一定的表象时,再让学生独立操作,拼出完整的图案。

图 3-64

图 3-65

四、教具学具制作范例

案例 3-1

魔力积木

1. 教具学具介绍

"魔力积木"教具学具由 10 块正方体的积木制作而成,积木的六面根据需要设计图案,本套积木的六面分别是数字、算盘珠码、点状图、蔬菜、水果、人民币图案,如图 3-66 所示。

图 3-66

2. 适用对象

"魔力积木"适用于低年级智力障碍学生在学习数与计算内容领域使用。该教具学具通过数与量的配对与指认,帮助学生建立和巩固数概念,掌握9以内的数序,提高学生的加减计算能力。

3. 制作方法

(1) 收集数字、算盘珠码、点状图、蔬菜、水果、人民币的图片,打印、剪切图片。

(2) 挑选大小适中的实木积木,本套选用的积木大小为长3.4 cm×宽3.4 cm×高3.4 cm,注意积木不宜过大,应方便学生携带。

(3) 将图片粘贴到积木的六个面上,在粘贴图案时,每一块积木上下、左右、前后方位上的图案最好保持一致,方便学生翻面时观察到的对象是统一的。

4. 使用方法

(1) 数量配对

在数量配对活动时要准备两套"魔力积木",通过让学生操作积木进行数量配对,帮助他们建立、巩固数概念。先把两套积木分别摆放在左右两边,出示积木上的点状图,让学生根据数量找出数字,如图3-67所示。还可以根据数字找出相应的数量,如图3-68所示。

图 3-67

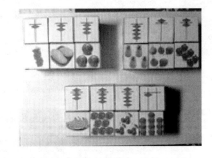

图 3-68

(2) 排列数序

先把积木有数字的一面朝上,让学生按顺数或倒数的数序进行摆放,也可以把积木有蔬菜的一面朝上,请学生按数量从少到多,或从多到少进行摆放,如图3-69所示。

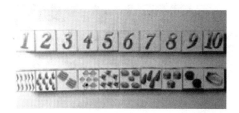

图 3-69

（3）加减计算

加减计算时教师可以指导学生观察积木上的点状图,说出相应的加法或减法算式。比如,教师摆出点状图1和2,提问:"这是几,你能说一道加法算式吗?"如图3-70所示。

图 3-70

此案例由上海徐汇区董李凤美康健学校杨健老师提供,有改编。

案例 3-2

货比三家

1. 教具学具介绍

"货比三家"教具学具由3个超市盒子和3张作业单组成,如图3-71所示。其中,三个超市盒子里面放有常见的蔬菜、水果、日常用品、玩具等物品模型。作业单包括2张"小小理货员"、1张"货比三家"。前者帮助学生练习物品分类,后者要求学生填写三家超市同一物品的标价。

2. 适用对象

"货比三家"适合低年级段数学教学使用。教具学具不仅能让学生体会生活中的数学,掌握与生活相关的简单的数学知识,激发学生的学习兴趣,同时,对于脑瘫学生来说,通过抓、握、拿、取相关物件,在教学中渗透康复训练。

图 3-71

3. 制作方法

(1) 用废旧的纸盒或鞋盒子制作立体超市模型。

(2) 收集超市中常见的物品图片,打印、剪切、塑封图片。

(3) 在小木块上钉铁钉,铁钉另一端双面粘贴实物图片,制作立体物品模型。

(4) 在立体物品模型底部,标明价格。

(5) 制作记录卡片,在两张彩色 A4 纸上画上 2 个圆形,并在圆形的旁边标上物品类别。在彩色 A4 纸上绘制表格,包括超市名称、货物等项目,便于学生比较,见图 3-72。

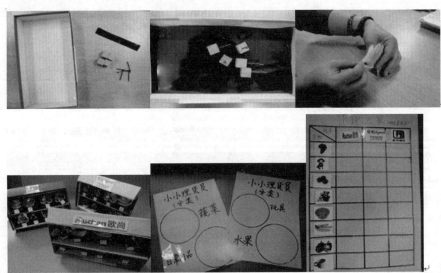

图 3-72

4. 使用方法

（1）物品分类

对超市物品进行分类，把相同类型的物品放在相应类别的圆形内，如图 3-73 所示。

（2）认识标价

认识 10 以内的数字，会说出立体物品模型的价格，如图 3-74 所示。

（3）比较价格

根据数字的大小比较价格，从而得出哪家超市的物品价格最便宜，并把价格最便宜的物品图片贴在相应的超市方格中，如图 3-75 所示。

图 3-73

图 3-74

图 3-75

此案例由上海嘉定区成佳学校赵慧老师提供，有改编。

案例 3-3

秋天的果实

1. 教具学具介绍

学龄前智力障碍儿童普遍存在着认知能力低下、感知觉反应迟滞、动作能力欠协调等问题。在开展学前教育康复活动时,相关教具学具的制作更需简洁、直观、生动、色彩鲜艳,且适合智力障碍儿童操作。

在"秋天来了"的主题活动中,教具学具"秋天的果树"的设计,旨在通过创设环境、用色彩鲜艳的图形,来吸引智力障碍儿童的注意力。同时,通过动手操作,激发儿童参与集体活动的兴趣,继而提高精细动作能力。学生通过对三棵不同功能的"果树"进行操作,从而提高认知能力、手指精细动作能力、手眼协调能力等,如图3-76所示。

图 3-76

2. 适用对象

由于学前智力障碍儿童存在各种生理障碍,特别是重度智力障碍儿童在控制能力、注意力、生活自理能力方面都会存在很大困难。"秋天的果实"教具学具制作的初衷就是要训练智力障碍儿童的手眼协调能力,以及通过训练扣纽扣、按揿钮等操作而提高基本生活自理能力。教师可根据学生残障的类型、程度,提供不同功能的"果树",有魔术贴、揿钮、纽扣。通过游戏活动操作,为提高学生的生活自理能力打好基础。

3. 制作方法

(1) 用绿色绒布裁剪"果树"外形两层,使用缝纫机缝制。根据意图用同样方法缝制若干棵。

(2) 在"树"上"缝"上纽扣、揿钮、魔术贴。

(3) 用红色绒布裁剪"苹果"形状,然后把两层缝制在一起,留一个小口,往里面塞适当的填充物(定型棉),最后缝制完毕,使"果子"有质感,以方便特殊学生的练习操作。

(4) 用同样方法制作不同形状的水果(橘子、梨等)。

4. 使用方法

(1) 实物认知过渡到图形认知

学生在认识了部分水果(苹果、橘子、梨等)实物后,将教师用绒布剪成的"水果"贴绒,贴到"果树"上。通过这个活动,帮助儿童逐步从实物认知过渡到图形认知。

(2) 手部精细动作训练

通过本教具学具的操作,可训练特殊儿童食指和大拇指间的协调控制能力,以及两手配合操作的能力。

(3) 生活(穿衣)自理能力

教师可根据学生残障的类型、程度,提供不同功能的"果树",通过训练学生贴魔术贴、按揿钮、扣纽扣等操作,提高学生的生活自理能力,如图3-77、图3-78和图3-79所示。

图 3-77

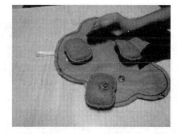

图 3-78

图 3-79

（4）灵活性

本教具学具色彩鲜艳，具体形象，可激发儿童操作的兴趣。本教具学具具有灵活性，既可作为秋天的环境的布置材料，又可作为学生操作的用具。

此案例由上海卢湾区卢湾辅读实验学校顾蕙蕙、肖萌老师提供，有改编。

 案例 3-4

拼音骰子

1. 教具学具介绍

拼音骰子由 12 枚"骰子"及若干常用生字卡片构成。结合骰子游戏随机性的特点，学生可以根据声母、韵母的不同组合，练习拼音的拼读以及汉字的辨认。另外，由于声母、韵母均按照发音部位进行分类，因此教师可以有针对性地对学生进行发声练习，提高学生对语音的辨识度和发音的准确性。这套教具学具具有取材容易、结构简单、操作方便、形象直观等特点，如图 3-80 所示。

图 3-80

2. 适用对象

"拼音骰子"适用于辅读学校高年级学生的语文学习。学生可以根据声母、韵母的不同组合,练习拼音的拼读以及汉字的辨认。教师也可以有针对性地对学生进行发声练习,提高学生对语音的辨识度和发音的准确性。

3. 制作方法

(1) "骰子"为边长 2.5 cm 的木质正方体,分为声母骰子、韵母骰子两类,每枚骰子的六面均贴有对应的声母或韵母。

(2) 拼音骰子根据汉字拼音的结构和发音特点,将拼音分解为声母、韵母,并按照发音部位对声母、韵母进行分类。声母骰子包括双唇音(b、p、m)和唇齿音(f)、舌尖前音(z、c、s)、舌尖中音(d、t、n、l)、舌尖后音(zh、ch、sh、r)、舌面音(j、q、x)、舌根音(g、k、h)以及零声母音节(y、w)七组;韵母骰子包括单韵母(a、o、e、i、u、ü)、复韵母(ai、ei、ui、ao、ou、iu、ie、üe)(两组)、前鼻韵母(an、en、in、un、ün)、后鼻韵母(ang、eng、ing、ong)五组。

(3) 生字卡包含常用汉字及拼音两部分,学生通过声母和韵母的不同组合,学习拼读汉语拼音。

4. 使用方法

(1) 根据字卡学习拼音

① 出示字卡,学生观察拼音,如图 3-81 所示。

图 3-81

② 学生根据字卡上的标注拼音,寻找声母,如图 3-82 所示。

图 3-82

③ 学生根据字卡的标注拼音,寻找韵母,如图 3-83 所示。

图 3-83

④ 学生将声母和韵母摆放整齐,进行拼读,加深印象,如图 3-84 所示。

图 3-84

(2) 学习拼音的拼读并辨认汉字

① 学生取声母骰子和韵母骰子各一个,随意投掷,如图 3-85 所示。

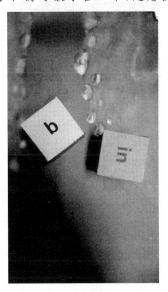

图 3-85

② 将投掷出的骰子摆放整齐,以便于拼读,如图 3-86 所示。

图 3-86

③ 出示字卡若干,由学生进行辨认,如图 3-87 所示。

图 3-87

④ 学生根据骰子的组合找出正确的字卡，进行拼读，并辨认汉字，如图 3-88 所示。

图 3-88

此案例由上海市徐汇区董李凤美康健学校王庆老师提供，有改编。

案例 3-5

生字变变变

1. 教具学具介绍

"生字变变变"教具学具由一张生字卡片和几张部首卡片组合制作而成，所有材料都是纸质，并塑封。在每张塑封好的生字卡片上粘上一个挂钩，可以在上面随时挂上或撤下部首卡片，生字随部首的改变而改变，如图 3-89 至 3-92 所示。

图 3-89　　　　　　　　　　　　　图 3-90

图 3-91　　　　　　　　　　　　　图 3-92

2. 适用对象

适用于培智学校低、中、高年级智力障碍学生的语文学科学习,能够促进学生对字形的记忆。

3. 制作方法

"生字变变变"教具学具制作很简单,将平时学生学到的部首打印后剪下来,进行塑封以备用,针对不同的生字,随时可以替换部首进行学习。制作方法如下。

(1) 打印好相关的生字,剪下来塑封好,如图 3-93 和图 3-94 所示。

图 3-93　　　　　　　　　　　　　图 3-94

(2)在塑封好的生字卡片左上角粘上一个挂钩或穿上一个挂钩,如图3-95所示。

图 3-95

(3)将打印好的部首进行塑封并剪下来,注意要与生字的字体大小一致,并在塑封的部首塑封卡顶上钻个小洞,如图3-96和图3-97所示。

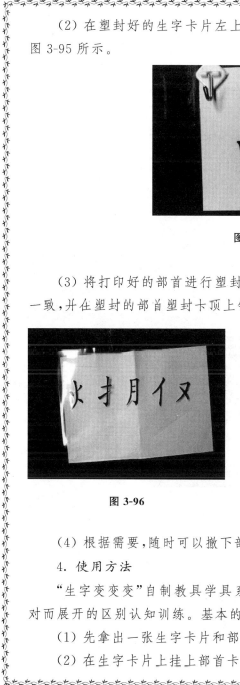

图 3-96

图 3-97

(4)根据需要,随时可以撤下部首换上其他部首,进行生字组合。

4. 使用方法

"生字变变变"自制教具学具系列主要是围绕生字卡片进行部首配对而展开的区别认知训练。基本的使用方法如下。

(1)先拿出一张生字卡片和部首卡片,引导学生认识。

(2)在生字卡片上挂上部首卡片,组合的字让学生说一说,读一读。

(3) 变换部首，组合的字让学生说一说，读一读。

(4) 重复上述活动，直至所有的部首都配对完毕即训练结束。

此案例由上海市青浦区青浦辅读学校许丽英老师提供，有改编。

案例 3-6
我爱动物宝宝(语言训练)

1. 教具学具介绍

这是针对语言训练，并由 4 页组成(A4 大小)的自制书，内容均围绕着主题"我爱动物宝宝"展开，每一页都可以让孩子进行动手操作，边说边做，以提高孩子说话的兴趣。这本自制操作书应用于语言个训，配合语言训练单元主题"动物"封面。

图 3-98

(1) 动物宝宝的家

动物宝宝图片背面均有魔术贴，可以让孩子自由粘贴，这一页可用来训练句式：谁住楼上，谁住楼下。谁住在谁的左边，谁住在谁的右边，如图 3-99 和图 3-100 所示。

(2) 动物宝宝捉迷藏

门后、树荫后、树干后都可以打开，可以贴上不同的动物宝宝图片，如图 3-101 至图 3-103 所示。训练孩子说话：谁躲在哪里？

图 3-99

图 3-100

图 3-101

图 3-102

图 3-103

（3）开饭啦

桌面可以转动，请孩子们给动物宝宝们配上它们喜欢吃的饭菜，如图 3-104 和图 3-105 所示。练习句式：谁喜欢吃什么？

图 3-104　　　　　　　　　　　图 3-105

(4) 可爱的长颈鹿

这一页长颈鹿的脖子可以拉动,可以和孩子一起认识长颈鹿的特征,边动手操作,边说儿歌,如图3-106和图3-107所示。

图 3-106　　　　　　　　　　　图 3-107

整本自制书的内容围绕着一个主题进行,将动手操作贯穿其中,始终强调边动手操作边练习说话,寓教于乐。

2. 适用对象

适用于培智学校低年级智力障碍学生的语言训练学习,能够促进学生对语言的灵活运用。

3. 制作方法

(1) 这本自制书先设计图画,涂色修改后,做好塑封。

(2) 将需要开口的地方进行剪切和开口。

(3) 将动物头像、长颈鹿等图片配件装上去。

(4) 进行试玩,修改。

4. 使用方法

本教具学具围绕主题"我爱动物宝宝"设计,每一页的内容都可以让孩子进行动手操作,边说边做,提高孩子说话的兴趣。

第一页,动物宝宝的家。要求学生贴贴说说。

第二页,动物捉迷藏。要求学生找找说说。

第三页,开饭啦!要求学生转一转,配对说说。

第四页,长颈鹿。要求学生拉一拉、说一说。

此案例由上海市普陀区启星学校束艳艳老师提供,有改编。

第四章　特殊学校课堂管理

课堂是由教师、学生与环境（教学场所）共同组成的一个特殊的互动情境。课堂教学的有效性除了依赖于教师是否能够根据学生情况和课程要求等制定合适的教学目标、选择教学内容、设计教学活动之外，还依赖于教师是否能够在教学过程中进行有效的管理，这需要教师协调课堂内的各种教学因素，包括建立课堂秩序、处理学生问题行为、创设教室情境等，才能有效实现预定的教学目标。相比普通学校教师，特殊学校教师在课堂教学过程中需要协调课堂内更多的教学因素。虽然特殊学校中每个班级的学生人数相对普通学校较少，但是学生的差异性会更大，一些学生可能因为特殊的生理因素、残障或者家庭养育环境的特殊性等因素，会出现较多干扰课堂教学秩序的行为，因此，作为特殊学校教师，要对课堂教学过程中可能面临的挑战有清醒、正确的认识，也要掌握一定的技巧、方法去恰当处理学生的课堂问题行为。

第一节　特殊学校课堂管理的特殊性

课堂这个词常常与教室连在一起，但其含义又与教室不同。所谓课堂是由教师、学生与环境共同组成的强有力的互动情境，是一种有系统的教育形态，是一种独特的社会组织。[①] 在这个情境中，教师虽是中心人物，但学生却是主体，教师和学生在这个教学环境中交互影响，完成教学的任务，达到教育目标。要完美地完成课堂教学这一任务，不仅涉及教师对教学目标、教学内容、教学方法、手段的正确选择，还在于教师是否具有高超的课堂管理能力。

一、课堂管理的概念及要素

（一）课堂管理的概念

所谓课堂管理（classroom management）常指的是对课堂环境的系统设计，以创建有效教学和有效学习的情境。具体来讲，是教师为了保证和提高课堂教学的

[①] 杜萍. 课堂管理的策略[M]. 北京：教育科学出版社，2005：6.

秩序和效益,与学生一起制定和遵循的课堂规则,以及教师在课堂内的整个行为和相关的课堂活动,包括课堂环境的安排、课堂秩序的建立和维持、对学生行为的监督、对违反课堂纪律行为的处理以及指导学生的学习等。[①] 概括来说,课堂管理的内容包含三个方面,即建立课堂常规、处理课堂问题行为,以及创建良好的课堂教学情境。[②]

(二) 课堂管理的要素

根据我国台湾学者方炳林的观点,影响课堂管理的因素主要有:人的因素、物的因素和事的因素。[③] 人的因素是指教师、学生以及学生与学生、教师与学生之间的关系;物的因素是指教室中一切物质的环境与设备;事的因素,是指这些人以及人和物之间所发生的一切活动。有效的、高效的课堂管理必须创建一个积极的、支持性的、能培养学生的环境,教师要对这些影响因素进行有效管理。玻洛维(Polloway)等人提出了综合性课堂管理模式(comprehensive model of classroom management),分析了课堂管理中需要考虑的、会对学生学习和行为产生重要影响的6个关键性内容,具体包括心理社会的、程序性的、物理的、行为的、教学的以及组织方面的变量,这6个方面的因素简单来说就是前面所提到的人、物、事的因素。

1. 心理社会因素

心理社会因素实际就是人的因素,包括来自于学生自身、教师、同伴、家庭等多方面的因素。在课堂教学过程中,这些重要人物及其之间的人际关系质量会对课堂氛围产生影响。一般来说,如果学生所处的课堂环境是一个温暖的、支持性的环境,那么学生更能将注意力投注在所要学习的内容上。反之,则学生需要付出更多的时间和精力去对付引发他们负面情绪的刺激,影响到其有效学习。

对于特殊学生尤其是存在智力障碍的学生来说,教师、家长可能会因为他们的残疾、障碍等状况对他们持有不恰当的态度,甚至完全放弃对他们提出任何学习要求。事实上,教师或者家长是否对学生具有高期望,不仅会明显影响到学生在课堂上的表现,也会影响到同伴对其的看法。不管学生的障碍程度如何,不管其在班级中与其他同学存在怎样的差距,教师和家长应始终对他们抱有高期望,并且致力于满足学生的特殊教育需要,努力创造支持性的环境,让学生感到自己是被关注的、受欢迎的,这一点是有效的课堂管理的基础。

2. 程序性因素

程序性因素指的是调节课堂教学的一些规则、流程、评估准则,以及其他规则。

---

① 孙冬梅. 复式教学新论[M]. 兰州:兰州大学出版社,2011:145.
② 杜萍. 课堂管理的策略[M]. 北京:教育科学出版社,2005:9.
③ 方炳林. 普通教学法[M]. 台北:教育文物出版社,1976.:306.

简单来说,程序性因素涉及的主要是课堂常规的内容,从人、物、事的因素的内涵来看,应该属于事的因素。课堂常规能够明确地告诉学生在课堂教学过程中可以做什么、不可以做什么,能够让学生了解学校和教师对他们的行为期望。这可以大大降低学生在课堂教学过程中出现问题行为的概率,起到预防破坏课堂纪律行为出现的作用,从而也相应地减少了教师用于处理学生课堂问题行为的时间,增加了教学内容讲授以及学生学习的时间。在实际工作中,课堂常规常常是班级所有学生都需遵守的规章制度,并常以文字的形式张贴在教室墙壁上。这些规章制度不仅能够使班级更平稳地运转,也能最大限度地增加学生的有效学习时间。

在特殊学校,教师尤其需要根据学生的特殊性来制定课堂常规,并考虑适当的表现形式,如文字、图片等。对于有智力障碍、自闭症等发展障碍的学生来说,教师要注意这些程序性因素对于他们养成良好课堂行为习惯的作用,并根据他们的能力水平以及信息接收的特殊性灵活制定常规,以达到有效预防课堂问题行为的目标。

3. 物理因素

物理因素主要指的是教师可以操纵的物理环境,包括教室的布置、环境的可获得性以及专业化的设备,这都属于物的因素。对于学生来说,明亮、整洁的环境可以让他们更专注于所要学习的内容,而乱七八糟、无序的环境则会让他们更容易分心。教室环境的布置涉及很多具体内容,包括学生座位的安排,教室中黑板、墙壁、布告板等的布置方式,教师课堂使用的教具学具,学生个人学习物品,以及学生活动或者学习的记录材料等的安排。

在特殊学校中,由于学生的特殊性,这些内容更需要细致考虑。以有肢体残疾、行走不便的脑瘫儿童为例,教师在考虑其合适的座位安排时就需要考虑多个因素,比如,若该生使用轮椅,其座位安排是否有利于其使用轮椅到达教室中的任何一个位置,并且不干扰到其他学生的学习;教室中张贴的各种学习材料以及放置的教具学具等是否方便其获取,而不需要依赖别人;若是同时使用座椅,那么轮椅的放置以及使用问题也需要考虑。在特殊学校里,教室中常常会放置有利于学生学习、康复训练的设备。教师在考虑教室环境布置时,也要考虑这些设备的使用,以满足学生的特殊教育需求。

在课堂教学过程中,合理的教室安排可以提高成功地教学与学习的可能性。而合理的教室安排通常要考虑到以下几点。

● 教室环境布置要灵活。教师可以根据教学内容和活动的需要灵活变换、调整教室内的环境布置,包括学生的座位安排,以利于不同形式的学习活动顺利进行。

● 学习和活动空间要充足。狭窄的空间会影响到学生的情绪和行为,比如,会大大增加学生之间出现身体接触、彼此产生干扰的概率,容易导致学生产生不满、易激惹的情绪和行为。因此,布置教室环境时要尽可能让每个学生感觉到有充足的活动空间。这不仅涉及教室面积和班级中学生人数的问题,还涉及班级中学生的特殊需要。比如,使用轮椅的学生、身体肥胖的学生通常需要更大的空间,以便于他们活动,教师需要根据他们的情况设计他们合理的通行模式,在课堂活动中为他们留出适当的过道,以便于他们参与学习;一些自闭症学生对其他学生的身体接触会有过度敏感的表现,也需要有特殊的空间。

● 常用的设备、教具学具放置要固定。这样可以减少学生寻找和获取这些设备、教具学具的时间。

4. 行为因素

行为因素主要是指发展和增加期望的行为、减少不符合期望的行为、泛化和维持适当行为,以及发展和提高学生的自我管理能力,这些内容主要属于事的因素。教师在课堂上有效引导、支持、鼓励学生表现出适当行为,并在学生出现问题行为时进行有针对性的处理,这需要机智。也就是说,一堂好的课,不仅需要教师对教学目标、内容等跟课程紧密相关的内容有很好的把握,同时也要对期望学生出现的良好行为有明确的认识,并对课堂教学过程中出现的行为有总体的把握,这样就能在教学过程中有针对性地进行处理。

对于特殊学校的教师来说,尤其需要掌握一定的理论与技术以处理特殊学生的课堂问题行为。在当前的培智学校里,由于所招收的学生障碍类型多样化,障碍程度严重化,学生在养成良好行为包括良好学习行为方面存在较大的困难,在课堂上出现问题行为导致正常课堂教学秩序破坏的概率也大大增加,这些因素给教师的课堂管理带来很大的挑战。甚至于,很多时候,教学目标的成功落实需要依赖于教师较高的课堂管理能力。

5. 教学因素

教师如何开展教学是课堂管理中最重要的因素之一,这也属于事的因素。事实上,维持纪律的最佳方式就是吸引学生积极地参与课堂学习活动,当学生对教师所授教学内容保持浓厚的兴趣,就会主动、积极,甚至全身心地投入教师所设计的学习活动中,而当学生全神贯注时,是不可能出现破坏课堂教学纪律的行为的,这一时刻是师与生、教与学水乳交融的时刻。反之,当教师所制定的教学目标不适合学生、所选择的教学内容以及设计的学习活动无法引发学生的兴趣,就很容易导致学生出现无聊、厌烦、无趣、反感等状况,注意力分散也就很容易出现,因此,教学方面的因素是有效的课堂管理的重要方面。这一方面的因素还包括许多内容,比如,日程安排、学生分组、教学计划以及教学技术等。

相比普通学校教师,在通过提高课堂教学有效性来减轻课堂管理压力方面,特殊学校教师所面临的压力更大。但是,如果教师没有通过改进教学让学生有效地参与到课堂学习活动中,那么,即使采取其他课堂管理策略,也仍旧属于治标不治本。在特殊学校尤其是培智学校中,大量导致正常教学秩序受到破坏的课堂问题行为常常与教师未有效地开展教学有紧密关系。

6. 组织因素

这一方面主要考虑的是组织保障方面的因素,包括师资人员的职责、工作环境、行政职责、教学应用、持续的交流沟通系统以及个人时间管理的应用等。分析其具体内容,这一因素应该既有物方面的因素,也有人或者事方面的因素。当学生的课堂问题行为较严重,正常的课堂秩序难以由承担教学的教师一人来维持时,学校就需要组织相应的力量给予支持。比如,提供辅助教师或者教师助手等,给予协助。而且,在处理这些学生的课堂问题行为时,学校也要有相应的工作机制给予支持,要让每个教师都意识到自己对学生课堂问题行为的责任,要从工作机制、时间等方面保证班级所有教师之间能够就课堂管理问题进行交流、研讨,以使教师在面对学生课堂问题行为时能够有一致的认识,并保证措施一致性,从而有效、高效地改变学生的课堂问题行为。

在特殊学校里,由于班级中学生需求的多样化和差异化程度远远超过普通学校的课堂,单靠一名教师往往难以做到有效的课堂管理。特别是当班级中存在自闭症等有情绪和行为问题的学生时,教师的课堂管理压力大大增加。这部分学生往往在课堂教学过程中高频率地出现问题行为,且难以及时或者在短时间内制止,因此常常需要学校提供辅助教师等给予协助。这就需要学校有一定的组织体系以及工作机制对教师提供支持。

二、课堂管理的特点及特殊学校课堂管理的特殊性

对于课堂管理,多伊尔(Doyle,1986)认为其存在多维度、同时性、瞬时性、不可预期性、公开性和历史性的特点。下面将结合特殊学校的具体情况探讨这些特点。

(一) 多维度

所谓多维度,指的是教师在授课过程中,同一时间需要关注和开展多项不同的活动。这个多维度涉及两层意思,一是同一时间教师需要关注到学生的不同活动。在课堂教学过程中,在同一时间,即使教师要求所有学生完成的活动是一样的,不同学生所出现的行为也会有所不同。比如,当教师要求学生听写词语的时候,有的学生可能已经完全做好了准备,拿着笔,等待教师说出要默写的词语;有的学生则可能动作缓慢,还在从铅笔盒中拿笔,或者准备本子;有的学生可能被同学拿的笔的颜色或者其他事物所吸引,教师需要对所有学生正在发生的这些行为

给予关注,快速地分析不同学生的行为可能造成的影响,及时做出应对,比如,提醒分心的学生注意马上要开始默写,让动作缓慢的学生加快速度。二是同一时间教师要组织学生开展不同的活动。在课堂教学过程中,教师所设计的学习活动常常并不是每一个学生都完成一样的任务。比如,当教师向学生提问并喊一名学生回答时,其他学生此时的任务就是倾听这名学生的回答是否正确或者符合要求;当教师要求一名学生上黑板演示、其他学生看其回答时,此时教师给学生所设计的任务也是有差别的。特别是当教师组织小组教学或者开展合作学习时,各个小组成员所承担的任务就会有很大的差异。对于学生所开展的这些活动,教师都要做到及时关注,这样才能根据他们的表现来判断学生的学习进展情况,并适时进行恰当反馈和指导。

对于学生差异化和多样化程度较高的特殊学校班级,同一时间,不同学生更有可能表现出不一样的行为,甚至可能表现出完全超乎学习或者课堂教学要求的行为。比如,当教师要求学生读课文时,自闭症学生可能出现离座、在教室中行走,甚至离开教室的行为。此时,教师不仅需要关注其他学生的朗读活动,同时还需处理自闭症学生的这一课堂问题行为。另外,特殊学校班级里,学生之间的学习能力差异较大,语言表达能力、运动能力、认知能力等有着很大的不同,教师在组织教学时难以对所有学生提出相同的要求,准备相同的材料,开展一样的教学活动。为了满足所有学生的不同教育需求,教师往往需要开展分层教学或者差异化教学,对个别学生甚至要设计个别化的教学目标和内容,才能保证让每个学生都参与到学习活动中来。因此,学生所开展的活动往往是多样化的,即使是同一活动,学生参与这一活动的要求也会有所不同。在这样的课堂里,教师更需要"眼观八方"的能力。

(二)同时性

所谓同时性,是指课堂教学过程中,很多行为是同一班级中的不同学生在同一时间内表现出来的。这意味着教师必须在同一时间处理不同的事件。这一点在分析课堂管理多维度这一特征时其实已经提到。在课堂教学过程中,教师所面临的压力是他们需要同时处理多件事情,即使教师为学生设计了相同的学习任务,学生所出现的行为也会有所不同,教师几乎是在同一时间要对不同学生的行为表现进行分析、反馈。

对于特殊学校的教师来说,同一时间所要处理的事情远远多于普通课堂,而且事情跟普通课堂有着很大的不同。虽然在特殊学校里学生人数远少于普通课堂,但由于学生的障碍类型不同、障碍程度不同,在课堂教学过程中表现的行为差异太大,因此,对教师能够在同一时间处理多项事务的要求也更高。

(三) 瞬时性

所谓瞬时性,是指教学过程中学生的很多行为是在非常短暂的时间内快速地发生的,它要求教师对所发生的事件做出快速、适当的反应,以保证课堂尽快回到正常的教学秩序中。特殊学校的课堂更容易出现教师预料不到的行为,有时甚至根本不允许教师做任何的思考,更谈不上进行细致的分析,因此,往往需要教师有"急智"。

比如,对于情绪容易被激怒的学生来说,有可能在课堂上出现大哭等情绪爆发的行为,这种行为最有可能对正常的课堂教学秩序造成破坏,教师往往需要快速对之进行反应,及时采取措施以中止学生的大哭行为,若无法快速采取措施安抚学生的情绪,则需要快速让其他教师或者辅助教师将学生带离教室,以保证其他学生的教学能够继续有序进行。这些都需要教师快速、理智地应对。

(四) 不可预期性

所谓不可预期性,是指课堂教学过程中班级内所发生的事件有时是教师完全无法预料的事情。一般来说,在备课时教师可以根据教学活动的要求预期或者预设学生在不同学习活动中的表现,大多数学生的绝大多数的课堂行为表现都应是教师可以预期的,这样教师就可以对这些学生可能出现的课堂行为表现做好准备,进行有效应对,以保证正常课堂教学的有序进行。但是,也有可能出现教师无法预料的事情。因此,课堂管理常常需要教师的"急智"。

特殊学校的课堂更有可能出现教师所无法预料的事情,比如智力障碍学生癫痫发作,自闭症学生脱掉衣服、裸露身体等,这些情况跟所要教授的课程内容毫无关系,而且,即使教师对学生的个人情况非常熟悉,也往往很难预料它们会在什么时间发生。另外,一些特殊学生可能会出现攻击性行为,教师往往由于害怕其出现攻击性行为但又无法预料其什么时候发生,只能在教学过程中与其保持一定的身体距离,以防止其突发的攻击行为对自己身体造成伤害。而教师这一特殊的体态或者姿势无形中会让学生感觉到教师可能不喜欢自己或者拒绝自己,进而影响到师生之间良好关系的形成。因此,特殊学校的教师更需要教师具有快速处理课堂问题行为的能力。

(五) 公开性

所谓公开性,通俗地讲就是指教室内所发生的所有事件以及教师如何处理这些事件都会被班级中的学生所看到。学生由此会对教师是否公正地处理事件等形成印象,继而影响到课堂常规的遵守以及自身良好行为习惯的养成。比如,对于不同学生发生的类似行为,教师的处理是否前后一致,或者不同教师的处理是否一致,即使是严重障碍学生,也都能够做出判断,并对自己今后的行为产生影响。

学习课堂常规等行为规则,固然可以让学生认识、了解,但要让这些常规落实到学生的行动上,则需要实际生活中的坚持。教师如何对遵守、违反课堂常规的行为进行反馈、处理,会影响到学生的实际行动,甚至具有示范效应。若教师没有在课堂上做出公正对待,或者处理方式不当,就可能使学生形成不恰当的观点,也会影响到教师在学生心目中的形象和威信。特殊学校的情况也是如此。即使特殊学生的观察能力有限,他们也能够意识到教师处理课堂上不同行为的态度,也会因此受到影响。

(六) 历史性

课堂管理的历史性,通常是指在整个学年中,不同的事件(比如,经验、常规、规则)塑造课堂行为的不断演变的动力性。简单来说,就是学校或者教师处理问题或者学生行为的方式,特别是一贯的做法,对学生课堂上的行为表现具有重要的影响。每个教师都要尽可能形成自己的授课特点、课堂管理风格,即使是严重障碍的学生,若日复一日地实践,也能慢慢习惯按照某些固定的课堂行为规范去行动,从而减少教师用于行为管理的时间。比如,一些教师在新活动开始时让学生说"一、二、三,开始",每次学生一起大声数的时候,身体马上会坐正,眼睛看教师,相应地,他们的注意力就会集中到所要学习的内容上来。这一新活动开始时的固定做法无形之中塑造了学生良好的学习行为,让每个学生都能够为接下来的学习活动做好准备,最关键的是教师不再需要花费大量的时间去提醒学生做好课前准备。

总之,由于学生的特殊性,特殊学校教师在课堂教学过程中面临比普通学校教师更大的挑战,课堂管理的压力更大。

案例 4-1

特殊学校教师面临的课堂管理压力

进入二年级,二(1)班新转入 3 名学生,班级人数增加到 12 人,超过了培智学校常规的班额人数,但因学校教室和教师有限,无法分为两个班级,只能 12 个残障学生在同一个班级上课,这给该班级的教师课堂教学与管理带来了很大压力。

从智商测试结果看,12 名学生 2 人中度智力障碍,8 人重度智力障碍,2 人极重度智力障碍;从障碍类型看,6 人被诊断为自闭症,2 人为脑瘫学生,2 人为唐氏综合征,1 人为罕见病(进行性脑萎缩),1 人单纯智力障碍,同时绝大部分学生还伴有或轻或重的语言障碍。这使得原本刚刚度过一年级适应期的班级面临很大挑战,主要表现在以下几方面。

1. 由于12名学生智商、障碍类型、学习特点差异大，这要求教师必须实施分层教学，教师需要设计、开展差异化的活动，布置差异化的学习任务，以满足每一个学生的教育需求；即使是组织同样的活动，如观看教学视频，学生往往也会呈现出完全不一样的行为表现，教师也需要在同一时间对不同学生进行差异性的反馈，这要求教师有非常强的课堂把控能力。否则教师就难以在同一时间应对不同学生的不同反应，陷于疲于应对状况中。如果教师在课堂教学中过多采取一对一指导的方式，则容易导致课堂效率低下，学生也难以形成听从集体指令的行为习惯，为课堂管理又增加了难度，从而陷入恶性循环。

2. 课堂正常教学秩序常常因学生出现的瞬间性、可预期性的行为问题而被打破。班级中有5名学生情绪波动很大，每天都有学生出现突发性的情绪失控状况，情绪失控时会出现尖叫、使劲拍打头部等行为。面对这些突发状况，教师必须快速做出适当的反应，让教学秩序尽快恢复正常，而且过多地停止教学去处理问题行为也影响到了教师的正常教学以及课堂内所有人员的情绪。另外，若不及时有效处理，还会进一步引发其他几名学生发脾气，导致课堂教学难以继续，而教师反映，很难马上找到学生发脾气的原因，因此常常无法做出恰当反应，有时甚至要花费半节课的时间来恢复课堂秩序。

3. 由于班级情绪容易失控的学生较多，他们各自的生理特点也不一样，因此教师在处理问题时，采取的措施也不一样。例如，1名学生为感知觉异常，特别容易受外界环境影响，因此对待该名学生的发脾气行为，教师往往以安抚为主；另一名学生情绪失控往往是为了寻求教师关注，此时教师一般是冷处理；还有一名学生是为了逃避任务，此时教师往往会要求其必须完成任务。教师不一样的处理方式，对于每一名个体学生来说是必需的，但对全体学生而言，就很难形成统一的行为规则，教师的课堂管理也随之增加了难度。此外，班级中有3名陪读人员，他们的某些教育观点，与教师采取的策略也有所不同，这对教师的课堂管理也形成一定压力，教师需要不断地与他们沟通。

面对这种情况，班主任及任课教师觉得在课堂管理方面遇到很大的压力，需要学校提供额外的专业支持，才能开展有效的课堂教学。

此案例由上海市徐汇区董李凤美康健学校张琴老师撰写。

第二节　特殊学校课堂管理的基本原则

不少研究者探讨过有效的课堂管理需要坚持的一些原则,其中要让所有学生感到有价值、有归属感,营造积极的班级氛围、积极主动地预防问题行为等原则,是常常被提到的。针对特殊学校尤其是培智学校学生的特殊性,教师在课堂管理中应该遵循以下原则。

一、认识到所有学生的价值,营造积极的班级氛围

教师是否对学生抱有高期望,会对学生的学习动机产生影响。常常受到过多负面评价的学生往往不愿意在学习上有较多投入,在课堂上也会比较多地出现注意力不集中、拒绝完成任务等行为。特殊学校尤其是培智学校的学生个体间差异和个体内差异都较大,对于各方面能力严重落后的学生,特别是无言语能力的自闭症儿童,教师常常难以确定他们的真实能力水平,也不知道他们可以学习什么、自己可以教什么,因此,在实际教学过程中往往采取忽视他们的态度,反而使得他们很容易出现问题行为。

特殊学校教师需要客观地认识到每一个学生的价值,在班级中营造积极的、支持性的氛围,以便让每一个学生都愿意将注意力投入所要学习的知识与技能上。营造积极的、支持性的班级氛围,意味着教师要充分、客观地认识到学生学习过程中遇到的各种困难以及所存在的特殊教育需要,并利用各种资源、采取针对性的支持措施,来满足他们的需要,从而让学生能够在学习过程中不断体验到成就感,促使学生对学习产生浓厚的兴趣,能够更为专注地投入课堂学习。

二、建立课堂常规,并致力于让学生遵守

通俗来讲,课堂常规就是指每个学生必须遵守的最基本的日常课堂行为准则,是教师在课堂上用来维持学生适当行为的一种措施。之所以制定课堂常规,一方面是要通过常规来维持良好的课堂教学秩序,使教学活动能够顺利进行,另一方面,则是要通过常规来培养学生自我控制、自我管理的能力。有了课堂常规,学生在教室这一空间内可以按照一定的行为准则进行行动,学生之间、师生之间的互动也有了一定的规范,更加有利于他们的和谐相处与相互合作。

在特殊学校开展有效的课堂管理,建立课堂常规也同样非常重要。相比普通学校,特殊学校的班级更加复杂,因此,教师要通过制定明确的行为规范来降低课堂的复杂性,尽可能构建结构清晰的课堂环境,以防止授课时间的损失,从而为教

学提供直接支持。一般来说,课堂常规要对课前准备、课堂听讲、发言、做作业、小组合作、教具学具分发等环节学生的行为做出明确的规定,这样可以使得课堂的节奏更加轻快,减少学生询问某些问题所需的时间。由于特殊学生常常在认知、语言沟通等方面存在困难,不同年级的学生理解能力也有所差异,教师在制定课堂常规时要注意行为规范的描述与呈现方式。对课堂常规的描述要简单易懂,要让学生理解所期望的行为要求是什么,知道在课堂教学过程中的相应环节要做什么。教师也可以根据个别学生的特殊情况,采取特殊的描述与呈现方式,比如,通过图片的方式描述具体的课堂行为规范,来帮助文字理解困难的学生理解课堂常规。

对于特殊学校的学生来说,教师直接讲授课堂常规,并在课堂教学的实践中采取积极的措施鼓励、支持学生遵守课堂常规,是非常有必要的。很多培智学校的学生并不理解诸如"做好上课准备""认真听课""保持安静"等这些最基本的行为规范指的是什么意思,因此,仅仅陈述这些行为规范是不够的,教师需要通过直接教学的方式让学生理解并掌握,比如,通过举例、录像等方式进行讲解,让学生明白为什么某条行为规则很重要,每个学生必须做到什么,并且能够对日常教学过程中其他学生的行为进行评判。另外,教师也要在实际课堂教学过程中对学生的良好课堂行为进行鼓励、表扬,甚至奖励,并采取一致措施处理错误的课堂问题行为,从而让课堂常规真正成为约束学生日常课堂行为的准则。

三、开展有效教学是课堂管理的基础

充分利用课堂时间,对所有学生开展有效教学是课堂管理的基础。因此,教师要通过制定适切的教学目标,选择合适的教学内容,有序组织各项课堂活动,来促进生生之间、师生之间的课堂互动,提高课堂管理的有效性。对于特殊学校教师来说,尤其要注意通过差异化教学的贯彻与实施,让所有学生都能真正参与到各项课堂学习活动中。

差异化教学,又称为差异教学,其核心问题就是教师如何在教学过程中针对学生在学习准备、兴趣爱好、智力倾向和学习风格等方面的差异,通过调整教学目标、内容、方法与进度等,适应学生不同的学习需求,实现每个学生在原有基础上的充分发展和最佳发展。[①] 这实际就是要求教师能够根据不同学生的具体情况设计和提供多样化的、可供选择的、分化式(即差异化)的学习材料、学习任务或者学习活动。对于严重障碍或者有特殊困难的学生,教师甚至需要设计个别化的学习

---

① 夏正江. 一个模子不适合所有的学生:差异教学的原理与实践[M]. 上海:华东师范大学出版社,2008:1.

任务或者学习活动,提供完全不同的学习材料,否则,他们将因难以参与课堂学习活动而出现问题行为。

四、主动、积极的管理优于对课堂问题行为的反应性策略

库宁(J. Kounin)的研究结果表明,课堂有序是因为教师能够管理小组活动,而不是因为他们在处理不当行为方面有特殊的方法。[①] 换句话说,如果教师的精力大量花费在威胁课堂秩序的不良行为或者对不良行为的反应方面,课堂教学的进程是难以达到平稳有序的。事实上,如果教师运用预防性的管理策略,对课堂进行主动、积极的管理,大多数的课堂问题行为都可以得到避免。而主动、积极的管理的重心应该是创建良好的课堂环境,采用各种支持学生学习的方法,让学生参与到各种有意义的、有趣的、适当的学习活动中。

教师也要对课堂上可能引发学生产生问题行为的不良因素进行分析,预测不同情况下学生可能出现的行为,并制订特定的管理方案,以防患于未然。一般来说,不同课堂条件下对学生的行为要求是有差异的,因此,教师的课堂管理任务也会有所不同。比如,学生听教师讲授与小组合作完成任务,这两个活动对学生参与学习的要求完全不同,前者要求学生能够认真地倾听、理解教师所讲解的内容,后者则需要学生与其他同学进行互动,完成自己所承担的某一部分任务,这两个活动中学生可能出现的问题行为也会有所不同,前者学生可能更容易出现注意力分散,后者则更可能出现与合作有关的不良行为,如争论、独自完成、无法参与讨论等,因此,教师所面临的课堂管理任务有很大差别,对此,教师都要提前做好准备。

对于特殊学校的学生来说,由于其障碍、身体等方面的特殊性,在课堂上出现问题行为的可能性要大大高于普通学生,因此,主动、积极的管理,还表现在对课堂秩序的低要求,即教师要对学生的某些不良行为保持一定的容忍度。当学生出现不良行为的苗头或者刚刚出现问题行为时,教师可采用引导、提示等积极的手段帮助学生回到正常的课堂秩序中来,而不是采用控制不良行为的反应策略来进行处理,对影响不是很明显的问题行为采取忽视的态度,不过度要求课堂的安静或者要求学生统一表现出某些行为,有时更能保证课堂教学秩序的平稳高效。

[①] 卡罗尔·西蒙·温斯坦,安德鲁·J. 米格纳诺. 小学课堂管理[M]. 梁钫,戴艳萍,译. 上海:华东师范大学出版社,2003:6.

案例 4-2

涛涛的课堂拒绝行为

"小胖威廉"综合征(Pader-Willi Syndrome 综合征)又称低肌张力—低智能—性腺发育低下—肥胖综合征,病因源于第 15 号染色体基因缺陷,患有这种疾病的儿童一般自 2 岁左右开始无节制饮食,导致体重持续增加及严重肥胖。涛涛是一个患有"小胖威廉"综合征的 13 岁男孩,目前就读于上海市一所辅读学校六年级,虽然他只有 13 岁,但体重已经接近两百斤。

肥胖不仅严重影响他的身体健康,也让他的运动能力发展受到影响,直接造成他在很多活动中受限,使得他几乎每堂课每次活动中都会出现拒绝行为,特别是教师布置学习任务时,或是在参与运动、绘画、早间操、体育游戏等活动时。涛涛的拒绝行为大多表现为:提出要求和条件、拖延完成任务的时间等。当要求未得到满足时,往往升级为发脾气的行为。

对于该学生的拒绝行为,教师需要认识到疾病对该学生的影响,尤其是因肥胖导致的运动受限制与其不愿意参与操作性学习活动、体育运动之间的关系。除了需要调整其饮食、控制其体重之外,对课堂上出现的这些拒绝行为要有一定容忍度,并采取一定的策略提高其参与度,如提前告知涛涛接下来的活动以及活动中可得到的帮助,并邀请助教或家长辅助他参与活动;减少书写量及书写时长,允许他通过口头表述来完成;对于"不合理的要求",教师在告知他不能满足时,需同时告知他一个可替代的、可允许的解决方案;增加正面的关注和评价,给予涛涛一些力所能及和擅长的任务,让他有表现自己的机会,并对涛涛听从指令、完成任务的行为及时地予以表扬。

此案例由上海市浦东新区辅读学校牟晓宇老师撰写。

五、一致性是有效课堂管理的关键

课堂管理的一个重要特点是公开性,即课堂缺乏隐私。学生的行为、教师的行为在课堂这个公共场所里,都可以为其他人所观察到,因此,遵循行为常规,对破坏课堂教学秩序的问题行为进行一致的处理,是有效课堂管理的关键。也只有这样,才能培养学生的行为自律性和责任感。

对于特殊学校的学生来说,要养成他们良好的课堂行为习惯,尤其需要教师在课堂实践中能够对行为的处理具有一致性,如果同一教师、不同教师在同样事件中做法矛盾、不一致,学生就很难对良好的课堂行为形成统一的看法,也无法对自己的行为进行控制和管理。

第三节 特殊学校学生课堂问题行为及其出现原因

所谓问题行为,指的是那些偏离常态、给他人或者自己的身体、生活、学习、工作带来危害甚至危险的行为。[①] 而课堂问题行为则是指在课堂教学中发生并影响正常的课堂教学秩序的行为,这类行为常常会妨碍学生自己和他人的学习活动以及教师进行教学活动,比如课堂上的闲聊、无关的插嘴、哭闹或制造噪音以及离开座位等,又可以称为课堂扰乱行为。

在判断学生的行为是否是问题行为时,除了依据行为本身的严重性之外,还要根据行为所造成的后果,比如是否对学生当前的学习、生活、社会关系和安全造成影响。课堂问题行为的出现会打断课堂中正在进行的学习或者教学活动,不仅影响到学生自身的学习,还会对教师的课堂教学和其他学生的学习产生干扰,若频繁、屡次发生,则会让其他学生和教师感到烦恼和厌恶,继而对其社会人际关系造成妨碍。特殊学校学生较易在课堂上出现问题行为,教师应对这一类问题行为及其发生原因有客观的认识,并掌握有效的方法、手段对之进行处理,以保证课堂教学的有效开展。

一、常见课堂问题行为

研究者从不同角度对学生课堂问题行为的表现进行了分析。下面将从两个维度对常见课堂问题行为进行描述。

(一)肢体干扰行为和口语干扰行为

学者杨俊威(2006)从行为的外部表现角度将课堂问题行为分为肢体干扰行为和口语干扰行为。[②] 肢体干扰行为包括随意拿他人物品、随意在课堂上走动、打人等;口语干扰行为涉及课堂中不经允许同邻桌讲话、插话、独自说无关的话等。

[①] 昝飞.行为矫正技术[M].第二版.北京:中国轻工业出版社,2012:8.
[②] 杨俊威,钮文英.功能本位介入策略对注意力缺陷过动症学生口语干扰行为之成效研究[J].东台湾特殊教育学报,2006(8):21—38.

如果认为课堂问题行为是在课堂教学中发生并影响正常的课堂教学秩序的行为，那么，这一分类方式有一定的合理性。影响正常课堂教学秩序的问题行为通常有明显的身体动作或者话语，大多属于外显的行为。

因障碍类型或者障碍程度不同，特殊学校学生在课堂上表现出的肢体和口语方面的问题行为会有一定的特殊性。比如，视力障碍学生更倾向于口语干扰行为，听力障碍学生则更多表现出肢体干扰行为。培智学校学生的课堂问题行为更多表现在肢体上，比如，移动桌子发出噪音、离座，或者在教室里随意走动、跑动等，但也会有口语的干扰行为出现，比如，突然大叫、哭泣、说无关的话、无意义地重复老师说的话等。

（二）显性课堂问题行为以及隐蔽性课堂问题行为

不管是肢体干扰行为还是口语干扰行为，不仅会影响到学生自身的学习，还会打断教师正在开展的教学活动，破坏正常的课堂教学秩序，影响其他同学的学习。但也有一些课堂问题行为更多只是影响学生自身学习，而较少干扰到正常的课堂教学秩序和其他学生的学习，这些课堂问题行为从行为的外部表现来说并不那么明显，比如，上课发呆、走神等，这类课堂问题行为具有一定的隐蔽性。因此，也可从行为的隐蔽性角度对课堂问题行为进行划分。那些有外显的行为表现、且对课堂教学秩序产生明显影响的，可称作显性课堂问题行为。只影响到学生自身学习，较少干扰到其他学生学习以及课堂教学秩序的行为则是隐蔽性课堂问题行为。也可以依据行为的可观察度将课堂问题行为分为内向型扰乱行为和外向型干扰行为，前者指的是不以直接的方式干扰课堂秩序但会最终影响教学效果的问题行为，后者则是直接扰乱课堂秩序的问题行为。

对于显性与隐蔽性课堂问题行为，教师的容忍度会有一定的差异。对于隐蔽性课堂问题行为，由于它们的行为表现不是很明显，常常只影响到学生自身的学习，教师在课堂教学过程中不一定能够及时发现，容忍度也相对较高。

二、导致特殊学校学生课堂问题行为出现的原因

从 20 世纪 90 年代霍纳（Horner）等人第一次正式提出"积极行为支持"一词以来，对问题行为的干预强调要以问题行为的目的或者功能为基础，认为行为功能是维持行为持续存在的因素，不管是适当行为还是问题行为，所有持续存在的行为都有一定的目的，且这个目的通常与个体所处环境有关。特殊学校学生之所以出现课堂问题行为，也可以用行为功能的观点进行解释。

（一）课堂问题行为的常见功能表现

依据行为矫正理论，可以从行为强化角度对问题行为的功能进行分析。行为

具有某种功能,即意味着环境中所存在的某些因素对学生行为起到了某种强化作用,行为之所以持续、反复出现,就是与这一强化作用有关。对特殊学校学生出现的课堂问题行为进行原因分析,实际就是要寻找课堂环境中存在的这些强化因素。根据行为强化的特点与规律,行为功能可以分为正强化、负强化、感觉刺激与感觉调整功能这三类功能。

1. 正强化功能

所谓正强化功能,就是指个体的行为为个体带来了令其满足的或者积极的外部强化物,比如,获得他人的关注,参与某个喜欢的活动,得到了喜欢的玩具、糖果等物体。

对于能力相对较弱、平时较多被忽视或者积极关注较缺乏、对他人关注有较高需求的学生,若教学过程中教师未对其关注,比如,自习课上让学生自己完成作业、任务,或者长时间讲课、未与学生做个别交流,此时学生出现的问题行为,其功能很有可能就是为了获得教师或者其他人的关注。一些严重障碍的学生可能用大叫、哭闹、抢夺等方式获得教师所提供的教具学具或者用于奖励的糖果,此时问题行为的功能也是正强化功能。

案例 4-3

劳动课上的小郭

四年级每周一次的劳动课是让劳动课老师感到最头痛的时候。老师刚刚和同学们问好,教室里就传来了小郭的声音,"雪花片,雪花片,老师我要雪花片!"如果老师告诉他:"上课不可以玩雪花片。"小郭就会大声尖叫:"雪花片,雪花片!"如果老师不理他继续上课,小郭就先是尖叫,然后开始摔东西,离开座位跑到教室后面的玩具区去找雪花片或者玩其他的玩具。这时候老师只好停止讲课,去拉小郭回座位,可就算强制要求小郭回到了座位,他也会继续尖叫。而这持续性的尖叫不仅让老师头痛,班里其他自闭症学生更是无法忍受,于是整个劳动课就变成了如下的情况:小郭尖叫,一名学生躺在地上大哭,另一名学生捂着耳朵尖叫着要冲出教室。

通过对小郭课堂问题行为的分析和观察不难看出,小郭的尖叫、哭闹、离开座位等行为都是为了得到喜欢的玩具(雪花片),一旦在课堂上老师给小郭雪花片后,小郭就会立刻安静下来。可安静了一小会儿,小郭就又会重复之前的哭闹,继续要求得到雪花片,老师为了恢复课堂秩序和预防班级其他自闭症学生的问题行为只能"屈服"。小郭想要得到雪花片的要求得到满足,这一结果强化了小郭的问题行为,使其问题行为增加。小郭的问题行为的功能属于正强化。

此案例由沈阳市铁西区春晖学校贺京老师撰写。

2. 负强化功能

所谓负强化功能,是指个体的行为导致了某种厌恶刺激的停止、减少或者延缓出现,这一厌恶刺激不仅指厌恶的物体,也可以包括厌恶的场所或者人。具有负强化功能的问题行为通常表现为拒绝,逃避,或者回避某些特殊的事物、场所、人等。

特殊学校学生出现的课堂问题行为较多与此类功能有关。如果教师在课堂上布置的作业、任务或者下达的指令难度过高,学生不感兴趣,或者过于枯燥等,学生就很容易通过一些行为来拒绝和逃避完成这些作业、任务或者指令。此时学生的行为功能就是负强化功能。

案例 4-4

天天:我要出去!

天天是一名五年级学生,患有自闭症,长得白白胖胖,很招老师和家长们的喜欢。可是在课堂上,天天最爱和老师们说的一句话就是:"出去!"这使得想让他参与课堂学习活动的老师感到很头痛。

天天为什么在课堂上总是说这句话呢?老师们仔细观察了天天上课时的表现,发现他在老师们向他提问题、要求完成某个任务时就会这么说。比如,沟通课上,老师与学生们在进行对话练习,轮到天天时,他总是一副没有听见的样子,如果老师多问几次,他就会大喊:"出去!出去!"

如果老师不同意,天天就会哭闹起来,甚至打其他学生和老师。为了让天天更好地参与课堂教学,老师准备了薯片、山楂片等奖励物,可是天天看了奖励物后,立刻把放奖励物的盒子盖上,推开老师,继续大喊:"出去!"有时候,为了保证课堂的正常秩序和其他学生的安全,老师只能让陪读家长带天天出去安静一会儿,出了教室门后,天天立刻安静下来,可等天天回来后,又会立刻大喊:"出去!出去!"

因此,很明显,天天大喊"出去"、哭闹,以及打同学的行为与老师要求其回答问题或者完成任务有直接的关系。当天天出现这些行为时,老师担心问题行为会干扰到其他学生的学习,因此只好停止让他回答问题,甚至让家长带他离开课堂,但是这么做的结果恰恰又强化了天天之前的不良行为。所以天天的这一行为是为了逃避老师所要求的学习任务,其功能属于负强化。

此案例由沈阳市铁西区春晖学校贺京老师撰写。

3. 感觉刺激与感觉调整功能

感觉刺激与感觉调整功能指的是行为可以产生调节(增加或者减少)环境中某些感觉刺激输入的水平、类型,或者产生某种感觉刺激的功能。简单来说,就是这一类行为出现之后可以为个体带来生理上的某种感受,其中感觉刺激更多的是行为可以增加某些感觉刺激的输入,为个体带来愉悦、舒服、兴奋等感受,而感觉调整则是行为可以减少某些感觉刺激的输入,减轻个体生理上的不舒服、疼痛等状态。不管是感觉刺激还是感觉调整,与这一类行为有关的强化因素都来自个体的身体内部。比如,当学生参与过长时间的听讲活动时,其大脑的神经兴奋水平就会下降,如果这个学生平时兴奋水平较高,此时学生就有可能出现一些行为(如离座、走动,或者其他与学习无关的手部或者肢体动作)以增加对身体的刺激。

特殊学校的一些学生可能由于其生理或者神经兴奋类型的特殊性,对外部环境刺激的感受异于普通学生,在课堂教学过程中若身体出现上述感觉方面的特殊需求,有时就会采取特殊或者错误的行为来满足自己,这些行为可能会破坏正常的课堂教学秩序,影响自身和学生的学习以及教师的教学。

案例 4-5

喜欢拍手的小齐

小齐在课堂上常常会突然站起来,一边拍手一边大笑,这个时候教师常常是走过去让其安静、坐下,但小齐在坐下来之后常常还会突然离开座位,在教室里乱跑,还会转圈。教师和陪读家长都只好去拉小齐,让他回座位。可小齐不愿意回座位,仍然大声拍手,并发出"哈哈哈哈"的大笑声,直到陪读家长带小齐离开教室,小齐还在拍手。

小齐为什么会在课堂上突然出现拍手等行为,而且很难被制止呢?教师经过仔细观察之后发现,小齐通常不是一上课就会出现这些行为,而是在上课一段时间之后,而且之前的活动通常是教师在较长时间内持续讲课。如果教师组织了比较多的操作活动、运动游戏,小齐则很少出现拍手等动作。

根据教师的观察,小齐被认为是一个比较容易兴奋的孩子。因此,老师们怀疑,他在课堂上出现拍手等行为与长时间的安静听讲活动有关,安静听讲这一类学习活动常常使得他无法获得足够的刺激,而拍手、转圈等重复性行为可以增加某些感觉刺激的输入,提高他的兴奋水平。

之后,教师对教学活动重新进行了设计,尽可能做到动静结合,比如在讲课活动中穿插一些小律动、动手操作活动,让小齐可以在课堂中有拍手、动手操作,或者离开座位走动的机会。同时在课前,让陪读家长带小齐做一些跑跳类的大运动练习,帮助小齐消耗一些精力,降低小齐的兴奋水平。结果小齐在课堂中安静的时间明显增多了。

很显然,教师的分析是正确的,小齐之前在课堂中出现的拍手等行为是为了满足其感觉刺激的需求。

此案例由沈阳市铁西区春晖学校贺京老师撰写。

(二)课堂教学与学生课堂问题行为的关系

开展有效、高效的课堂管理,最关键的影响因素是教师的课堂教学。学生之所以在课堂上出现问题行为,其根本原因就是教师所开展的课堂教学与学生个体的某些需求存在不相适应的情况,导致学生难以有效参与到课堂学习活动中。因此,学生的课堂问题行为实际反映了他们未被满足的特殊教育需求。相比普通学校,特殊学校教师在备课过程中尤其需要考虑以下几组特殊关系,以更好地在教学过程中开展有效的课堂管理。

1. 教学目标、内容的难度水平与学生能力发展水平的关系

若教师设定的教学目标、选择的教学内容难度与学生能力发展水平不相适应,学生就很容易在教学过程中出现问题行为。特殊学校的学生由于其生理的特殊性以及所存在的障碍,认知能力、言语语言能力(包括语言理解和表达)、运动技能(包括粗大运动和精细运动技能)、社会沟通技能等可能落后,班级中不同学生在各个能力领域发展不平衡,若教学目标与内容的难度过低,容易让学生在课堂教学过程中的大量时间里都处于无聊、无所事事状态,一些学生就会出现"无事生非"的行为,以度过这段无聊、无所事事的时间。还有一些学生则可能因为学习任务整体难度过高或者完成某个学习任务要求具有一定水平的动作技能、语言表达能力,而出现拒绝、逃避等行为。比如,如果学生的手部精细动作技能落后,而教师布置的任务需要书写或者其他手部操作才能完成,即使这一任务的认知难度水平适合该学生,学生也有可能出现拒绝、逃避等行为。因此,当学生在课堂上出现问题行为,尤其是当班级中处于落后水平的学生出现课堂问题行为时,教师首先要检查教学目标、内容的难度水平是否适应学生的能力发展水平。

案例 4-6

一堂数学课

这节数学课是一节练习课,教师要求学生抄写算式,并对作业进行了分层,其中 A 组学生是抄写 12 个算式,每个算式抄写 4 遍;B 组学生、C 组学生抄写 6 个算式,每个抄 3 遍。

其中,1 名学生很快完成了抄写任务,开始在书本上乱涂乱画。主讲教师花费了很多精力辅助另一名学生书写。1 名学生在助教一再催促下写了 5 个算式。1 名在书写上存在很大困难的学生走出座位,躺到地上,陪读束手无策,主讲教师试图进行干预,想将他拉回座位,但是没有成功。1 名学生不断走出座位,想跟其他同学一起玩,教师一次次将他拉回座位。其余学生开始抄写算式时没有出现明显的问题行为,但随着时间推移,越来越躁动不安。最后,教师草草结束了书写任务,播放音乐安抚学生情绪。

> 虽然此节课教师对作业进行了分层,但只是在数量上进行了差异化处理。实际上,该班级 10 名学生中会写字的学生有 6 个,其余 4 名学生书写困难。多个学生在抄写算式任务中出现了教师难以处理的问题行为。这些问题行为跟教师布置的抄写算式这一任务有什么关系呢?

此案例由上海市徐汇区董李凤美康健学校张琴老师撰写。

2. 学习活动的刺激水平与学生兴奋水平、特殊感觉需求的关系

在特殊学校尤其培智学校的课堂中,学生的很多问题行为可能与获得生理刺激或者调整相关感觉输入水平有关。而之所以出现这一情况,往往与教师所设计的学习活动的刺激或者兴奋水平与学生的大脑神经兴奋水平不相适应有关。由于身体的特殊性,特殊学生在容忍普通水平刺激的能力方面往往落后。比如,特殊学校尤其是培智学校往往多见兴奋水平较高的学生,对于这些学生来说,若教师设计的学习活动刺激水平较长时间低于他们的最佳兴奋水平,他们就有可能不由自主地做出一些行为去寻求一些感觉刺激或者调整身体的兴奋水平,比如,突然离座、在教室中随意走动,或者用手随意触摸无关物体等,这些行为很可能是为了获得足够的感觉刺激。

教师在设计课堂学习活动时,需要考虑班级中不同学生可能存在的特殊感觉需求,要尽可能让学生通过合理的学习活动、教具学具使用等常规方式获得感觉刺激上的满足,以减少他们通过特殊、错误或者问题行为满足感觉的可能性。这不仅要考虑所设计的学习活动属于高刺激性的还是低刺激性的活动,还要考虑某一刺激水平的活动持续多长时间比较适宜。通常,当长时间开展同一类型的活动,即将课堂学习活动的刺激水平长时间维持在某一水平,才比较容易让学生出现感觉输入调整的需求,因此,为了避免这一情况出现,进行动静间杂的学习活动设计更有利于使学生的注意力维持在课堂教学上。

3. 对学生的关注、评价与学生表现的关系

对学生的积极关注以及评价可以促进学生有效参与课堂教学,从而减少课堂问题行为的发生概率。一些特殊学校的学生可能因为成长在被忽视或者缺乏关注的环境中,对外界尤其权威人士如教师等人的关注有着较多的需求,而相比其他同学,他们的日常行为表现往往相对较差或者不足以获得表扬和奖励,这些学生可能会通过问题行为的方式去获得教师的关注。也有一些学生,由于家长的期望过高,使得他们在成长过程中较少获得积极的评价,而过多的负面评价常常导

致他们在需要完成课堂学习任务时出现拒绝、逃避等行为。因此,在分析学生课堂问题行为原因时,教师也要检查自己对学生的关注程度以及日常评价是否与其问题行为的发生有关。

4. 集体教学与个别学生活动之间的关系

特殊学校的课堂教学非常强调个别化教育原则的落实,教师常常采取个别教学的方式来满足学生的差异化需求,比如,为了了解每个学生掌握知识点的情况,教师常常采取逐个学生提问的方式,而当教师对某个学生提问时,其他学生并不一定会对该学生的回答给予关注,这一情况常常导致一节课中教师能够分配到一个学生身上的有效教学时间大大减少。若教师在对某个学生开展个别教学时未对其他学生此时需完成的学习任务有所考虑,那么其他学生就有可能出现注意力分散等问题行为。因此,教师在开展课堂教学时,要注意集体教学与个别学生活动之间的关系,要考虑到课堂是所有学生的课堂,而非个别学生的课堂。对于能力水平差异较大的学生,要尽可能设计多样化的学习任务,以便不同学生可以同时参与,以提高课堂教学的有效性。

案例 4-7

一堂语文课

这是一个 13 人的大额班级,每个学生的韦氏测验智商均低于 40,7 人被诊断为患有自闭症,2 人为极重度智力落后学生,2 人为脑瘫学生。

这节语文课的教学内容是复习"眼睛、鼻子、耳朵"的汉字。教师准备了这些词语的字卡,要求学生集体朗读,以对所学汉字进行巩固,每一个词语字卡都单独呈现。下面以"眼睛"这一词语为例进行说明,当教师要求学生集体朗读时,全班学生中只有两名学生回应,然后教师把字卡拿在手中,走到学生面前,逐个要求学生朗读。这一环节共用时 11 分钟,其中:

两名学生能力较好,读字卡大约每人花费了 30 秒左右的时间。在教师对其他学生进行一对一指导的时间里,两名学生离开座位,发生了争吵,但教师没有注意到,未进行处理。

6名学生在班级中处于能力中等水平,基本不认识汉字,其中4名学生能在教师说出第一个字时把这个词语说出来,或者跟着教师读一遍,1名不会说话的学生能在教师辅助下点指汉字,1名学生被要求朗读字卡时出现咬手抗拒行为,教师立刻拿走卡片,走向下一名学生。共花费8分钟。

3名学生能力最弱,教师拿着字卡,自己读了一遍,学生没有看卡片,教师也没有任何指导,其中1名学生出现用拳头打自己头的自伤行为,教师此时立刻停止读字卡,走向下一名学生。共约2分钟。

对这一朗读字卡活动中学生的行为进行分析,集体朗读环节中,只有2名学生有回应,其他学生无回应;一对一指导环节中,2名能力较好的学生在完成任务之后教师没有再对其提出学习要求,他们基本处于无所事事的状态,后出现离开座位、跟同学吵闹等行为;1名能力中等与1名能力较弱学生出现了自我伤害以拒绝任务的行为;3名能力最弱学生都无法完成朗读字卡这一任务。之所以出现学生无法参与以及拒绝任务行为,与教师所制定的教学目标(朗读汉字)、选择的教学内容有密切关系。虽然13名学生能力有强有弱,但教师为学生准备的材料都是相同的字卡。而当任务过难、学生出现逃避任务的行为时,教师又采取了停止要求、走向下一名学生的方式,也使得学生的逃避行为得到了强化。

在这11分钟的字卡朗读时间中,对每一名学生来说,有效的学习时间基本上只有1～2分钟,剩余时间里,即使大多数学生没有出现跟2名能力较好学生那样的吵闹行为,但实际上他们都未有效参与到学习活动中。而这跟教师主要开展的是一对一指导活动有关,教师在对某个学生进行个别指导时,没有考虑到此时其他学生的学习任务与目标是什么。

此案例由上海市徐汇区董李凤美康健学校张琴老师撰写。

第四节 特殊学校学生课堂问题行为的处理原则

某种程度上,学生出现课堂问题行为恰恰表明了教师所开展的课堂教学与学生的教育需求的不匹配,也就是说,在这样的课堂教学过程中学生需要通过错误的、不适当的行为来获得需求的满足。因此,表面上教师要处理的是学生的课堂问题行为问题,但实际上,教师要真正处理的则是如何开展有效教学、满足学生教育需要的问题。简单来说,处理课堂问题行为并不是仅仅减少或者消除学生的某个课堂问题行为,而是如何让学生适应课堂教学、有效参与到各项学习活动中。增加学生的良好课堂学习行为应该是衡量课堂问题行为处理措施是否有效的最重要的指标。

为了达到上述目标,教师在处理课堂问题行为时可以遵循下述原则。

一、基于课堂问题行为功能进行干预

对于课堂上反复发生、教师已经采取一定措施进行处理但毫无进展或者改变不明显的行为,教师需要对学生的课堂问题行为进行客观的评估,确定其功能。只有深入了解学生难以有效参与某项课堂学习活动的原因,才能找到真正有效的课堂问题行为的干预措施。

对课堂问题行为进行评估,不仅要收集有关这一问题行为的表现形式、严重性指标(如问题行为的发生频率、持续时间、行为强度)等资料,更为重要的是要收集与这一问题行为发生有关的环境资料,深入分析课堂教学环境中有哪些因素与问题行为的发生有直接、间接的关系,特别是教师的教学行为与学生的问题行为之间存在什么样的关系。比如,学生出现问题行为时教师正在进行什么样的教学活动,这一教学活动具有什么样的特点,持续了多长时间,内容是否枯燥,是新授还是熟悉的内容,学生是否感兴趣,难度水平是否适合学生,发放了什么样的学习材料,教师是如何向学生提出要求、发布指令的,教师对学生的反应是如何反馈的,评价方式如何,教师在学生出现问题行为之后是如何处理的,学生的行为是如何发生变化的,这一过程中周围同学的反应是怎样的,等等。除此之外,学生的智力、各方面能力水平(如言语语言能力、社会沟通技能、运动技能等)、特殊的生理状况、障碍、性格特点,以及家庭教养方式、成长过程中的特殊事件等信息也需要收集。特殊学校教师可以通过访谈相关教师、家长,开展课堂行为观察,使用问题行为调查问卷等方式了解、收集上述信息。对于学生能力或者障碍方面的表现,也可以通过相关测试收集资料,比如,通过智力测验了解学生的智力发展状况。

对学生课堂问题行为进行干预,要根据这些行为功能而非表现形式来确定干预措施。在收集了与课堂问题行为发生有关的各种环境资料,包括行为发生之前的事件、情境事件或者背景事件、行为发生之后出现的结果事件,之后就可以对行为与这些环境事件之间的关系进行分析,由此确定行为的功能。同样的课堂问题行为可能具有不同的功能,而不同的课堂问题行为可能具有相同的功能,因此,教师在处理学生的课堂问题行为时,不能依据其问题行为表现进行处理,而是要根据其功能来制定干预措施。

案例 4-8

劳动课上的小郭

小郭在课堂上出现的尖叫、哭闹、离开座位等行为对课堂的干扰较大,也对班级里其他自闭症儿童造成不良影响,因此教师认为,需要对小郭的问题行为进行积极预防,才能较好地维持课堂秩序。评估分析发现,小郭出现这些行为是为了得到他喜欢的玩具"雪花片"。相比小郭的尖叫、哭闹等课堂扰乱行为,在课堂上玩雪花片的行为,教师相对可以接受。而为了减少小郭的问题行为,教师决定将雪花片作为强化物来规范小郭的行为,并分为如下两个阶段进行干预:

阶段一,因小郭认知程度较好,教师在课堂中给小郭准备一个计时器,如果小郭 3 分钟内可以安静地坐在座位上,老师就奖励小郭一个雪花片,并以告诉小郭"安静地坐在座位上真棒"来强化小郭的良好行为。如果小郭在等待中哭闹,那教师就拿走小郭的雪花片,并告诉他原因,来减少小郭的不良行为。

阶段二,小郭能够安静地坐在课堂上,当计时器响了才会向教师要雪花片。教师开始使用奖励板,用"笑脸"来替代雪花片,若小郭能够参与课堂活动或在规定时间内安静等待,教师就奖励小郭一个"笑脸",当小郭得到三个"笑脸"时,就可以用"笑脸"来换雪花片(奖励物),以此来减少课堂中给小郭雪花片的次数。同时在劳动课中为小郭提供一些简单的劳动任务,既可以减少小郭在课堂中的等待时间,同时完成任务后小郭又可以得到奖励,来帮助小郭更好地参与到课堂中来,减少问题行为的发生。

此案例由沈阳市铁西区春晖学校贺京老师撰写。

二、关注学生良好的课堂学习行为,促进其有效参与课堂教学

仅仅减少或消除学生的课堂问题行为,并不能真正让学生有效地参与课堂学习活动,因此,这不是干预的真正目标。而且,对于一些特殊学校学生来说,某些课堂问题行为的减少或者消除,可能会使得另外形式的课堂问题行为出现。以自

闭症儿童为例,若仅仅是减少或者消除他们在课堂上出现的某些刻板行为,那么,很有可能会出现新的刻板行为。又如,对于具有逃避课堂学习任务功能的问题行为,如果教师仅仅是在其问题行为出现之后采取制止措施,而不分析学生之所以逃避课堂学习任务的真正原因,不调整学习任务如降低学习任务的难度,那么,即使多次制止,学生还是会出现此类问题行为,甚至在原来问题行为无法达到目的的情况下出现更为严重的问题行为。

因此,教师在制定干预措施时,要思考自己期望学生在这一课堂教学环节出现的良好行为是什么,并思考采取什么样的措施可以让这样的良好行为出现。当学生全神贯注于课堂教学时,学生的问题行为也就自然减少甚至完全消失了。

三、对课堂问题行为进行主动积极预防而非事后干预

对问题行为进行处理的最佳时机是在其还未发生的时候。所谓上兵伐谋,就是要利用计谋挫败对方,不战而屈人之兵,这才是上乘的用兵之法;两兵激烈交战,是不得已而为之的做法。对于课堂问题行为,也是如此。如果能够采用一定的方法与策略撤销、减少不良诱发因素,采取主动、积极的措施引导学生表现出良好行为,不仅学生出现了教师期望的良好课堂学习行为,有效参与学习活动,同时问题行为也会大大减少。通常,主动、积极的预防措施包括以下几个方面。

1. 通过创设有利于学生学习的教室环境进行预防

分析教室环境中可能导致学生分心的不良因素,并加以调整、改变,在班级中营造积极、友爱、合作、支持的氛围,减少学生出现不良情绪的可能性,使学生将注意力更多投注于学习任务,从而预防课堂问题行为的发生。

2. 通过建立良好的课堂常规对问题行为进行预防

将良好课堂学习行为作为课堂常规的一部分,通过讲授、演练等方式让学生认识、掌握这些良好行为,并通过支持、激励等措施让他们在课堂教学过程中表现出来。

3. 通过开展有效教学进行主动积极的预防

教师要分析学生参与课堂学习的困难所在,通过调整教学目标、内容、方法,重新设计和组织有意义的、学生感兴趣的教学活动,选用适宜的教学材料,让学生积极、主动地参与到各项课堂学习任务,从而预防课堂问题行为的发生。

4. 采取措施减少不良诱发刺激或者干扰

如果有不良刺激诱发了学生的不良行为,且是可以撤销的,教师就应采取措施减少或者撤销这些不良诱发刺激,若无法撤销,则需努力降低这些刺激对课堂

教学秩序的干扰。比如,一些学生很容易在课堂学习活动转换的环节出现问题行为,对于这类问题行为,教师可以通过提前告知某项学习活动将于什么时间结束、接下来将是什么活动这样的方式来增加学生对学习活动的控制感,减少问题行为的发生。教师也可以对两个学习活动之间的转衔进行结构化,让学生能够更加顺利地将注意力从前一个学习活动转移到后一个学习活动。

对于无法完全撤销的不良诱发刺激,比如外部环境的噪音等,教师也可以通过提前告知的方式来提高其容忍度,如告知他接下来的活动由于有学生参与讨论,可能比较吵,他可能会觉得不舒服,但是这项活动只会持续几分钟,希望他能坚持,如果坚持不了,他可以告诉教师然后离开去休息。这样的方式可以增加学生对不良刺激的容忍度,逐渐提高他们对行为的自律水平。

案例 4-9

让老师发愁的小朱

二年级的小朱真是一个让老师们又爱又恨的学生。小朱长相帅气,运动能力超群,在运动会上领先他人的身影真是让老师们喜欢得不得了;可在课堂上,小朱又是另外一个模样,上课时常讲一些和课堂无关的内容;坐在座位上的时候身体乱晃,好像随时要飞奔出去;在老师板书的时候,他甚至会随意离开座位,或者在没下课的时候跑到班级后面拿水杯喝水,让课任老师和班主任老师都头痛不已,有的时候一节课小朱会离开座位五六次,老师和陪读家长们拉都拉不回来。可当老师问小朱,上课可以离开座位么,或者上课的时候要怎样坐在座位上时他又会立刻说,上课不能离开座位,或者立刻将手背后,腰板挺直坐好。老师们真是头痛不已,他明明什么都知道,怎么还是"明知故犯"啊!

小朱为什么会这样呢?对于自闭症儿童来说,自我管理能力较差,需要老师常常去提醒他课堂的规范,比如不可以说话或者要坐好;同时,在课堂上,小朱不知道这节课什么时候才能结束,即使他知道下课才能去喝水,也会在上课期间突然跑去接水。老师们需要采取哪些办法才能让小朱更好地控制自己的行为呢?老师们考虑了小朱问题行为的特点,采取了以下措施:

措施一，为小朱提供视觉提示图片和奖励板，来帮助小朱更好地理解课堂规范

课任老师们希望小朱在课堂上做到不随意讲话，并且能够端正地坐好，因此老师们为小朱准备了两张图片，一张图片是一个笑脸的嘴巴上贴着十字形的胶带，代表安静；另一张图片是小朱双手放在书桌上规范地坐在座位上的照片，代表上课坐好。在课前，老师向小朱讲解了这两张图片的意义，告诉小朱上课要安静，不能随意讲话；同时要像照片上的小朱一样坐好。并在课堂上把两张视觉提示图片放在小朱桌垫下面（防止小朱上课玩图片），当小朱出现问题行为的时候，老师只要走过来指点下图片，小朱就明白了。而为了更好地规范小朱的行为，老师还为小朱准备了奖励板。当小朱表现好的时候，如上课和老师握手问好；上课主动举手发言；或者完成课堂练习题时，老师会发给小朱一个笑脸图，并告诉小朱任务完成得很棒，所以老师发给他一个笑脸图。当小朱集齐了三个笑脸的时候，小朱就可以用三个笑脸图和老师换奖励了（奖励是小朱喜欢的食物）。而当小朱在课堂上出现离开座位，说和课堂无关的内容时，老师会把小朱奖励板上的笑脸图收走一个，并告诉小朱，因为他在上课时离开座位了，或他在课堂上随意讲话了，这样做不对，所以老师要拿走他一个笑脸。让小朱明白在课堂中，哪些行为是对的，表现出这些行为就会受到老师的表扬和奖励；哪些行为是不对的，会受到老师的批评或者惩罚。小朱为了得到奖励，不被老师拿走笑脸图，会减少问题行为。

措施二，上课时安排同伴提醒小朱，减少小朱离开座位这一行为的发生

小朱走班上课的数学课班级里有一名四年级的转校生小童，小童认知能力和课堂规范都比较好，经常作为老师的小助手帮老师拿教具，分发同学们的奖励板。因此，在课堂上，老师让小童坐在小朱的外侧，一方面防止小朱随意离开座位，跑到班级后面；另一方面，当小朱站起来时，让小童提醒小朱坐好，或者告诉老师，以便老师采取措施预防小朱离开座位这一行为的发生。

措施三，使用结构化课程环节提示，让小朱明白课堂的教学环节，知道什么时候才能下课

小朱有时候会在上课时离开座位去饮水机接水喝，而这跟其不知道什么时候下课有关。于是,老师将课堂环节(起立点名、握手问好、老师讲解、学生练习)做成一张张图片,贴在黑板上,每完成一个环节,老师会把该环节的图片倒扣在黑板上,让学生明白这个环节结束了,还有几个环节才能下课,当黑板上最后一个环节的图片也倒扣过去的时候,老师会说,我们今天的上课内容全部结束了,现在下课。当小朱在课上想喝水的时候,老师会告诉他:"小朱,上课时不可以喝水,下课时才可以,请你看黑板,我们还有几个环节,才可以下课。"让小朱明白只有最后一张课堂环节的图片倒扣过去,才会下课,下课了才可以离开座位去喝水。

经过一年的时间,小朱的行为已经有了很大的改善,在课堂准备环节,他可以主动和老师握手问好;上课时,他会主动举手发言,并在回答后向老师要笑脸图作为奖励;离开座位和随意说话的行为也有所减少。虽然小朱偶尔还是会在课堂上出现一些不好的行为,可在老师的提醒下都可以有所控制。小朱终于不再让老师发愁了!

此案例由沈阳市铁西区春晖学校贺京老师撰写。

四、强调多要素的综合行为干预而非单一策略

学生之所以在课堂学习过程中出现问题行为,是学生个体与外部环境相互作用的结果,跟学生存在特殊教育需要有关,也跟外部环境无法满足其特殊教育需要有关。对特殊学校的学生来说,对他们的课堂问题行为进行有效干预,常常需要采取多元的干预措施。

一般需要从两个角度设计行为干预方案。一是从学生个体角度出发,通过各种教育的方法拓展学生的技能水平,提高其整体行为能力水平。比如,一些学生需要通过社交技能训练提高其言语沟通水平,以减少其用错误行为进行沟通的可能性。又如,一些学生需要通过对其手部精细动作技能训练来提高其动作技能水平,以增加其参加需要手部操作的学习任务的可能性,减少其拒绝、逃避此类学习任务的行为。二是从个体所处的环境角度出发,通过重新构建良好课堂学习环境来减少问题行为,提高学生的总体生活质量。这一角度强调的是如何营造支持性的环境,让学生能够对学习更有兴趣,从而减少课堂问题行为的发生。不管是从个体出发还是从其所处的环境出发,所选择的干预策略都是基于学生课堂问题行为的功能。

对于某些身体方面存在特殊性的学生,综合性的问题行为干预方案中也可以

纳入医学措施,比如,对于学生的严重攻击行为,可以遵医嘱进行用药,以让学生的身体处于较好状态,促进他们有效参与课堂教学。

五、开展多方合作而非单兵作战

特殊学校的学生常常存在多样化的需要,有时单个教师所提供的支持不一定能够满足其需要,特别是同一课堂学习时间内,同一班级内的学生能力水平、教育需要等存在较大差异时,只有一名学科教师进行课堂教学与管理,会面临相当大的压力与挑战。因此,教师要充分利用各种资源,与其他教师、工作人员开展合作。

比如,对于严重障碍的学生,一些学校配备了保育员或者辅助教师,或者邀请家长义工支持学生学习,教师要充分认识到这些工作人员对学生的重要影响,在课堂问题行为的预防与处理方面积极、主动地与他们保持合作。以家长陪读人员为例,在各个课堂教学环节,家长的行为都会对学生产生重要影响,他们会通过语言、身体动作等方式与学生保持比学科教师还要多的互动,他们的负面评价甚至比教师更能对学生产生消极影响,因此,教师要仔细分析学生的具体情况,与陪读家长在内的不同人员保持紧密合作,要让他们对学生的问题行为有统一的认识,并在处理态度与方式上能够与教师保持一致,以促进学生良好课堂学习行为习惯的养成。

参与多方合作的人员还可能包括医生、社区的其他工作人员、家庭聘任的家庭教师。一些特殊学生可能因为身体的原因需要医生介入,因此教师也需要与他们开展合作,比如,运动康复医生在为脑瘫学生开展运动技能康复训练时,就需要与教师保持一致,以有效处理学生在训练过程中出现的问题行为。对于家庭中出现的相同问题行为,家长也需要与教师保持一致,另外有条件的家长也可以聘任家庭教师或者自己在家里开展一些教育训练活动,比如,在家里开展模拟课堂的训练,进行课堂常规的演练,帮助学生尽快适应课堂教学;又如,开展社交技能的训练,通过模拟师生、生生的对话,来提高学生在课堂学习活动中的社交能力,帮助其参与到课堂教学过程中,这些做法都有助于促进学生课堂问题行为的改变,但需教师与家长以及相关人员保持紧密合作。

六、事后干预要以维持正常课堂教学秩序为准

学生出现课堂问题行为会对正常的课堂教学秩序产生很大的干扰,教师在处理这些问题行为时首先要考虑如何快速地让学生回到正常的课堂教学秩序中来。课堂教学不是个别训练,教师首先要保证全班学生的正常教学,而非长时间地停

止教学来处理学生的问题行为。因此,当学生出现课堂问题行为时,教师要考虑以下几点。

(一)在问题行为刚刚出现苗头的时候就进行处理

在课堂教学过程中,教师要注意观察学生,当发现学生有问题行为先兆出现时,尽可能采取引导的措施进行有效的课堂管理。一般来说,盯着看学生、走到其身边、手势提示、对他进行提问、让其完成力所能及的事情等都可以让其重新回到学习过程中。对于刚刚出现苗头的问题行为,通常不建议直接采取批评的方式进行处理,这样做有时反而适得其反。

(二)避免所采取的措施让问题行为升级

激烈的行为干预措施很容易让学生的问题行为升级,反而更加干扰课堂教学秩序。因此,对干扰较小的不良行为采取忽视的态度、引导其参与到课堂学习任务的做法最为可取。在制定问题行为干预措施时,尽可能不采取惩罚类的消极干预措施,如果要采取这一类干预措施,教师也要对其可能的后果有所预期,并做好相应的准备,以减少对正常课堂教学秩序的影响。

(三)必要时采取中断学生课堂学习、带离教室的做法

对于严重的课堂问题行为,并且教师也无法在短时间内制止学生出现这一问题行为,此种情况下,教师需要采取隔离的做法,即将该学生带离教室、中断其课堂学习,以保证其他学生的正常课堂学习。对于常出现此类问题行为的学生,教师通常需要辅助教师或者其他陪读人员的协助,由他们将学生带至其他教室(如个训室或者其他训练室),让其能够在独自一人的环境中尽快保持安静,以尽可能早地回到正常的课堂教学环境中,而教师则需继续正常的课堂教学,完成预定的教学任务。对于此类问题行为,教师通常在备课过程中就要做好预案。

总之,由于特殊学校学生的特殊性,教师在课堂教学过程中面临较多的压力。教师需要对这些学生在课堂教学过程中出现的问题行为形成正确认识,尤其是对自身教学行为与学生问题行为产生之间的关系要有正确认识,要通过良好环境创设、课堂常规落实,以及有效的教学实施来尽可能减少课堂问题行为的出现,也要对他们的问题行为保持高容忍度,并采取适宜的方法、策略进行恰当处理。

第五章　特殊学校个训和个案工作

个训是特殊学校尤其是培智学校的重要任务。目前,特殊学校尤其是培智学校学生的障碍程度越来越严重,除了智力障碍之外,多数伴有感知觉、运动、言语语言、情绪和行为等方面的问题,且由于学生个体间差异及个体内差异较为显著,单纯依靠集体教学常常无法满足学生个别化的特殊教育需要。《培智学校义务教育课程设置实验方案》中明确提出"学校应全面推进个别化教育,为每个智力残疾学生制订和实施个别化教育计划。应将课堂教学与个别教育训练相结合,针对学生的个体需要安排一定时间的个别训练,为有需要的学生提供补救教学,满足不同学生的发展需求"。《上海市辅读学校九年义务教育课程方案(2009)》也要求学校"从学生的不同特点和需求出发,采用教育、医学等多种手段对每个学生进行有针对性的个别化教育与个训,提高教育的有效性"。因此,在当前的特殊学校,根据学生的特殊需求开展个别化训练以提供更为专业的支持,是教师的重要任务。

第一节　个训与个案工作概述

虽然个训是特殊学校个案工作的重要内容,但它并不是全部。在特殊学校开展个案工作,意味着教师要对该学生的各方面情况、特殊教育需要等有全面的把握,对学生在学校内的生活、学习进行整合式设计,意味着当学生进入校园的那一刻开始,教育训练即开始了。因此,特殊学校的个案工作有比个训更广的内容。

一、个训、个案与个案工作

(一) 个训

"个训"这一词语所指的是相对"集体教学"而言的一种教学或者训练形式,又可称为"个别训练",也有教师采用"个别化训练"这一说法。目前,特殊学校的个训主要是针对学生在感知、运动、言语语言、认知、心理健康等方面开展的个别化教育训练,其目的是最大限度地补偿学生自身所存在的缺陷,发展他们的潜能。但不同障碍类型的特殊学校其个训又有所侧重。

根据国家教育部《聋校义务教育课程设置实验方案(2007)》规定,聋校需增设"沟通与交往"课程,其课程内容主要包括:感觉训练、口语训练、手语训练、书面语训练及其他沟通方式和沟通技巧的学习与训练,以帮助聋生掌握多元的沟通交往技能与方式,促进聋生语言和交往能力的发展,同时也强调"各校可根据聋生的个体差异和不同的发展阶段,选择适合的教学内容和训练方式"。因此,聋校针对聋生的个训,核心内容主要是发展聋生的语言及沟通交往技能。

而对盲校来说,根据国家教育部《盲校义务教育课程设置实验方案(2007)》对康复课程的设置规定,要求"低年级开设综合康复课程,低、中年级开设定向行走课程,中、高年级开设社会适应课程",同时要求"盲校应对有个别矫正需要的学生实施个别矫正",因此,除了个别盲生的特殊需求,目前盲校针对盲生的个训,其目的主要是补偿学生因视力障碍所造成的生活自理、行走、运动及社会适应过程中的缺陷与不足,以最终提高其整体的适应能力。

就培智学校而言,国家教育部《培智学校义务教育课程设置实验方案(2007)》要求学校开设"康复训练"课程,要"针对学生所存在的认知、言语、思维和个性等方面的主要缺陷,结合学生个别化教育计划的制订,有针对性地进行各种康复训练、治疗、咨询和辅导",并明确提出特殊学校"应将课堂教学与个别教育训练相结合,针对学生的个体需要安排一定时间的个别训练,为有需要的学生提供补救教学,满足不同学生的发展需求"。《上海市辅读学校九年义务教育课程方案(2009)》也做出了类似的规定,该方案将培智学校的课程分为基础性课程、发展性课程和补偿性课程三大模块,其中补偿性课程包括感知运动训练、言语沟通训练、行为训练,且这三门课程基本上要求教师采取个训为主,结合集体教学的方式开展教学,以满足学生在感知觉运动、言语沟通以及良好行为养成等方面的需求。因此,相比聋校与盲校,培智学校目前所开展的个训内容更为复杂。

不过,不管是哪一类特殊学校,个训的目的除了补偿学生的缺陷、发展他们的某些潜能之外,还应包括一个重要目的,即通过个训尽快让学生适应集体课堂教学和学校生活。总之,个训在特殊学校教育中具有十分重要的地位。

(二) 个案与个案研究

"个案"这个词来源于医学,个案研究最早指医生对病人进行详细的检查、分析诊断,提出具体的治疗方案,并对治疗效果进行检验的一种方法。[①] 这一方法被广泛地用于特殊儿童的教育领域。一些研究者认为,特殊教育中的个案研究指的是在综合运用访谈、观察等资料收集方法,广泛了解特殊教育对象(个人和群体)

---

① 张福娟,江琴娣.特殊儿童个案研究[M].上海:上海教育出版社,2005:5—6.

的基础上,进行全面的评估、分析和诊断,找出问题的原因,继而采取有效策略,进行有针对性的干预、指导或教育训练,使其问题获得某种程度(全部)解决的过程。[①] 但"个案研究"作为社会科学研究中的一种常用研究方法,在特殊教育领域除了可以研究单个特殊儿童之外,还可以将某类特殊教育团体、某个特殊教育机构、某项特殊教育教学活动为研究对象,这一术语更多描述的是一种研究方法。即使是以某个特殊儿童为研究对象,即特殊儿童的个案研究,也更多是通过研究探讨某类特殊儿童的教育、干预、训练问题,进而聚焦于个案。

(三) 个案工作

"个案工作"这个术语常常用于社会工作领域,指的是社会工作实务的一种方法,强调由具有专业地位的社会工作者,运用专业知识与技术为个人及其家庭提供协助。也就是说,专业工作人员要运用自己的专业知识与技术围绕个案开展相关工作,为他们提供特殊的专业协助。根据这一概念,"特殊学校的个案工作"就是要求专业教师以特殊学生为中心,运用自己的专业知识与技术开展相关工作,为他们提供特殊的专业协助。

通常,特殊学校的个案工作主要包括以下几方面。

● 收集学生的基本资料,包括人口学资料、家庭信息与相关情况、疾病史、教育史、康复训练史等。

● 开展诊断与评估,以深入了解该学生的障碍、优势与弱势。

● 基于各方面资料尤其是诊断与评估资料进行分析,制订教育与干预训练计划。

● 开展教育干预训练,并对学生的进展情况进行监控,根据效果状况对教育干预训练计划进行相应调整。

除此之外,个案工作还应该包括各种事务性工作以及与相关专业人员、家庭人员的协调工作等,具体有以下几方面。

● 个案档案建设工作。

● 与班主任、学科教师就课堂教学、学生行为管理方面进行协调。

● 与其他专业人员如医生、康复师等相关人员就诊断、评估以及康复训练等事项进行协调。

● 就诊断、评估以及教育干预训练等方面工作,与家长一起合作。

因此,虽然特殊学校个案工作的重心是针对特殊学生开展个训,但不应该仅仅只是个训,它应该是一项特殊学校内开展的、围绕某个或者某些学生的特殊需

[①] 张福娟,江琴娣. 特殊儿童个案研究[M]. 上海:上海教育大学出版社,2005:5.

求、为弥补集体课堂教学而进行的特殊教育工作,是特殊学校教育的重要组成部分。

二、个训师与个案管理员

个训师可以是个案管理员,但个案管理员并不一定是个训师。

个训师就是特殊学校负责个训的教师,可以由专职教师担任,也可以由其他具有个训专长的学科教师担任,其主要的责任就是根据特殊学生的障碍情况、能力表现、兴趣爱好等开展相应的运动技能、认知、言语语言沟通、心理健康等方面的干预训练。

相比个训师,个案管理员的职责要更多。在社会工作中,所谓个案管理者或者个案管理人员,就是在个案管理系统中执行个案管理实务的人,其中,个案管理实务指的是个案问题解决过程中的各种任务,个案管理系统则是执行个案管理实务所需要的行政支持、有组织的安排、正式与非正式的资源等。简单来说,社会工作中的个案管理员就是把服务对象(即案主)以及复杂的社会服务网络中有益于服务对象的资源联系起来,及时地为服务对象提供服务,以达到服务的最佳效果的人员。特殊学校的个案管理员也应承担起这样的责任,需要根据特殊学生的情况与可服务于该学生的各种资源建立联系,及时为学生提供可满足其需求的服务,以有效补偿其缺陷,促进潜能开发。

在特殊学校中,个案管理员常常就是个训师,即负责某一位特殊学生的个案管理,同时直接承担起对该特殊学生的个别训练。当然,如果个案管理员没有开展某个项目训练的专业技能,也可以让其他专业人员承担个训任务,自己则主要承担起协调资源的作用。比如,联系相关医院进行身体检查、智力测验、运动功能检测、特定障碍诊断(如自闭症、多动症诊断);联络校外相关特殊教育研究者、学校心理咨询师等专业人员为特殊学生进行心理功能等方面的评估,以确切判定学生可能存在的心理或者其他问题,并为接下来的干预训练提供建议;联络医院的运动康复师为运动功能滞后的学生制订康复方案及指导教师开展运动康复;与家长进行沟通协调,协同家长分析家庭可拥有的康复干预资源,为学生在家庭内和校外开展康复、干预、训练提供建议,等等。个案管理员还需执行特殊学校各教研组的组织安排,定期或者不定期地汇报个案的进展情况,与其他学科教师沟通学生的状况,参加相关的教研活动等。

三、个训的基本形式

大多数教师会将个训理解为个别训练,即一对一的训练,但根据学生的具体情况,教师也可采取伙伴训练或者小组、团体的训练形式。

(一) 个别训练

一对一的个别训练是目前特殊学校开展个训的最主要形式,这一训练形式通常被教师认为是可以有效满足学生特殊教育需要的一种训练手段,可以广泛用来训练智力障碍、自闭症、脑瘫等障碍儿童的运动技能、认知能力、言语语言沟通能力,以及改善他们的情绪与行为问题。不过,由于每个特殊学校所拥有的个训室以及专业的个训教师数量有限,因此,能够获得个别训练的特殊学生数量也会受到限制。一般来说,在特殊学校接受个训的学生通常是严重的智力障碍、自闭症、脑瘫以及存在严重情绪行为问题的学生。这类学生往往无法或者较少从班集体课堂教学受益,或者出现的问题行为严重干扰集体课堂教学。

特殊学校的教师往往认为,对于严重障碍的学生,个训是最适合他们的一种教育训练形式。当然,一对一地对特殊学生开展教育训练,相比在集体教学过程中满足学生的个别化教育需要,要容易得多。一对一的训练可以让教师完全依据学生的各方面能力水平、兴趣爱好等,确定训练目标,选择训练内容,设计训练活动。但是教师也要注意到,这一训练形式存在一定的劣势。这些劣势表现在以下几个方面。

● 个别训练的场景通常是一个教师和一名学生在一间小型房间里,教师可以全身心地将注意力投注于这名学生,但通常这不是日常生活的自然场景。在日常生活中,更多的是需要学生专注于其他人,而非其他人专注于学生。因此,通过个训发展起的学生的某些方面的能力并不是他们能够在日常生活中真正或者完全表现出来的能力。若要学生将个训中习得的内容运用到日常生活中,教师还需要为此进行适应性设计和专门训练,这一训练应该是实景式训练,需要纳入真实生活场景中的一些重要人物。

● 个别训练的形式并不能解决所有的个别化训练内容。比如,虽然个别训练可以用来训练特殊学生的言语语言沟通技能,但涉及日常实际生活中的人际沟通技能还需进一步回到真实沟通场景中进行实际演练,让更多人参与到训练中,才能更好地发挥训练的效果。又如,问题行为的干预,除了个别良好行为的训练可以在个训室进行之外,更多的干预内容应该在问题行为发生的真实场景中进行。

● 个别训练需要耗费较多的人力资源,而且若在学校里开展个训,有时需要牺牲学生参与集体教学活动的时间,这不一定有利于他们融入班级集体。与其他同伴一样生活、学习,更有利于他们形成归属感,觉得自己是班级中的一员。

对特殊学校学生开展个别训练,有一个重要目标应该是尽可能快地让他们回归到集体教学中，如果通过集体教学或者班级集体活动也可以落实他们的个别化训练目标，那么首先可以选择集体教学或者集体活动的形式。只有在集体教学或者集体活动中无法满足学生的特殊教育需要的情况下，才考虑个别训练。

（二）伙伴训练或两人一小组的训练

伙伴训练或者两人一小组的训练，即一名教师针对两名学生开展的个别化训练形式。这一训练形式也多为特殊学校教师所采用，跟个别训练形式类似，也可用来训练智力障碍、自闭症、脑瘫等障碍学生的运动技能、认知能力、言语语言沟通能力等。不过，这一训练形式更加适应能力水平稍高的学生，这样教师在发出训练指令要求学生完成某些任务时，学生基本能够配合、参与完成。否则，教师可能因为某一学生能力过低，而过多地对其给予辅助而忽视另一学生，难以做到彼此皆顾。

一般来说，这两名参与训练的学生最好能力发展水平相近，但有时也可以一高一低。前一种情况通常是教师对学生开展个别训练到一定时间后可以采取的一种训练方式，将能力水平有所提高，且水平相近的两名学生组为一组开展训练，这有利于特殊学校节省训练资源，让更多的特殊学生分享到个训的资源，同时，两人为一组的训练形式有助于教师对同伴之间的沟通技能进行训练，也有利于发展同伴之间的合作技能，从而最终促进学生日常社会交往能力的提高。后一种情况通常是学校个训资源有限、但又希望满足学生的个训需求。将能力稍强的学生与稍低的学生分组在一起，当教师发出指令的时候，能力稍强的学生可以为另一名学生提供示范，或者充作小老师带领另一学生完成任务，但这一组队方式对个训师的要求更高，教师需要将两名学生的个别化训练目标进行很细致的分析，并落实到同一训练活动中，或者同时组织不同的训练活动让两名学生完成。

这一训练形式对教师的活动组织、协调能力有较高的要求。在训练过程中，两名学生有可能出现不一样的行为表现，教师需要根据学生的表现及时进行反馈，因此，对教师同一时间处理学生不同行为的能力有更高的要求。

（三）团体训练

团体训练通常指的是对3人及以上为一组的学生开展训练的形式。这一训练形式目前较少为特殊学校教师所采用，这可能跟参与个训的特殊学生能力发展水平较弱有关。团体训练的目标通常着重于成员之间的沟通、合作技能，这就要求参与训练的小组成员有较好的言语语言沟通技能，愿意与人交往，参与合作。团体训练的形式目前较多为普通学校的心理辅导或者心理健康教育活动所采纳。但这并不是说这一训练形式完全不适合当前特殊学校的学生。当特殊学生通过个训或者两人一组的训练，其言语语言能力得到一定提高，训练目标涉及开启话题、继续话题、转移话题或者结束话题等之类的社会沟通技能时,团体训练的形式就会更为适宜,且这样的训练形式有助于学生将个训中习得的社会沟通技能迁移到日常生活中。另外,高年级的学生会面临更多的社会沟通需求,需要学习更多的合作技能,教师也可以针对他们特殊的社会沟通需求开展团体训练,以提高他们的社会适应能力。

这一训练形式不仅要求教师有较好的活动组织、协调能力,还要有根据多名学生具体情况、训练目标设计团体活动的能力。

第二节 特殊学校个案工作

每个特殊学校都有自己的办学特色,因此,在个案工作方面,也可以根据各自学校特色建构个案工作模式。但是不管是何种模式,个案工作强调的是专业化,而专业化不仅体现在开展个案工作的教师的专业技能水平上,还体现在个案工作的规范化管理制度以及专业化资源建设方面。这就需要学校根据校内专业教师资源、个训室及康复训练器具等物质资源、学生特殊教育需要状况等,因地制宜地对学校的个案工作进行规范化,制定相应的管理制度,并就教师个案工作所需的专业化技能要求制订并实施教师专业化发展计划。

一、特殊学校个案工作的基本模式

一般来说,不管针对的是何种障碍学生,也不管针对的是何种教育需要,要训练何种领域的能力,个案工作的开展依据是学生的评估结果,因此,其基本的模式即工作流程可概括为以下几部分:建立学生的基础档案、组织并开展诊断与评估、制订个别化干预训练计划、实施个别化干预训练计划并进行监控、调整个别化干预训练计划并继续实施、评价干预训练效果与结案。

(一)建立学生的基础档案

通过个案工作来满足特殊学生的特殊教育需要,首先,要确定哪些学生进入个案工作的范围。这意味着学校要对这一工作进行规范,并通过管理制度形式让每个教师熟知学校个案工作面向的学生要求、筛选方法与流程。就这一问题,学校需要规范的具体内容有:

- 哪些学生需开展个案工作。这可以让教师明白当学生出现什么样的状况时可以向学校提出申请,让学生有机会接受个别化干预训练。
- 教师可以按照什么流程向谁提交申请,需填写提交的申请表格是什么,还需提供关于学生的什么资料。比如,学校可以规定,教师必须提供材料证明自己确实在集体教学或者课间活动等时间内采取了一定的措施,并持续了一定的时间(学校也可对此时间进行规定、限制),但学生的行为表现或者学习进展情况并未证明这些常规的调整措施取得了成效,或者学习困难学生并未由此受益很多,学生很少进步。

● 学校在接受教师提出的个案申请之后,将按照什么流程、多长时间开展工作,最终确定该学生是否符合接受个别化干预训练的要求。

其次,学校需要在一定时间内确定负责该学生个案工作的个案管理员或者个训师。

再次,个案管理员开始按要求完成个案学生的基本档案资料建设工作。学校也需对所要完成的档案资料建设内容进行规范,包括表格填写,需收集、提交的资料类型、内容具体要求,如文字、照片或者视频等资料要求,也可以对如何收集这些资料进行规范。

一般来说,基础档案资料包括学生出生年月、智商、身体状况、注意事项、母亲的孕史、家族史、生长发育史、教育史、学生目前大致能力状况、兴趣爱好等内容,还包括一些家庭基本信息。另外,还可包括跟学生问题有关的障碍或者能力方面的日常表现。这部分档案资料通常需要个案管理员通过与家长、相关教师访谈而获得。若该生之前缺乏有关智商、障碍诊断或者能力评估方面的资料,个案管理员需要与家长、医院等相关专业机构合作,完成相关的诊断与评估工作。

(二) 组织并开展诊断与评估

诊断与评估在个案工作中具有重要作用。一些学生需要经过相关专业机构的诊断,才能确定其残疾或者障碍状况。这些内容往往是学生基础档案资料中需要完成的。但更为重要的是,个案管理员需要针对学生在实际生活、学习等场合中表现出的问题,组织并开展专业人员进行针对性评估,以确定学生的学习或者发展困难所在,为之后的教育干预训练打好基础。

个案管理员可以根据之前教师申请时提交的学生资料进行分析,确定该学生可能存在的问题,制订可操作的评估计划,对该学生需要完成什么方面或者领域的评估、可由哪个机构或者校内的哪位教师进行评估等提出建议。评估内容可以包括多方面,多与学生遇到的困难有关,如,运动障碍的学生可偏重运动技能的评估,言语语言障碍的学生则偏重言语语言能力方面的评估,但对于自闭症这样广泛性发育障碍的儿童,则可能需要做全面的评估。

如果学校建立了相关的教研组,教研组可以对个案管理员所提交的评估计划进行讨论、确定,并经教导处审核,最终决定该学生计划在多长时间内完成什么方面或者领域的评估,评估机构或者人员是谁。一般来说,这些评估最好能在一个月内完成,对于问题行为的评估应在更短的时间比如两周内完成。

在这个过程中,个案管理员需要与家长进行沟通,告知相关的内容,并取得其同意与配合。有一些评估可能需要家长带学生去医院完成,因此,个案管理员需要细致地与家长解释,并获取同意,安排好评估的时间,以及时完成此项工作。

有时候,个案管理员需根据评估计划与相关专业人员进行联络,安排时间,完成针对性的评估。也可能,个案管理员也是参与评估的一个重要人员,负责其中某些特定领域的评估。

完成评估后,个案管理员需对学生各方面的评估结果进行综合分析和解读,即分析出特殊学生的发展现状、优劣势以及特殊需求,得到评估的结果,完成评估报告,并提出教育干预方面的建议。

(三) 制订个别化干预训练计划

完成评估之后,个案管理员可以基于评估报告,并结合班主任和家长的访谈结果、课堂教学以及课余学生的行为表现等,确定学生的特殊教育需要,并以此为基础制订个别化干预训练计划。个别化干预训练计划一般包括以下内容。

● 长短期目标,长期目标通常是对一学期或一学年的干预训练方案作出规定,短期目标则是要求将长期目标具体到月或周进行落实,同时也要明确短期目标和长期目标通过的标准、评估方式。

● 具体教育干预训练措施,包括集体教学中采取的措施、个训方案以及家庭合作措施等。

● 教育干预训练的安排,尤其是个训内容与时间的安排。

● 学生进展情况监控方式等。

在个别化干预训练计划的制订过程中,个案管理员也要取得家长的合作,除了让家长了解学生在校的各方面情况、学校即将采取的干预训练措施,特别是个训措施之外,若家长也愿意配合在家庭开展相关的训练,个案管理员可以负责与家长协商、讨论,并制订一份配套的家庭干预训练计划,以便让家长在家中实施。

如果也有其他专业机构比如医院等介入对学生相关问题的治疗或者教育干预训练,个案管理员也需在计划中注明相关情况,并与他们保持紧密的合作关系,以切实保证个别化干预计划的实施。

表 5-1　个别化行为干预计划

填表时间：2016 年 10 月 12 日

一、个案基本资料					
姓名	小凯	性别	男	现所在班级	二(1)班
出生日期	2009.2	障碍类型	自闭症	障碍程度	严重
家庭基本情况	小凯的父母学历都是本科，目前都在全球知名企业就职，家庭经济状况良好。家中还有一个弟弟，目前就读幼儿园。家庭对弟弟的期望较高，对弟弟的教育投入更多精力。在入读小学之前，小凯在一所机构个训了三年。在家中，爸爸是小凯的主要教育支持者，妈妈主要管弟弟。家人对小凯的期望是他维持情绪稳定				
学校适应状况	小凯入学后很不适应，经常哭闹，打自己，需要一直戴头盔。但是小凯并不喜欢戴头盔，尤其是天热时，基本不愿意戴，经常自己取下头盔。基本不与同伴交往，不能听从指令				
医院诊断情况	自闭症，韦氏智商低于 40。社会适应能力严重异常				
问题行为发生历史	小凯情绪很不稳定，每当发脾气时，就会有严重自伤行为。在个训机构个训时，曾请专家对小凯的自伤行为寻找解决策略，尝试多种方法后，确定了戴头盔的干预策略				
二、问题行为评估资料					
问题行为描述	小凯目前在班级中，几乎每天都会出现哭闹、打自己脸部的行为，严重时会打得自己牙龈出血、脸部瘀青。小凯的行为有一定的周期性，一段时间高发，过后一段时间相对平稳。根据行为的强度，可以分为以下几种情况： 一级：情绪良好时，习惯性敲头，无须提醒自行终止 二级：当持续敲头十几下，嘴巴伴有小声音时，老师为其戴上头盔，能自行停止 三级：持续用力敲头，且伴有大声哭泣，戴上头盔后仍会敲击身体其他部位，如打下巴、打手或敲击桌椅，持续时间为 5 分钟以上 四级：持续用力敲头，且伴有大声哭泣，老师为其戴上头盔，但他会自行摘下，并用力敲头，当老师强力紧握他的双手并进行身体制止时，他会拉着老师的手继续敲头，力度强大且很难停止				
行为评估过程	面对小凯的行为，班主任老师对小凯行为发生的频率及持续时间进行了为期 17 天的记录，以确定小凯问题发生的原因				
问题行为严重程度	在 17 天的记录中，有 3 天时间，小凯因为自伤行为过于严重，家长让他在家休息了三天。在其余 14 天中共出现了 11 次严重的敲头行为，有时持续时间较长，最长的可达近 1 小时，对小凯自身的伤害性很大				
行为功能分析	1. 感知觉异常，感觉调整功能失调。通过敲击行为寻求感觉刺激所带来的舒服、愉悦的感受 2. 逃离环境。面对厌恶刺激时，无法正确表达自己的紧张、生气、愤怒等情绪，借由打头哭闹行为逃离不喜欢的情境、场所等 3. 逃避任务。当面对不喜欢、不想完成的学习任务时，通过打头、哭闹行为逃避				

续表

与该行为有关的情境事件	观察记录显示,小凯问题行为在上午的发生频率高于下午。这与上午学生人数多,班级里较吵有一定关系。待在室外环境中或者来到相对安静的个训室中,有助于稳定情绪。另外,发脾气与具体的学科关系并不大,但是与教师的任务布置有一定关系,当教师要求他完成他不愿意完成的任务时,容易引发他的自伤行为,以逃避任务。因为小凯逃避任务的行为容易导致自伤行为,且等级较高,教师一般倾向于避免给小凯布置任务 小凯的认知水平很低,目前仅能认识常见的几种水果和动物,能命名常见物品的名称,没有语言,听指令困难,这导致在教授替代行为时存在很大困难,需要通过提供外部支持减少问题行为的产生
三、行为干预目标与措施	
行为干预目标	减少自伤行为等级,能从目前行为描述常发的四级降低到二级
拟采取的干预措施	1. 情境创设 (1) 班级范围内,强调班规:上课安静,手脚放好。创设安静的班级环境 (2) 提供感知觉刺激物品。通过提供按摩手套等满足小凯的手部刺激,帮助舒缓他的情绪 (3) 增加运动量。通过合理安排小凯在个训课、晨练、课间等时间段进行针对性的感统游戏,调整他的感知觉刺激水平,进而促进小凯情绪的稳定成熟和社会性的发展 (4) 建议家长就医,寻求专业医生的帮助,调整小凯的感知觉水平 2. 教授替代行为:通过教会小凯双手互敲的动作来代替打头哭闹行为 3. 调整行为结果 (1) 当小凯出现轻度的打头行为时,通过戴头盔减弱刺激所带来的愉悦感,弱化他打头寻求刺激的动机,减少打头行为的频率 (2) 当小凯出现激烈的打头行为时,教师采取以下措施:握紧小凯的双手,进行身体限制,并轻声安慰说"小凯不舒服了,我们来拍一拍",帮助小凯舒缓紧张的情绪 (3) 当小凯出现持续的强烈情绪,上述措施不见成效时,将他带至安静安全的房间或角落,由专人看护 (4) 当小凯情绪稳定时,教师应给予语言表扬"小凯真乖";当小凯出现好的行为或参与到课堂学习时,教师应及时给予奖励进行强化
干预效果监控措施	1. 由小凯的行为干预老师对小凯的行为进行每周监控,及时评估干预措施的有效性 2. 所有任课教师保持一致态度和干预措施。班主任及时与个训教师及任课教师沟通了解小凯的表现情况,共同关注及落实干预计划
干预小组签名	××× ××× ××× ×××

续表

四、行为干预实施
根据制订的行为干预计划,行为干预小组通过个别化训练和进班干预,对小凯进行了为期两个月的干预。在干预期间,通过每日与班主任教师和保育员沟通,记录小凯的问题行为发生等级及次数
五、行为干预结果与讨论
在干预措施实施三周后,小凯的情绪开始趋缓,目前还在干预中

此案例由上海市董李凤美康健学校行为干预小组提供。

(四) 实施个别化干预训练计划并进行监控

实施个别化干预训练计划阶段是关系到特殊学生各方面是否可以获得有效发展的实际操作阶段。个案管理员要根据所制订的干预训练计划进行操作,同时还需与相关学科教师、家长保持合作。例如,脑瘫儿童经常会出现走路姿势异常,喜欢踮脚尖走路的情况,个训师在个训时会提醒学生,让他们用脚后跟着地走路,但为了达到更好的训练效果,还需班主任、学科教师、家长等人员在日常学习、生活中密切配合,督促、提醒学生做到脚后跟着地走路。对于特殊学生的问题行为干预,更是如此,要求个训教师、班主任、学科教师、家长都能以一致的态度对学生的问题行为进行处理,以促进学生对问题行为有一致的认识,更快促使其行为改变。

在个别化干预训练计划实施过程中,个案管理员要及时记录、总结干预训练实施情况以及学生进展状况,也要与班主任、学科教师和家长保持密切的联系,及时地从他们那里获得反馈,以全面了解学生的具体情况,及时对干预训练计划进行调整,也要定期或者不定期地将学生的个训情况反馈给其他教师和家长,以有效开展合作。如果是问题行为干预,一般是根据学生的行为表现情况进行结案,而非一年后。

(五) 调整个别化干预训练计划

个案管理员要及时收集来自个训师、班主任、学科教师和家长的资料,对学生的各方面进展情况进行分析,并对个别化干预训练计划中的短期目标以及采取的干预训练措施等是否合适进行反思,即对个别化干预计划的整体执行情况进行评估,判断当前为特殊学生设定的短期目标是否达到,是否可进入下一个短期目标的学习等。

(六) 评价干预训练效果与结案

到学期末,个案管理员需要对一学期学生的干预训练效果进行阶段性评估,以了解个别化目标的达成情况,并根据具体情况进行调整。一学年结束后,再次对学生进行评估,以确定一年来学生的进步情况,预测其是否完成长期目标。

一般来说,当一学年的个别化干预训练结束后,个案管理员需要对该特殊学生的情况进行总结性评价,为接下来是否需要继续接受干预训练提出建议,如果需要,可以采取怎样的形式,是一对一的训练形式,还是小组形式,等等。

二、特殊学校各部门个案工作的管理职责

在个案工作中,学校各部门应该承担起相应的管理职责,并相互协作,以使这一工作能够顺利进行。

(一) 校长室的管理职责

校长室是对学校工作进行统筹的部门。校长室在学生个案工作中的最主要职责可包括以下3项。

(1) 校长是学校个案工作各项管理制度、个案管理员(一般为个训师)专项岗位设置、个案管理员和辅助人员聘任的主要决策人和负责人。校长办公室要仔细研究学校个案工作的必要性、目的,以及可行性、科学性等要素,确定个案管理员岗位设置以及人员配备的方案。

(2) 审核学校个案工作各项管理方面的文件、学生档案资料(包括学生基础档案资料、评估资料、干预训练计划等)的管理要求、个案管理员的任职条件等。

(3) 负责建立个案工作的咨询专家团队,组织开展疑难个案的评估分析工作,以及个案工作实施成效的论证会议,以提出有效的建设意见,进一步促进学校个案工作的专业化。

(二) 教导处职责

学校教导处是负责学校日常教育教学工作的部门,其职责一般包括对教师的教学进行指导、组织教学研究、指导教师进行学生管理等。在个案工作中,其主要职责包括以下几方面。

(1) 制订学校个案工作的总体规划,做好指导、研究、实施、评价等工作。

(2) 负责建设个案工作的教师团队,明确各个案管理员的工作职责、工作流程以及需要存档的个案资料等内容,开展学生档案资料的过程性管理。

(3) 组织开展各个案管理员的专业化理论和技能培训,包括对特殊学生开展评估以及开展个训的能力,提高教师开展个案工作的专业化能力。

(4) 不定期或者定期地对个案工作开展督导、指导工作,对各个案管理员的工作进行监督和指导,召开个案工作的研讨活动等。

(三) 个案工作教研组的职责

个案工作教研组在特殊学校是非常特殊的一个教研组,除了少数专门负责特殊学生个训工作的教师之外,其他人员大多是来自不同学科的教师,对这些教师来说,他们不仅承担了特殊学生学科教学的任务,同时还要参与学校内中重度障碍学生的个训或者个案管理工作,因此,对他们的专业化水平要求更高。

在个案工作中,教研组的职责一般为以下几方面。

(1) 教研组负责人对个案管理员的个案工作进行常规检查,并实施评价。

(2) 负责监督个案管理员对个案工作的过程性资料进行保存管理。例如,学生个训的档案资料(基本情况、身体检查记录、智力测验或其他评估资料、个别化干预训练方案、干预训练记录、过程性评估资料等);教师干预训练随笔、反思、个案报告、专题小结等;干预训练小组教研活动记录、组内观摩活动记录以及相关的视频资料等。

(3) 教研组要对个案工作要求的组内研讨活动进行规范,如每月研讨的次数、研讨内容的主题等,负责人组织各个案管理员定期进行组内交流研讨活动,定期组织各个案管理员将学生个案工作的进展情况进行相应的信息发布等。

三、特殊学校个案工作需注意的事项

虽然个案工作在特殊学校已经不是一个新的任务,但由于其形式以及所涉及的内容与传统的课堂教学有着很大的不同,个训师所需专业领域的知识与技能范围更广,要求更高,因此,特殊学校在此方面的工作仍旧面临很多挑战。要使个案工作成为特殊学校课堂教学的有效补充,成为特殊儿童学校教育中的一个重要组成部分,需要注意以下事项。

(一) 加强个案工作的规范化

特殊学生的个案工作要求专业化水平非常高,它不仅要求个案管理员的专业化,还要求特殊学校在此方面的管理工作也做到规范化。个案工作事实上是目前特殊学校对特殊学生开展优质教育的一个有机组成,不是可有可无的一样东西。因此,学校要在各个方面将此块工作纳入管理的范畴,在个案管理员岗位设置、聘任条件、接受干预训练学生要求、申请流程、个案确定、组织评估、制订干预训练方案、效果评价,以及就个案工作开展教研、教师专业化发展等方面都要进行规范化的管理,以便让所有教师都能明确个案工作的目标、内容、工作方式方法,以及自己在其中应该承担的责任等。

当前,特殊学校所存在的一些问题可能与学校个案工作不够规范有关。比如,教师抱怨班中特殊学生程度太差,问题较多,影响其他学生上课,并认为之所以这样,是因为没有个训。教师这种观点在特殊学校有一定的普遍性,这一现象反映出来的一个问题是,学校在个案工作中没有对可接受个训的学生的准入条件以及流程进行规范,即使教师已经发现一些学生完全无法适应集体课堂教学,但学校没有安排个训,所以也就没有个训了。特殊学校的个案工作要切实地围绕特殊学生的需求构建工作机制。

又如,目前特殊学校在个训课方面面临的一个比较普遍的问题是个训课少而且分散,个训效果难以保障。深入分析这一问题,其背后原因除了缺乏专业教师资源之外,更多的是这些特殊学校并未真正将个案工作当作特殊学生有效教育、优质教育的组成部分,而是更多将其看作点缀。因此,在实际工作中,就个训的课时、人员、个训的开展等,学校并没有做出明确的要求,也较少对之进行检查或者督导。

再如,特殊学校参与个训的教师队伍常常不稳定,教师专业化发展途径不清晰,这不仅会影响到参与干预训练的教师资源尤其是优质的干预训练教师资源很难得到有效保障,还会影响到学生干预训练的质量。不过,造成这一问题的根本原因还是学校对个案工作缺乏规范化,对从事个案工作的教师的管理缺乏规范化。

(二)提高教师的专业化水平

特殊学校的个案工作常常是由兼职的学科教师来完成,这些教师平时主要负责的是班级的管理、学科教学等工作,在特殊学生评估和干预训练计划制订、实施、效果评价等方面不一定有足够的专业知识与技能。而个案工作一定要针对学生的特殊问题,开展针对性的评估,才能保证之后制订并实施的干预训练产生效果,这就要求学校对开展个案工作的教师的专业化发展有总体的规划,这也是特殊学校个案工作规范化的一个重要内容。

特殊学校的个案工作内容、形式等跟所在学校学生的具体障碍类型、障碍程度、干预需求,学校所拥有的干预训练资源状况等有着密切的关系,因此,在制订此方面的教师专业化发展计划时,学校需要对上述情况进行综合分析。一般来说,讲座式的培训能够让教师对相关领域的知识或者技能有一个基础的认识,但若要掌握实践技能,则需采取参与式培训或者以案例为中心的行动式研究性学习方法,在专业人士引导下进行深入学习。学校需要根据具体情况对参与个案的教师情况以及培训目的进行深入分析,以制订具体的培训计划。另外,不管何种培训,要取得良好的效果,都需要教师主动地进行反思性学习,不管是理论学习还是个案的实务技能学习,不管是自修还是专业人士引导下的学习,只有教师主动地结合实际案例进行反思,积极调整自己的观点和做法,才能真正促进自身理论素养和专业技能的提高。

（三）加强个案工作专家支持团队建设

参与个训的特殊学生常常存在多方面障碍或者严重障碍，对这些学生开展评估以及干预训练，可能不是特殊学校教师当前有能力承担的任务，因此，建设一支为特殊学生个案工作提供专业支持的外部专家团队常常是学校所需要的。这一专家团队可以来自不同领域，包括高校的特殊教育研究者尤其是熟悉特殊儿童评估与干预的研究者，心理学、儿科、康复科、眼科、耳科等方面的专家和医生，以及其他相关专业人员等。学校若能建立一支长期、稳定的外部专家支持团队，可以有效地提高学校个案工作的质量，也可有力促进教师专业化水平提高。

总之，特殊学校的个案工作尤其是其中的个训是当前特殊教育学校需要开展的重要工作，由于这一工作要求教师具备较广泛、深入的特殊儿童发展、教育、干预、康复训练等方面的理论知识和实践技能，教师需要不断地主动学习，将理论紧密联系实践。另外，学校也需在此方面建立工作机制，才能更好地为特殊儿童提供针对性的教育与训练。

第三节 培智学校个训的主要对象与内容

聋校与盲校这两类学校所招收的学生主要是在感觉信息能力方面存在缺陷，继而影响到某些能力的发展，需要开展个训。比如，听觉障碍学生需要进行听力语言训练，视觉障碍学生需开展定向行走能力训练等。若还伴有其他障碍或者问题，如智力障碍、情绪行为问题等，则需要根据学生的特殊性开展相应的训练。比如，对于视觉障碍伴随智力障碍的学生，他们的生活自理能力训练、言语语言能力训练都是个训的重要内容。如果是聋+盲的学生，那么在信息获得方面会存在相当多的困难，教师需要利用触觉帮助学生学习，此类儿童通常需要进行个训。

本节以培智学校为例来探讨个训的主要对象与具体内容。目前，这一类特殊学校所招收的学生主要是中重度障碍的学生，因其障碍类型比较多样、障碍程度较严重，多需要学校开展以个训为主的个案工作。

一、培智学校个训的主要对象

培智学校需要参加个训的学生主要有以下几类。

（一）脑瘫学生

脑瘫指的是自受孕开始至婴儿期由各种原因所致的非进行性脑损伤和发育缺陷所导致的一类综合征，主要表现为运动障碍及姿势异常，临床上可分为痉挛型、强直型、共济失调型、不随意运动型、肌张力低下型以及混合型几种。这类学生除了运动能力整体性落后、肌张力异常、身体姿势异常等之外,常常还伴有感知觉异常、智力障碍、言语语言障碍、情绪行为问题等,一般需要进行个训,且个训的内容常常是多方面的,包括感知觉运动能力的康复训练、言语语言训练、认知训练等。存在情绪行为问题的学生,还需要开展心理辅导以及问题行为的矫正。

其中,运动能力的训练是脑瘫儿童个训的核心内容,不仅包括坐立、行走等基本的大运动能力训练,还包括扣纽扣、戴红领巾等精细动作能力训练。脑瘫儿童运动能力的个训目标是提高他们的运动技能,帮助他们尽可能实现生活自理,改善他们的生活质量。运动能力的康复训练应该由运动康复师负责实施,特殊学校教师若没有此方面的资质,应该在运动康复师指导下实施康复训练,或者协助运动康复师进行康复训练。一般来说,对脑瘫学生的运动康复训练在具体操作时会按照动作发展顺序进行:头部控制训练、翻身训练、独坐训练、爬行训练、膝立训练、从坐位到站位的转换训练、下肢肌力提高训练、行走训练、异常姿势控制的训练、综合性手部动作能力的训练等。

(二)自闭症学生

自闭症是一种广泛性发育障碍,一般起病于36个月以内,根据DSM-5的诊断标准,社会沟通和交往障碍以及兴趣与行为表现异常是自闭症儿童两大诊断性特征。就读于特殊学校的自闭症学生常常伴有智力障碍,在参与课堂教学、人际交往以及学校生活等方面都存在明显的困难,通常是培智学校个训的主要对象。除了提高其社会交往技能、开展问题行为干预之外,对此类学生开展个训,还有一个主要目标是让其尽快适应集体环境,有效参与集体课堂的教学。

自闭症学生个训涵盖的内容非常广,需根据其能力的发展水平进行选择,可包括粗大动作与精细动作训练、生活自理能力训练、社会交往技能训练、语言理解与表达能力训练、认知能力训练,以及问题行为干预等。其中,自闭症学生的社会交往技能和问题行为最能影响他们在集体环境中的融合水平与效果,因此常常最为被关注,一般是学校自闭症学生个训的主要内容。

自闭症学生不管其智力发展水平如何,在社会交往方面都存在质的缺陷。虽然智力正常的自闭症学生可以发展出正常的语言,但是其语用能力即在社会交往情境中恰当地运用语言以及非言语方式进行沟通的能力显著落后,而就读于特殊学校的自闭症学生常常还伴随有智力发展落后,在语言理解和表达方面多存在较大的困难,严重的自闭症学生常常无法发展口语,需要借助手势、身体动作、图片等非言语方式进行沟通,因此,对自闭症学生开展言语语言以及社会沟通技能的训练一般是个训中的重要内容。

自闭症学生也常常在视觉、听觉、皮肤觉(包括触觉、温度觉、痛觉)、前庭觉、本体感觉等多个方面存在感知异常,以致影响其对各感觉信息的统整以及整体把握,常常被诊断为存在感觉统合失调,他们的动作技能尤其是精细动作技能也常常发展滞后,因此,自闭症学生的个训还包括感觉统合能力的训练以及动作技能的训练。由于自闭症学生易出现拒绝跟外部环境发生接触的情况,故通过社会观察这一常规手段学习的进程多受到影响,认知发展常常落后,因此,对他们开展认知训练,促进其理解和掌握概念、发展逻辑思维能力也是非常重要的。另外,自闭症学生常常表现出一种或者多种重复刻板行为,会长时间地专注于某些特殊的事物或者事物的细节,在兴趣与行为方面存在异常,而且,由于社交技能的落后,他们常常会通过问题行为的方式来达到社会沟通的目的,因此,对他们的问题行为进行矫正也是自闭症学生个训中的重要内容。

(三) 严重智力障碍学生

智力障碍又称智力缺陷,一般指的是由于大脑受到器质性的损害或是由于脑发育不完全从而造成认知活动的持续障碍以及整个心理活动的障碍。严重智力障碍的学生常常在运动技能、生活自理、言语语言等方面存在严重落后,需要通过个训的方式提高他们整体的生活适应能力。因此,也常常是当前特殊学校开展个训的对象,其个训的主要内容一般是以认知训练、言语语言训练为主。若是学生存在运动技能发展受到严重限制的情况,也需对其开展运动技能个训,同时还需进行生活自理能力的训练。

二、培智学校个训的主要内容

培智学校应开展哪些内容的个训,可以参考国家及地方教育行政部门有关的政策文件规定。根据教育部《培智学校义务教育康复训练课程标准》的规定,目前培智学校开展康复训练的主要领域包括运动训练、感知觉训练、沟通与交往训练、情绪与行为训练等。另外,《上海市辅读学校九年义务教育课程方案(2009)》中规定,补偿性课程包括感知运动训练、言语沟通训练、行为训练这三门课程。从上述规定来看,其具体内容有相似性。根据之前对培智学校个训主要对象的分析,上述内容也符合培智学校中需要个训的学生的需求。除此之外,在实际工作中,培智学校教师还会在个训中纳入认知训练、心理辅导等内容,以满足特定学生的特殊教育需要。下面从感知运动训练、言语沟通训练、认知训练、心理辅导与行为干预几个角度对个训内容进行详细介绍。

(一) 感知运动训练

按照《上海市辅读学校感知运动训练课程指南(征求意见稿)》,感知运动训练的目标主要是补偿辅读学校学生在感知觉、动作、平衡协调等方面存在的不足与障碍,通过系统的感知、动作、感觉统合等方面的训练,有效刺激学生中枢神经系统,部分修复或补偿脑的机能,提高学生感觉的敏锐性与准确性,增强动作的协调性与正确性,为他们的生活和学习奠定基础。通常可以包括感知训练、动作训练以及感觉统合训练。

1. 感知训练

感知训练主要是对学生的视觉、听觉、触觉、嗅觉、味觉、前庭觉、本体感觉等感觉能力进行训练,以提高他们对外部环境刺激的感受能力,增加感知的敏锐性和准确性,从而对环境的改变能做出适当的反应。《培智学校义务教育康复训练课程标准》中将感知觉训练的目标确定为:提升视觉、听觉、触觉、味觉、嗅觉、前庭与本体觉以及综合运用的能力,以满足学生日常生活及学习活动中对不同信息接收、处理、运用等方面的需求。可见,在个训中,感知觉训练是最基础的一项个训内容。

根据《上海市辅读学校感知运动训练课程指南(征求意见稿)》的要求,感知训练的目标是:

(1) 能集中视线,运用视觉追踪目标、辨别不同事物、记忆事物。

(2) 能注意聆听,运用听觉来辨别不同的声音、辨认不同事物。

(3) 识别不同的触觉感受,能运用触觉分辨物体的外形、质地等。

(4) 识别不同的味道,能分辨食物的特征。

(5) 识别不同的气味,能凭嗅觉分辨物体。

(6) 识别自己身体的部位,学会分辨身体上不同的感觉。

(7) 识别自己身体与空间的相对位置,学会分辨自身的方位并做出适当的反应。

《培智学校义务教育康复训练课程标准》对视觉、听觉、触觉、味觉、嗅觉、前庭与本体觉六项训练内容进行了具体规定。具体见表5-2。

表5-2 感知觉训练内容

1 视觉
1.1 能对各种视觉刺激有反应
1.2 能追视眼前移动的人或物品
1.3 能辨别不同物品
1.4 能利用视觉完成简单的动作模仿
1.5 能察觉到人或物品从原来的位置消失
1.6 能察觉部分被遮挡的物品
1.7 能感知不同方位的人或物品

续表

2　听觉	
2.1	能对各种听觉刺激有反应
2.2	能追踪声源
2.3	能辨别不同声音
2.4	能对相同的声音再次出现时做出相似的反应
3　触觉	
3.1	能对各种触觉刺激有反应
3.2	能辨别物品的形状、大小、软硬、干湿等
3.3	能分辨出刚刚触摸过的物品
4　味觉	
4.1	能对各种味觉刺激有反应
4.2	能辨别酸、甜、苦、辣等味道
4.3	能分辨出刚刚品尝过的食物
5　嗅觉	
5.1	能对各种嗅觉刺激有反应
5.2	能辨别各种气味
5.3	能分辨出刚刚闻过的气味
6　前庭与本体觉	
6.1	在不同状态能感知身体各部的位置
6.2	在运动或受到外力作用时,能保持身体平稳
6.3	在活动中能维持身体协调

2. 动作训练

动作训练又可称运动训练,是通过运用各种刺激与康复器材对学生的动作或者运动能力等进行科学、系统的训练,增强动作的精确性和协调性。包括对学生的粗大、精细动作的技能进行训练。根据《上海市辅读学校感知运动训练课程指南(征求意见稿)》的要求,动作训练的领域目标是:

(1) 能灵活地转动头部,并保持身体平衡。

(2) 在躺卧时能灵活、协调地运动双腿、双臂和双手。

(3) 能灵活、协调地翻滚和爬行。

(4) 在坐以及变换坐姿时保持身体的平衡。

(5) 能站立、行走、上下楼梯、跑步和跳跃,并保持身体各部位协调和平衡。

(6) 学习攀爬和骑车,在器械上保持全身协调和平衡。

(7) 能灵活地运用手指控制物体,能手眼协调地操作物体。

(8) 能灵活地运动手腕、前臂等上肢部位。

(9) 能灵活地运动脚踝、脚趾。

《培智学校义务教育康复训练课程标准》则从粗大动作训练、精细动作训练两个角度对训练内容进行了具体的规定。其中粗大动作训练包括姿势控制、移动、平衡与协调三个部分,精细动作训练则分为手部动作、手眼协调、握笔写画、使用工具四个部分。

表 5-3 动作训练内容

粗大动作训练
1 姿势控制
1.1 坐位、立位下能维持头颈部直立
1.2 在地面或座椅上能维持坐位
1.3 俯趴*、爬、跪坐或立位下能维持手部支撑
1.4 能维持双膝跪位或单膝跪位
1.5 能维持立位
1.6 能维持蹲位
2 移动
2.1 坐位、立位或俯趴下能完成头部活动
2.2 侧卧位、仰卧位或俯卧位下能翻身
2.3 能从侧卧位、仰卧位或俯卧位转换至坐位
2.4 能腹爬、四点爬
2.5 能通过跪位移动
2.6 能进行姿势的转换,如:由跪坐位到立位、由蹲位到立位等
2.7 能行走
2.8 能快走,为跑步做准备
2.9 能上下楼梯
2.10 能双脚跳或单脚跳
3 平衡与协调
3.1 能在仰卧位进行活动
3.2 能在俯卧位双上肢支撑下进行活动
3.3 能在四点跪位进行活动
3.4 能在坐位进行活动
3.5 能在跪立位进行活动
3.6 能在立位进行活动

精细动作训练
1 手部动作
1.1 能伸手朝向要取的物品
1.2 能完成指点、抓握、拿取、摆放、摇晃、敲击、按压、推拉、揭开、扭转等基本动作
1.3 能双手配合完成拍手、双手捧、传递等手部动作
2 手眼协调
2.1 能完成叠积木等活动
2.2 能完成串珠、插棒等活动
2.3 能将拼图对准并放在准确的位置
3 握笔与画
3.1 能用前三指握笔涂鸦
3.2 能在一定范围内涂色
3.3 能模仿画线条及简单图形

续表

4 使用工具
4.1 能使用瓢、勺类工具舀(倒)物品
4.2 能使用粘贴类工具粘贴物品
4.3 能使用夹子夹取物品
4.4 能使用印章等工具印画
4.5 能开合剪刀剪纸

＊注：俯趴是指俯卧位下双上肢支撑

3. 感觉统合训练

感觉统合是指脑对个体从视、听、触、嗅、前庭等不同感觉通路输入的感觉信息进行选择、解释、联系和统一的神经心理过程，是个体进行日常生活、学习和工作的基础。[1][2] 感觉统合这一术语最早来源于美国南加利福尼亚州大学临床心理学博士爱尔丝(Anna Jean Ayres)于1969年首先系统提出的感觉统合理论。爱尔丝博士认为感觉统合是指将人体器官各部分感觉信息输入组合起来，经大脑统合作用，完成对身体内外知觉做出正确反应。个体只有经过感觉统合，神经系统的不同部分才能协调整体工作，使个体与环境顺利接触。[3] 因此，感觉统合训练的目标主要是通过训练让学生能够组织与整合来自各个感觉通道的信息，提高其自我控制与整体协调能力，并增强注意力。这一训练方法的关键是需要同时给予儿童视、听、嗅、前庭、肌肉、关节、皮肤触摸等多种刺激，并要求将这些刺激与运动相结合，主要包括前庭(重力与运动)、本体感觉(肌肉与感觉)及触觉等项目的训练。这一训练主要针对存在感觉统合失调的学生。

表 5-4 感觉统合失调的核心特征

感觉统合失调的核心特征主要有三个方面：前庭功能异常、触觉防御异常和本体感觉功能异常。
1. 前庭功能异常
前庭功能异常的学生常常表现出：对身体失衡特别敏感，动作僵硬笨拙、不敢荡秋千、不敢走平衡木等；或者喜欢旋转或者绕圈奔跑，喜欢看、玩转动的东西，经常喜欢爬高，边走边跳等，走路东倒西歪，经常碰撞东西等。
2. 触觉防御异常
触觉防御异常可表现为：触觉过于敏感，害怕身体接触；或者对触觉刺激反应迟钝，喜欢吮吸手指、咬指甲，对某种感觉特别喜爱，甚至会出现揪头发、咬手指、触摸生殖器、头撞墙壁等严重行为。

---

[1] 汤盛钦. 特殊儿童康复与训练[M]. 大连：辽宁师范大学出版社，2005.：128.
[2] 王和平. 特殊儿童的感觉统合训练[M]. 第二版. 北京：北京大学出版社，2019：2.
[3] 高丽芷. 感觉统合(上篇)：发现大脑[M]. 南京：南京师范大学出版社，2008：24.

续表

> 3. 本体感觉功能异常
> 本体感觉功能异常可表现在对身体形象辨别上存在困难,不能准确感知、指认身体各部位的躯体动作,动作方向、力度、幅度、速度控制不好等,比如,喜欢他人用力推、挤、压,手脚喜欢用力挥动或用力做某些动作,动作模仿不到位,常望着手脚不知所措,坐姿不够稳定,坐时会东倒西歪。力度控制较差,常会因太用力而损坏玩具或因力度太小抓不住东西。速度控制较差,跑起来难以按指示停止。对蹦跳的要求高,喜欢摔跌自己的身体,喜踮脚走。

根据《上海市辅读学校感知运动训练课程指南(征求意见稿)》的要求,感觉统合训练的领域目标是:

(1) 能集中注意力,情绪稳定地完成各项训练。

(2) 能统合各种感觉信息,保持平衡,提高双侧协调、空间感觉的能力。

(二) 言语沟通训练

言语沟通能力是个体参与人际交往必备的基础能力。特殊学校学生常常因为各种原因导致言语沟通能力方面存在发展迟滞,严重障碍的学生甚至完全无语言,需要借助其他非言语的沟通形式才能参与人际交往。这一训练的目标是通过训练补偿学生的言语沟通障碍,促进学生言语与沟通能力的提升,为其学业发展、社会交流奠定基础。

根据《培智学校义务教育康复训练课程标准》中的规定,沟通与交往训练包括言语准备、前沟通技能、非语言沟通、口语沟通四个部分。具体见表5-5。

表5-5 沟通与交往训练内容

1	言语准备
1.1	在说话时能恰当呼吸
1.2	能发出不同的声音,如:哭、笑声等
1.3	能辨别语音
1.4	能正确发出简单语音
2	前沟通技能
2.1	能有与人沟通的动机
2.2	能发现身边出现的人、物品及事件
2.3	两人互动时能关注对方
2.4	能关注多人互动的焦点并转移注意力
2.5	能根据沟通情境的变化做出相应反应
3	非语言沟通
3.1	能与他人有意识地保持目光接触
3.2	能对他人沟通信息有恰当的响应
3.3	能用表情、动作或沟通辅具等与他人有基本的沟通

续表

3.4　能用表情、动作或沟通辅具等表达自己的情绪
3.5　能用表情、动作或沟通辅具等简单描述事件
4　口语沟通
4.1　能理解语音的含义
4.2　能听懂常用词语和词组
4.3　能听懂日常沟通中的简单句
4.4　能听懂日常沟通中两个以上的指令
4.5　能用声音、简单词语进行表达
4.6　能用常用词语和词组表达需求、拒绝、情绪和描述事件
4.7　能用常用句表达需求、拒绝、情绪和描述事件
4.8　能使用两个以上句子表达需求、拒绝、情绪和描述事件

言语沟通训练的内容也可从这几个角度划分:发音生理功能训练、辨音与构音训练、口语词训练、语法与语义训练(主要为句法与句义训练)、语用训练及会话技能训练。概括来说,就是对言语沟通障碍学生进行语音、用词用句、会话技能等训练,以提高其整体的言语沟通能力。根据《上海市辅读学校言语沟通训练课程指南(征求意见稿)》的要求,言语沟通训练的总体目标是:

(1) 具有与人沟通的意愿。

(2) 养成良好的倾听习惯。

(3) 掌握基本的聆听技巧,并能听懂与其生活、工作紧密相关的内容。

(4) 矫正构音缺陷。

(5) 理解生活中的常用口语词。

(6) 掌握常用句式,准确理解和使用特殊句。

(7) 理解常见的交际环境,遵守基本的交际规则。

(8) 尊重交际对象,礼貌沟通。

(9) 掌握基本的会话技巧。

(10) 掌握常用的交际策略。

1. 发音生理功能训练

发音生理功能训练就是对发音器官的功能进行训练,包括呼吸、发声以及构音等功能的训练。儿童能够正常地发音、构音,与其生理器官的成熟以及功能完善有密切关系,发音器官一般包括呼吸器官、振动器官、共鸣器官和构音器官四部分。正常的构音是气流由胸腔出来,通过声带的振动之后,经由唇、舌、牙齿、上腭、咽喉等的阻断、摩擦,然后发出语音。这一过程的任何一个环节发生问题都有可能导致发音的改变,造成构音的错误。开展发音生理功能的训练要以对发音生理器官的检查结果为依据,检查的主要内容包括:口咽部位的反射检查、呼吸功能检查、唇功能检查、下颌功能检查以及舌运动功能检查。根据《上海市辅读学校言语沟通训练课程指南(征求意见稿)》的要求,发音生理功能训练的目标是:

(1) 能保持听话与说话时呼吸的自然转换。

(2) 能控制唇运动的方向和速度。

(3) 能控制舌运动的方向和速度。

(4) 能保持唇、舌、腭协同运动。

(5) 能保持正确的鼻腔、口腔共鸣。

(6) 发声自然。

(7) 能控制不同的声音响度。

2. 辨音与构音训练

辨音与构音训练可包括辨音训练和构音训练两部分。辨音训练的目标就是要加强学生的听觉辨别能力,特别是语音辨别的能力。培智学校的学生常常存在构音方面的问题,这可能与他们在辨别语音的细微差别方面存在困难有关,因此,在训练时可以通过让他们辨别别人发出的目标语音与其他语音之间的差别来区分正确音与错误音,然后逐渐学会判断自己的音是否发得正确。构音训练也可称作语音训练,其目标是通过训练让学生能够从不能正确地发出某个音到能发出大致相似的音,再到完全自然正确地发出。当然,对于中重度障碍的特殊学生来说,要让他们发出完全正确的语音是很困难的,虽然语音的清晰性与其可懂度紧密相关,但对于这一类特殊学生来说,更强调的是语音的可懂度,而非清晰性,即以学生发出的音能否起到沟通的目的为要。构音训练可以利用各种工具和材料,比如图片命名、图片句子完形填空、单词朗读、句子朗读等。目前有不少厂家研发了用于言语语言训练的设备,这些设备通常提供了大量的图片、词语或者句子用于训练,教师在开展特殊学生构音训练时也可借助这些设备。根据《上海市辅读学校言语沟通训练课程指南(征求意见稿)》的要求,辨音与构音训练的目标是:

(1) 能听辨声母、韵母、四声。

(2) 能听辨不同的音节。

(3) 能发准声母、韵母、四声。

(4) 发单音节或双音节词构音基本正确。

(5) 在语流中绝大部分音节构音正确。

3. 口语词训练

口语词训练的目标是帮助学生理解并能说出常用的一些口语。因此,训练的内容主要有两方面,一是理解常用口语词的含义,二是使用生活中的这些常用口语词。训练时,教师可以结合常用口语词的语境帮助学生理解,可以通过呈现图片、绘本故事,或者编写社会故事,制作视频,来呈现这些常用口语词的使用语境,让学生在理解语境的同时理解口语词的含义,从而为使用打下基础。当学生理解并能说出这些口语词之后,教师可以采取对话练习、角色扮演、模拟情境等方式进行口语词的训练。根据《上海市辅读学校言语沟通训练课程指南(征求意见稿)》的要求,口语词训练的目标是:

(1) 能结合语境理解常用口语词的含义。

(2) 会准确使用生活中的常用口语词。

(3) 能根据语境或说话人的语气、语调分辨语意。

(4) 结合语境理解常用的警示语、简称等。

4. 语法与语义训练

语法与语义训练的目标是帮助学生理解词汇与句子的含义,掌握一定的句法与语法。因此,训练的内容主要包括词汇、句子理解训练和词汇、句子表达训练,也可说是词汇训练和句子训练两部分。

词汇训练通常从常用的日常词汇开始,如常用的物品与玩具名称、日常活动名称,然后逐渐导入动词、形容词、副词、疑问词等其他词类的训练。儿童最早使用的形容词一般为描述物体特征的形容词,比如描写物体颜色的词,然后可以是描述身体感觉的一些词语,如甜、咸、苦、辣、烫、冷、痛等,也可以对空间维度的形容词进行训练,如大小、长短、高低等,以及对身体部位名称的训练。当学生的词汇增加之后,可以开始词组和短句训练。对学生进行句子训练,即开始句法或者语法的训练,可以通过让学生按照要求选择词汇组成句子,如按照人名、动词、事情将词语连接成句子,或者用特定的句式描述图片等方式,让学生掌握特定的句法结构,然后可以逐渐在句子中增加一些名词或者动词的修饰语,如增加形容词或者副词等,提高句子结构的复杂程度。根据《上海市辅读学校言语沟通训练课程指南(征求意见稿)》的要求,语法与语义训练的具体目标是:

(1) 能用无修饰语的简单句说明或描述事物。

(2) 会恰当地使用修饰语。

(3) 结合语境正确理解和运用"把"字句、"比"字句、被动句、连动句、兼语句和倒装句等。

（4）能结合语境理解并使用表示并列、因果、选择、承接、条件、转折等关系的复句。

（5）能理解和使用表示肯定、否定、不确定等语气的句子。

（6）能理解和使用表示时间、方位、比较等范畴的句子。

（7）能理解和使用句式不同意义相同或句式相同意义不同的句子。

（8）能理解停顿、重音表示的情感意义。

（9）说话时语调正确。

5. **语用训练**

语用涉及的内容主要有两个方面，即对具体语境中的话语的理解以及在特定语境中使用语言。所谓语用能力，就是指个体在不同情景中正确、得体地使用语言进行交流的能力。智障儿童、自闭症儿童常常在语用方面尤其是非言语沟通方式如何与口语相协调以达到沟通的目的方面，存在一定的困难。对特殊学校学生的语用训练重点就是让学生通过观察说话者的面部表情、身体姿势动作等非言语的沟通方式，结合口语理解对方话语的意思，并能采用恰当的非言语沟通方式，在具体语境中正确地表达自己的意图，并做到有礼貌。根据《上海市辅读学校言语沟通训练课程指南（征求意见稿）》的要求，语用训练的具体目标是：

（1）能听懂和使用常用的问候语和寒暄语。

（2）掌握沟通的基本礼貌。

（3）能借助语境信息理解"言外之意"。

（4）能用恰当的言语、行为与生活中密切相关的人沟通。

（5）沟通时语言简练、情绪放松。

（6）能根据说话场景和表达需要调整音量、语速。

（7）对话时能提供适量的信息，并保持与表达内容语义相关。

（8）能意识并修正错误的言语行为。

（9）能把握沟通的主要内容。

（10）会用语言、表情、动作、手势等多种方式沟通。

6. **会话技能训练**

会话技能训练就是开展语言交流的训练，其训练的内容通常是要求学生根据具体情境、沟通的意图选择合适的语言，比如，与人打招呼、唤人注意、表示感谢、道歉、提出要求、批评、抗议等，也可以根据具体的社交需求就某一沟通进行训练，比如开启话题、继续话题、转换话题或者结束话题。这一训练通常要求教师根据学生的日常沟通状况，选择适合学生发展水平的日常沟通主题进行训练。训练时，教师需要设置日常沟通场景，将学生引导到沟通场合中去，通过对话练习、角色扮演以及实际情境中的演练等方式让学生掌握具体的语言应用技能。根据《上海市辅读学校言语沟通训练课程指南(征求意见稿)》的要求,会话技能训练的具体目标是:

(1) 倾听中不随意插话、走动、做小动作。

(2) 能记住所听话语中的关键词句、数据和观点等重要信息。

(3) 能听懂常用的生活用语、教育用语和教学用语。

(4) 能听懂与其生活密切相关的话题。

(5) 能用言语或非言语回应他人的提问。

(6) 有疑问会提问。

(7) 能在日常生活中表达需求。

(8) 能描述或说明所观察到或所听到的事物。

(9) 能讲述事件发生的大致过程和事件中的人物。

(10) 能根据要点进行转述。

(11) 能表达自己的感受或说清楚自己的想法。

(12) 能用电话与人交谈。

(三) 认知训练

培智学校以及一部分聋校、盲校学生存在程度不同的智力障碍,通过认知训练以提高他们的思维能力水平,最终提高学生的生活适应能力,是特殊学校开展认知领域的个训的最终目标。认知和语言是儿童发展过程中最重要的两个领域,而且语言的发展往往要建立在认知发展的基础上,儿童的认知能力是语言获得的先决条件,尤其对于严重智力障碍的学生来说,要发展他们的语言,首先要从认知训练开始。

从心理学的认知加工理论来讲,认知能力是指人脑加工、储存和提取信息的能力,智力障碍的儿童在注意力、观察力、记忆力、推理及元认知等方面都存在一定程度的落后。因此,认知训练的内容常常包括注意力训练、认知概念训练、记忆力训练、排序训练以及元认知训练等。

1. 注意力训练

注意是心理活动对一定对象的指向和集中,是伴随着感知觉、记忆、思维、想象等心理过程的一种共同的心理特征。注意力缺陷会影响到儿童所有的心理活动过程,而智力障碍学生常常存在注意力缺陷,因此,注意力训练是智力障碍学生认知训练中的一项基本内容。

注意有两个基本特征:一是指向性,是指心理活动有选择地反映一些现象而离开其余对象。二是集中性,是指心理活动停留在被选择对象上的强度或紧张度。指向性表现为对出现在同一时间的许多刺激的选择;集中性则表现为对干扰刺激的抑制。培智学校学生可能在将心理活动指向特定的事物方面存在特殊的困难,比如自闭症儿童,他们常常在共同注意方面存在缺陷,无法通过协调眼神和动作来与他人分享有趣的事物和体验,与他人共同对某一对象或事物加以注意,以致影响到所有需要学习的领域,对他们开展共同注意训练通常是自闭症儿童个训的重要内容,也是开展其他训练的基础。

注意力的品质主要体现在四个维度上,即注意的稳定性、广度、分配和转移。注意力缺陷的儿童最明显的问题表现在注意的稳定性上,即难以较长时间地专注于某个任务。注意力训练的一项重要内容就是通过训练提高学生的注意稳定性,其目标就是延长他们专注于所要完成的任务上的时间。注意的广度就是注意的范围,是指同一时间内能清楚地把握的对象的数量,这涉及学生知觉事物对象的特点以及所要完成的任务和学生以往的经验,注意广度的训练常常可以与记忆训练结合在一起,通过快速呈现、撤销一些物体或者图片,让儿童回答之前所看到或者听到的内容,来对其注意和记忆广度进行训练。注意的分配是指同一时间内将注意指向于不同的对象,这要求学生在同一时间内能够运用不同感觉通道参与活动过程中,比如同时听和看、听和写,前者需要同时运用听觉和视觉,后者则要求听觉、视觉和动觉的参与。在训练过程中,教师可以设计学生需要运用多个感觉通道完成的任务来训练他们的注意分配能力,比如一边走一边听等。注意的转移是指注意的中心根据新的任务,主动地从一个对象或活动转移到另一个对象或活动上去。一些特殊学生比如自闭症儿童可能难以有序地或者按照要求进行注意转移,常常在教师要求从前一个学习任务转到下一个学习任务时出现困难。对于这一类学生,教师需要针对他们的注意转移困难对这一任务转衔过程进行解构,通过设计特殊的指导语、提供提示等方式让他们快速地结束前一个任务,并为下一个任务开始做好准备。

2. 认知概念训练

儿童认知能力的发展,离不开与其周围环境的接触。在成长过程中,儿童会在其所生活的环境中接触到丰富的刺激物,并在这一过程中形成对外部世界的认知。因此,对智力障碍儿童的认知训练也多从接触生活中的各类物品开始,包括日常生活物品、玩具等,当他们知道这些物品、玩具等的名称、用法或者玩法时,他们便开始形成各种概念。教师可以通过让学生完成物品配对、图物配对、物品分类等任务开展认知概念的训练。在这些任务中,学生可以对各种材料进行比较、抽象和概括,比如按照事物的某一外部特征(如颜色、形状)进行配对、分类,按照食物、动物、交通工具等上位概念进行分类,按照水果、蔬菜等下位概念进行分类,根据事物之间的关系进行分类等,从而为形成概念打下基础。

认知概念训练还包括图形认知训练、数字认知训练等,图形认知训练主要是以实物、图片、玩具等材料让学生辨别、认识物体外形或者几何图形,拼搭图形或者进行图形推理,帮助他们形成图形概念,并初步发展空间知觉和空间想象能力,数字认知训练则包括认识数字、唱数、点数、按数取物、说出物体总数、进行四则运算等,帮助学生发展数概念,掌握一定的计算技能。

3. 记忆力训练

智力障碍学生在记忆方面表现出的一个明显特征就是容易遗忘,通过记忆力训练可以帮助他们养成记忆的良好习惯,掌握一定的帮助记忆的方法。记忆力训练可包括视觉记忆训练和听觉记忆训练两方面。视觉记忆训练通常训练的是学生对提供的视觉信息的记忆能力,比如,让学生记住教师提供的实物、图片内容,记住物体放置的位置等;听觉记忆训练则是通过让儿童记住所听到的声音、词语、句子等,比如让学生按照简单或者复杂的多个指令进行动作,来提高他们的听觉记忆能力。

4. 排序训练

排序训练是通过让学生按照事物的某一维度和顺序安排物体和事件,发展他们的逻辑推理能力,可以包括:按照物体的特征(如大小、高矮、粗细、轻重、颜色深浅等)进行排序,从大到小(从小到大)、从高到矮(从矮到高)、从粗到细(从细到粗)等;按人类、动物、植物等典型生长顺序排列,从婴儿到老人,从新生动物到成年动物,从种子开花到结果等;按时间顺序排列,如昨天、今天、明天、早晨、上午、中午、下午、晚上等;按事物发生发展的先后顺序排列,如可让学生按故事情节的发展排列图片顺序,或者按照顺序说出图片内容并编写故事,这一训练内容可跟语言训练结合在一起,以整体提高学生运用语言进行分析、解决问题的能力。

5. 元认知训练

元认知,又称反省认知等,是指个体对自己的认知过程的认知。学习者可以通过元认知来了解、检验、评估和调整自己的认知活动。智力障碍学生、自闭症学生常常在元认知方面存在缺陷,他们常常难以对自己正在完成的认知活动有自我意识,也难以根据认知活动的目标对自己的行为进行认知调节。元认知表现在具体认知活动中,主要有三方面的内容,即计划、监控以及调节,因此,元认知训练的主要内容有:根据具体的活动目标制订计划,比如,根据春游这一活动目标对自己要准备的物品进行计划;对活动过程中自己的行为表现进行监控,比如,根据活动之前制定的行为表现评价表,对自己的行为表现进行观察、评价;根据评价结果对自己的行为表现进行调节。

对于智力障碍或者自闭症等障碍学生来说,元认知训练的难度较高,教师通常需要通过大量提示等帮助学生发展对认知活动的自我意识、管理、调节能力。

(四) 心理辅导与行为干预

除了之前介绍的内容之外,培智学校的个训还可包括问题行为干预、心理辅导等内容。一些学生可能会表现出严重的情绪与行为问题,而教师通常很难采用常规的教育方法来帮助他们改变,这就需要个训教师对他们的问题行为或者情绪行为问题进行评估,并基于评估结果设计干预计划开展训练。

《培智学校义务教育康复训练课程标准》直接将情绪与行为训练纳入康复训练课程中,并从情绪识别、情绪表达、情绪理解、情绪调节、行为管理五个部分对具体内容进行了规定。具体如表5-6所示。

表 5-6　情绪与行为训练内容

1	情绪识别
1.1	能从面部表情、言语、动作等识别高兴或不高兴的情绪
1.2	能从面部表情、言语、动作等识别其他简单的情绪
2	情绪表达
2.1	能以面部表情、言语、动作等适当表达自己的情绪
2.2	能在不同情境下适当表达自己的情绪
3	情绪理解
3.1	能辨别不同情境并理解自己的情绪
3.2	能辨别不同情境并理解他人的情绪
4	情绪调节
4.1	能用安全、不干扰他人的方式调控自己的情绪
4.2	能用寻求帮助的方式调节自己的情绪
5	行为管理
5.1	能用适当行为获取他人注意
5.2	能用适当行为选择喜欢的物品或活动
5.3	能用适当行为逃避不喜欢的物品或活动
5.4	能用适当行为获取感官刺激

对于表现出严重情绪问题的特殊学生,目前特殊学校教师会采用沙盘疗法、音乐治疗、绘画治疗、游戏治疗等方式让学生学会通过恰当的途径与方法发泄不良情绪,并能对自己的不良情绪进行控制、管理和调节。

对问题行为的干预,通常需要教师对学生问题行为的严重程度以及功能(即目的、原因)进行评估,并根据问题行为功能评估的结果开展干预。干预通常更着重于对学生良好行为的训练,通过对学生适应情境的良好行为的训练,不仅可减少或消除其问题行为,同时也促使其整体行为能力提高,最终提高其社会生活适应能力,此部分内容可进一步参考《上海市辅读学校行为训练课程指南》。

　　总之,由于学生障碍类型的多样性以及障碍程度的严重性,特殊学校需要通过个案以及个训的工作模式去满足他们的特殊教育需求,而此部分工作对教师的专业化技能提出了更高的要求,教师需要根据学生的具体情况开展评估,并制订和实施干预训练计划。在这一过程中,还需要教师能够与各方专业人员、家长等进行沟通协调,以形成教育合力,促进学生更好地发展。

第六章　班主任工作

班主任作为教师队伍中一个比较特殊的群体,承担着对整个班级的学生全面负责的重任。班主任是班集体的组织者、教育者、协调者,是学生身心健康发展的辅导员。他们既要面对学生个体,又要面对学生集体开展教育教学活动。因而,班主任的工作比一般任课教师更全面、具体、细致,在思想、学习、生活等方面对学生的影响也最直接。班主任的工作对象除了学生外,还包括其他任课教师、学生家长,以及相关的社会力量,是沟通家庭、学校、社会的联络员,是学校全面实施教育教学计划的得力助手。相对于一般任课教师而言,社会、学校、家长、学生对班主任有着特殊的要求。班主任工作的特殊性,就是要把不同任课教师的影响力整合,形成教师集体的影响力,进而培养班集体,塑造学生的完整人格。班主任工作的意义和价值在于充分发挥班集体对学生生命成长的影响力。在班集体的建设和发展过程中,学生和班主任共同得到成长。

第一节　班主任工作常规

班主任基本的工作任务概括起来包括两方面内容:一是带好班级,即培养团结向上的集体;二是教好学生,即促进每个学生健康发展。因此,班主任的工作常规主要包括学生档案建立、班级日常管理、班规制定等工作。

一、学生档案建立

班主任建立学生档案,是指导学生健康发展、有的放矢地实施教育的有效举措之一,也是连接学校、教师和家长的重要方式。建立学生档案,记录学生成长的足迹,既可以帮助班主任用发展的眼光看待学生、评价学生,也可以让家长用发展的眼光看待自己孩子的成长。

(一)学生档案的内容

学生档案是班主任在学生管理活动中形成的,用来记录和反映学生个人经历、学习及各项能力发展的情况,以学生个人为单位集中保存起来以备查考的文字、表格及其他各种形式的历史记录。

学生档案的主要内容有:家庭情况调查表、学生登记表、学生学籍管理表、体格检查表、学生社会实践活动登记表、学生评语表、记录在校期间所学的各项能力发展的评估表格等。

对于特殊学生而言,班主任建立的学生档案中还可有学生的孕育史、出生史、疾病史、家族遗传史、障碍诊断时间和结果、智商测定结果,以及学生的饮食禁忌、喜好、学习经历、家庭一般信息(包括父母的教育程度、职业、生育年龄、生育该名学生的年龄)等内容,若学生父母也有某种障碍,则还需加上他们的障碍信息。若学生使用某些辅具,如助听设备、助视器、轮椅等,也需在档案中注明。

学生档案是学校了解学生情况的基本档案材料。学生档案对班主任工作而言意义重大。要做好班级管理,班主任首先要深入了解学生的生活、家庭及其各项能力状况,掌握学生的全面情况,建立学生档案,以便减少班主任工作的主观性、随意性和盲目性。

（二）学生档案的建立

首先,要建立健全学生学籍档案。自新生入校第一天,班主任就应开始学籍档案的建设,请学生家长填写学生登记表,若之前学生在另一学校就读,班主任可将新填写的学生登记表与原学校转入的学生登记表一起装入学生档案。随着学生学习生活的不断深入,学籍档案也应不断充实,如学生学业成绩登记表、学生各项能力发展评估表、学生学年评语表、学生在校期间所取得的荣誉等档案材料,应该全部装入学生学籍档案,直至学生完成学业。

其次,建立学生户籍档案。居民身份证、户籍证明或户口迁移证是学生的翔实、准确、可靠的档案材料,通过它们建立起来的学生户籍档案客观、真实,可以弥补学生中可能存在的因人为因素造成的户籍档案失真等缺失。

最后,建立学生个人信息档案。特殊学生不同于普通学生,建立起关于特殊学生的病史、障碍诊断、饮食禁忌、智商测定、学习经历、康复干预经历等详细资料的信息档案,便于教师熟悉和了解学生,开展针对性的教育工作。同时,随着时间的推移,不断增补学生的个人发展信息,可以较全面地反映学生的发展。

（三）学生档案的作用

建立健全学生档案在学生档案的管理中仅是基础和前提,只有注重利用学生档案,才能让其在学生管理工作中充分发挥应有的作用。

首先,通过查阅学生档案,能够了解学生的基本情况。如学生姓名、年龄、家庭主要成员及其所从事的职业,以及学生本人的成长经历。依据这些材料,班主任可以了解学生的障碍信息,掌握学生的成长环境及其所受到的影响,有利于做好学生管理工作,提高工作效率。

其次,学生档案是对学生评价的基本依据。学生的学业成绩、平时表现,都是学生档案的重要内容,这些档案材料能较为准确地反映出学生在校学习期间各方面的发展情况。

最后,学生档案是社会了解学生的重要依据。因为,学生档案记载着学生在校学习期间的方方面面,每一项档案材料都能在一定程度上反映出学生的优缺点。

建立学生档案是班主任进行科学化、系统化和规范化管理的重要保证。注重学生档案的建设,并让学生档案在实际工作中充分发挥应有的作用,是班主任工作的重要内容之一。班主任应努力做好这项工作,让学生档案在实际工作中发挥更大的作用。

二、班级日常管理

班级日常管理是班主任工作的重要内容。作为班主任,必须做好这项工作,因为对学生的管理首先从班级日常管理开始,对学生的教育也更多地落实在班级日常管理之中。

班级日常管理主要包括班级教学常规管理、班级行为常规管理、班级总结评比、偶发事件处理等。

(一)班级教学常规管理

班主任对建立稳定、正常的教学秩序负有主要责任。班主任应加强班级日常管理,把抓好学生的学习作为工作的中心任务。班级教学常规管理主要包括:安排学生的座位、建立正常的教学秩序、抓好考试纪律等。其中最重要的是建立正常的教学秩序。

建立正常的教学秩序,包括指导学生做好课前预习、抓好课堂纪律、复习巩固所学知识、有效地完成各项作业等。这其中最关键的是加强课堂管理,因为课堂是进行教育教学活动的主要场所。特殊学校尤其是培智学校的班主任,在此方面承担的责任更加重要。班主任需要通过各种活动促进学生养成遵守课堂规则的行为习惯。最基本的课堂规则包括:① 上课预备铃响后,学生应立即有秩序地进入教室,做好上课准备。② 保持教室安静,遵守课堂的教学秩序。③ 任课教师进入教室后,全体学生起立,待教师还礼后坐下,学生回答教师问题时应起立。④ 上课不迟到、不早退,迟到时应在教室外报告,获得教师允许后方可进入教室。⑤ 上课认真听讲。

(二)班级行为常规管理

班级行为常规管理包括:考勤、请假制度、升旗、校服、课间行为、广播操、爱护公物、学生卫生保健、学生值周等内容。

班级要对学生的出勤情况进行统计,这是加强班级管理、督促学生自觉遵守纪律的重要措施。上课考勤由任课教师负责,其余的考勤由班主任负责。一个学期结束时,要对每个学生全学期的考勤情况进行统计,并将其填写在学生学籍卡和成绩报告单上。特殊学校的学生更可能因为身体疾病、参加医院或者机构的康复训练等原因而缺勤,班主任需对这些情况进行记录。一些家长可能对学校教育不够重视,而导致孩子随意迟到、缺勤等,班主任也需与家长保持紧密沟通,督促家长按时送学生到校。

根据学校的具体情况确定学生值周任务,所谓值周,一般是对全校学生的部分常规情况进行检查。如:① 出勤检查:值周学生代表全班同学向老师问好,检查迟到情况。② 校服检查:对全班同学穿校服情况进行检查。③ 广播操、升旗出勤人数检查。④ 课间、中午的纪律检查。⑤ 其他情况检查。值周学生应对这些检查进行记录,并及时将检查情况反馈给班主任(当天反馈)。班主任应重视学生值周工作,把值周作为班级日常管理与学生自我教育相结合的过程。

卫生保健内容包括:眼保健操,良好的集体卫生与个人卫生习惯的培养,卫生值日工作的安排与督察,常见病的预防,学生身体检查等。班主任督促学生做眼保健操应按时认真,动作到位,保持教室安静;督促学生养成良好的卫生习惯,要求学生每日衣着整洁,讲究个人卫生,保持桌面、课本及个人物品整洁有序;要根据学生情况安排卫生值日表,安排时,最好以周为单位,一个小组值日一周,这样学生就不会忘记;配合校医务室做好相关宣传工作,做好常见病的预防和学生身体检查。

特殊学校的卫生保健内容会有不同于普通学校之处。以值日安排为例,培智学校中一些学生因认知能力和行动能力受限,教师需根据他们的能力安排他们的值日任务。在下面的案例中,由于学生的特殊性,班主任在安排值日工作时尽量细分了工作内容,并根据学生的特点进行分配,通过在卫生值日表中每一个任务下粘贴相应学生的名字,帮助学生记住自己应承担的任务,以促进他们有效参与班级活动。

案例 6-1

制定可视化的"卫生值日表"

智障学生记忆能力差,老师给他们交代的任务,他们可能转瞬即忘,因此,每天值日都需要老师反复提醒,"××是值日生,××要做哪些卫生……"这样老师和学生都很疲劳,并且难以形成常规。针对此情况,我将班级卫生工作划分为:擦白板、倒垃圾、扫地、管理纪律四项,利用每天晨会课时间,分配学生做其中的某项工作。在制定的初期,班主任每天分配值日任务,随着学生对值日制度的日渐熟悉,由班长进行分配(如图:值日表)。

此案例由浙江省宁波市北仑区阳光学校谢安梅提供。

(三) 班级总结评比

班级总结评比包括:学期操行评定,评选优秀学生等。班主任需根据学校要求,对学生的操行进行评定,并推荐优秀学生。

(四) 偶发事件处理

偶发事件是指在教育的过程中遇到的事先难预料、出现频率较低,但必须迅速做出反应的事件。偶发事件的成因有:天灾人祸、外来干扰、人际关系冲突、恶作剧、性格异常、情绪行为障碍等。偶发事件的特点:一是偶然性。事情往往出乎人们的意料之外,出现的频率比常规管理中遇到的问题低得多。二是突发性。这是一种特殊的遭遇,常常和社会上的重大事件、学生家庭的重大变故或学生本人的意外遭遇联系在一起。三是爆炸性。偶发事件一旦发生,就会在班集体和学生个体中造成爆炸性效应。四是紧迫性。发生偶发事件后,要求班主任当机立断,抓住时机，妥善解决。偶发事件因为有其特殊性，往往不能依靠常规的方法解决问题，而需要班主任运用高超的教育机智加以特殊处理。

处理偶发事件应该注意以下三方面。第一，要控制感情，沉着冷静。偶发事件一般都是在学生情绪波动、失去控制的情况下发生的。班主任处理时必须控制感情，做到沉着冷静。第二，要了解情况，掌握分寸。在偶发事件发生之后，班主任要注意调查研究，了解事件发生原因，然后审时度势地采取灵活的教育方式。第三，要依靠集体，尊重学生。班主任要善于依靠集体的力量，运用集体舆论来处理偶发事件，使全班同学从偶发事件中受到教育。

处理偶发事件，对班主任的工作能力是个考验。工作策略可以分为"当前"和"事后"两个阶段。"当前"，即事件刚刚发生，老师赶往现场或就在现场，需要班主任冷静果断。这时候，一般不适宜"深入细致"，往往只要"平息事件，控制事态"，留待以后解决。"事后"，即指正式处理事件、双方做出回应和交代的时候。这强调调查研究，弄清事件真相，然后根据事件性质和情节的轻重做出处理。

在特殊学校中，学生的偶发事件有一部分是突发急病。每当此时，班主任首先要通知学校校医，然后联系家长。校医做好隔离消毒或者跟疾病有关的紧急处置工作，根据家长意愿安排指定医院就诊，或者等待家长自行来校后决定去哪里就医。班主任和校医进行后续跟踪随访，学生病愈返校学习需凭借医院出具的诊断康复证明。学生回校学习后，班主任还需依据规定向学校卫生室报告班级学生身体健康状况，并与其家长保持密切联系。对于有癫痫发作记录的学生，班主任要对其癫痫发作做好准备，做好应急处理以及相应的记录工作。

在特殊学校还有一种偶发事件，就是学生在教师不注意的状态下突然离开班级教室甚至跑离学校。若遇到这样的事件，班主任首先要通知学校学生处和学校领导，然后寻找学生，可以询问同班同学该学生的去向，还可通过查看学校监控，调查学生跑出教室的具体时间和方向，继而寻找学生。找到学生后，班主任首先需检查学生身体是否受伤，向认知能力较好、有表达能力的学生进行询问，了解该学生跑出去的原因，并进行安全教育；对于认知能力差且语言能力弱的学生则主要进行安全教育，避免下次此类行为的再次发生。一般来说，当前学校配备门禁系统，学生不能随意离开学校，但若学生离开了学校，就很有可能引发安全事故。班主任需紧急联络家长，询问学生是否到家。如果学生没有到家，学校必须依靠警察发动人员进行寻找。

三、班规制定

一个集体要维护自己的统一,必须有步调一致的行为准则。我们把以规章制度、公约、纪律等为内容,班级全体成员共同认可并自觉遵守的行为准则称为班级规范,简称班规。一份完整的班规,既有对学生思想、行为的正面引导,也有对教师的要求,涉及学习检查、纪律监督、体育锻炼、清洁卫生、物品维护等各个方面。班级的日常规范有班级公约、一日常规、一周常规、一月常规等内容。

班级公约是全班共同信守的制度,包括文明礼仪、学习常规、考勤常规、卫生执勤等各个方面。班级公约具有权威性,是每一个人自我监督和规范的准则。

一日常规是指根据学校规定和本班的具体情况制定的学生在学校生活的具体要求,具有可操作性。它包括:学生早晨到校的时间、早读的安排、课间的休息、午休的安排、作业的发放等。这些规定十分具体,且操作性强。

一周常规指的是,班主任根据学校值周检查评比的要求,确定本周主要的工作、一周中每天的班级活动,如周一开早会,周二下午开班会,周四下午开展体育或文娱活动等。有时,班主任会在一周即将结束时比如周五进行周总结,对每个学生进行讲评,促进学生良好行为习惯的养成。

一月常规通常指的是班主任在月底根据班规执行情况,对学生的行为表现进行讲评,也可以组织学生综合评比活动,进行月度总结,还要对班级卫生和个人承包情况进行检查,把评比结果记入学生个人的学期总评。

班规融入了班主任特有的教育理念。班主任是班级的主要负责人,班主任会对学生产生全面的教育影响。班主任的教育理论素养、对教育问题的看法,会渗透到所在班级的制度建设中,从而形成自己班级的特色。在同一所学校里,由于各个班级规范不同,就会形成不同的班风。一个班级要形成良好的班风,必须依靠一定的规则来进行调控和维持。在班级中通过订立制度性的规范,赋予班级特定的教育价值,可以对学生的思想观念起导向作用。制定班规时,班主任要考虑学生各方面的能力水平,并采用合适的方式进行表达,包括每一条班规的语言描述,以及班规的呈现方式等。

案例 6-2

制定切合实际的"班规"

我班学生缺少纪律约束,没有规则意识,而遵守规则是自立于社会的基本生存法则,因此,我根据班级情况,着手制定了"班规"(如下图所示)。班规的内容从学生早上进入教室开始,涉及团结同学、尊敬师长、养成卫生习惯,学生在教室和走廊这两个主要活动场所中的行为规范。班规的语言力求简单通俗,明确能做和不能做的事,易于学生理解和遵守。班规张贴于黑板的一角以引起学生的注意。在班规订好的初期,每天早晨,我会带领学生朗读学习班规,并提醒学生遵守。大约两周后,在学生对班规比较熟悉的情况下,对于在一天中不违反班规的学生,予以表扬奖励。

此案例由浙江省宁波市北仑区阳光学校谢安梅提供。

第二节 班集体建设

班集体不是学生的简单集合。班集体的形成应该具备以下条件:有集体成员认同的共同目标;有坚强的领导核心;有良好的班风;有健全的规章制度。班主任建设班集体就得按照班集体形成的条件,通过各种途径和方法,促进班级由松散阶段、散聚阶段,到形成阶段,再到成熟阶段逐级发展,直至成为一个良好的集体。

一、教室环境营造与布置

优美的班级环境有利于陶冶情操,美化心灵。苏联著名教育家苏霍姆林斯基说:"只有创造一个教育人的环境,教育才能收到预期的效果。"教室的布置,是班级文化的重要组成部分。教室里整齐、美观、清洁的布局,会给人赏心悦目之感,从而让学生在课堂上保持饱满的情绪。因此,班主任要有班级经营的理念,要善于营造一个人性化的、温馨的教室环境。

班级环境的布置,是班级文化建设最基本的内容。它不仅体现班级的精神面貌,而且直接影响学生的心理健康。因此,要精心布置每一个空间,使其既温馨舒适,又催人进取。班级环境布置应当体现这样一些原则。首先,班级环境布置要显示班级个性。每个班级要设法使自己的教室具有特色。当然,班级的个性不仅仅表现为外在的标志、文字等,更需要班主任发挥引领作用,发掘内涵,形成真正的个性。其次,班级环境布置要强化学生主体。这要求班主任正视学生的特点,给学生展示自我的机会,实现"让墙壁说话,让环境育人"的目的。再次,班级环境布置要发挥激励作用。班级环境的布置,不仅要给学生以美的感受,更要具有直接的激励作用。

优雅的人文气息,厚重的教室文化,这种潜移默化的影响是不言自明的,甚至往往具有滴水穿石的力量。班主任要营造有利于学生发展的班级文化环境。第一,净化教室。教室的净化是一个班级精神风貌的外在表现,是教室文化建设的基础。教室里应该做到"五无",即地面无杂物、痰迹,墙面无污渍,桌椅无刻印,门窗无积尘,卫生无死角,给人以干净、清爽的感觉。对教室里各种设施的摆放,要提出明确的要求,如小组桌椅的排列既要左右对称,又要前后等距;各小组课桌之间的通道要横平竖直,保持通行顺畅;平台上的电教用具、学生的作业本、学具等要摆放整齐。第二,建立生物角。生物角的作用在于培养学生具有爱心、耐心、恒心。建立生物角,可以使教室具有生活气息,充满勃勃生机(见图6-1)。第三,建立图书角。班主任要为学生营造读书的氛围,通过发动学生从家里带书、师生捐款买书和订阅杂志等办法建立班级资料平台,由学生轮流担任管理员,安排读书时间,对学生的阅读进行指导,让学生体味读书的快乐。第四,布置教室墙面。班主任可以根据班级情况布置教室墙面,把教室墙面变为班级文化展示的地方。如可以结合班规,在墙上布置学生一周遵守班规的情况;也可以把各课程学习的重点或要点布置在墙上;还可以在墙上展示学生在校或在家的活动照片等。教室墙面的布置切忌太满,要有内容,及时更换,充分发挥墙面展示的功能(见图 6-2)。

图 6-1　班级生物角

图 6-2　班级墙面布置

班级要成为学生身心舒展的精神家园。在教室门外,可以悬挂一张富有特色的班级名片,班级名片内有班主任寄语、班级特色、班风等栏目和班主任及任课教师的照片和名字,以此激励教师时时处处严格要求自己,一言一行成为学生的表率。班主任还要精心安排黑板报的内容,每期都要有学生的作品和学生感兴趣的话题(见图 6-3)。同时,在教室前方黑板或教室后面板报的上方悬挂时钟,以培养学生的时间观念,也可以方便教师上课时更好地掌握时间,调整教学进程。

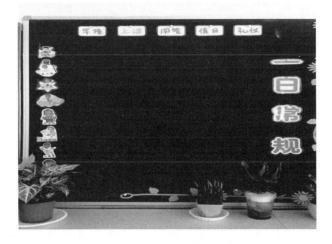

图 6-3 教室黑板报

照片由上海市浦东新区辅读学校王泽提供。

案例 6-3

创设整洁、优美、有特色的教室环境

"温馨教室"是一种温馨、和谐的育人环境。创建温馨教室是教室环境建设的目标,也是中队文化建设的要求。我着力改善班级的物理环境,重视黑板报的启迪作用,使墙面"会说话",开辟"我的小岗位""班级公约""图书角""植物角""卫生角""许愿墙""采蜜园""我最棒""评一评"等板块,发挥教室布置的教育作用。

1. 内容丰富的黑板报,给队员以启迪

黑板报是每个中队对外宣传的窗口,"展我风采"板块以队员生活照片的形式展示队员个人风采,"雏鹰争章"板块紧扣我们中队名称"蜗牛中队",以"蜗牛与黄鹂鸟"的故事为背景,创设"蜗牛向上爬够葡萄"的情境,激励队员通过雏鹰争章让自己的蜗牛向上爬。在"雏鹰争章"板块下方的墙面上我设置了"争章加油站"板块,明确本学期"小岗位章"和"阅读章"的争章要求及每个队员的争章进度。中间区域的黑板报按照每月学校德育处、大队部的主题更换内容,以学生自主制作为主。

2. "会说话"的墙面,给队员以熏陶

为了充分发挥教室布置的教育作用,给队员以耳濡目染的熏陶,我在墙面上开辟了多个板块。

"我的小岗位"列出了每位队员的卫生岗位和班级事务岗位,督促队员牢记自己的岗位任务并做好自己的岗位工作,培养不怕吃苦、服务集体的精神。

设立"图书角",从图书馆借来队员们喜欢的各类图书,鼓励队员把自己看过的好书带来,丰富队员的课余生活,拓展队员的知识面,使中队充满浓浓的书香。

"许愿墙"上,每位队员将自己的心愿、梦想写在彩色纸上并贴在许愿树中,从小树立梦想、信念,并为之付出努力。

"评一评"板块上,我特意列出了"态度之最、微笑之最、纪律之最、书写之最、文明之最、卫生之最、学习之最、劳动之最、友善之最、进步之最"十个"之最",让每名队员都能与其中之一对应,让队员能够看到自己和别人身上的闪光点。号召队员找出自己最想要的称号,并为之努力,从而获得这个称号。

除此之外,"我最棒"板块上呈现了队员们的优秀作品;"班级公约"明确了队员一日行为常规;"采蜜园"中列出的是队员们在数学学习中尚未掌握的"20以内加减法";"植物角"用绿色植物点缀,为教室增添一抹绿的同时,也让学生共同参与,一起动手创建温馨的学习环境;还有"珍惜每一滴水,水杯也要排排队"等温馨提示,使教室里的每个角落都仿佛在与队员交谈,陪伴队员健康、快乐成长。

此案例由上海市金山区辅读学校姚璐璐提供。

二、班集体建设目标

班主任建设班集体就得按照班集体形成的条件,通过各种途径和方法,促进班级由松散阶段、散聚阶段,到形成阶段,再到成熟阶段逐级发展,使其成为一个良好的集体。班集体的形成和巩固是以共同目标为前提的。因此,要确立班集体建设的共同目标,使班级的全体同学有共同的努力方向,为实现共同目标而统一行动。

班集体建设目标可以有长期目标、中期目标和近期目标。长期目标具有概括性、全局性和根本性。通过长期建设,班集体具有健全的组织系统、严格的规章制度与纪律、正确的舆论和良好的班风。中期目标可以是一学年的,也可以是一学期的。多数情况下,中期目标包含在班级学年或学期工作计划的目标任务中。近期目标可以是每个阶段的教育所要达到的目的,如搞好课堂纪律、搞好卫生、做好课前准备等。此外,还应体现在每次精心设计的教育活动之中。

班级建设目标的制定要根据学生的特点。学生个体的成长有其自身的发展规律。为此,制定班集体建设目标时,一定要认真研究学生的具体情况,要遵循学生身心发展的顺序性、阶段性和差异性的规律。同时,在制定班集体建设目标以前,要深入调查研究,摸清本班的主要问题或带有普遍性的问题,为制定班级教育目标提供现实的依据。另外,班集体建设目标体现了班主任对班级学生成长的期待,是班主任对培养什么样的人的观念的直接体现。然而,班集体建设目标并不是一成不变的,要根据学生的情况变化而及时进行调整。

表 6-1 班级学期建设目标示例

班级		一年级	一班一品内容	学习行为规范
班主任				
学期目标		1. 总目标 通过日常行为规范歌的学习,使新生能够适应学校生活,养成良好课堂常规,养成课间活动、饮食就餐等方面的良好行为习惯 2. 具体目标 ● 学习习惯:上课坐好,发言举手,爱护自己的书本,课间不乱跑,爱护班里的东西,不乱丢;同学之间不打闹 ● 生活习惯:用餐不掉饭粒,餐后衣物保持干净		
每月目标	9月	学习常规——《走路歌》		
	10月	学习常规——《上课歌》		
	11月	学习常规——《就餐歌》		
	12月	学习常规——《排队歌》		
	1月	学习常规——《好习惯》		
实施策略		1. 在主题实践课上先播放儿歌,然后教师对儿歌进行讲解、示范;教师带领学生一起读、唱儿歌,加强学生对儿歌的记忆与理解;最后教师要求学生根据儿歌及教师的示范进行实践演练。平时教师会在晨间谈话、晨间活动以及社会适应课上对学生进行训练 2. 以一个月为单元,组织行为规范比赛,评价学生行为的表现。一是能否执行行为规则;二是规则执行的正确性。根据学生分组,对每组中表现好的学生给予奖励,以此激发学生认真学习行为规范的积极性		

续表

班级	一年级	一班一品内容	学习行为规范
班主任			
预期效果	A组学生能够遵守课堂常规,上课认真听讲,积极参与课堂教学;课间不打闹,爱护班集体;养成良好的用餐习惯,独立进餐,餐后衣物保持干净。B组学生能够基本遵守课堂常规;课间参与班集体活动;独立进餐,餐后收拾餐具。C组学生课堂坐得住,参与部分课堂教学;独立进餐。D组学生能够在教师的支持下参与课堂教学,课堂不乱走动;在阿姨的帮助下进餐		

此案例由浙江省杭州市萧山区特殊教育学校王萍提供。

三、班干部的培养

民主选拔班干部,既有利于充实和完善班干部队伍,又有利于培养学生的主体意识,调动全班学生参加班级活动的积极性。由于班干部是通过学生民主选举产生的,所以能得到学生的信赖和支持,这有利于增强班集体的凝聚力。对于培智学校的学生,班主任也要尽可能组织学生投票选举产生班干部。

组织集体活动是培养班干部的重要途径。主题班会、节日庆祝会、校运动会、春游等,都是班干部展现其才干的舞台。通过组织集体活动会不断增强班干部的积极性和为集体服务的热情。班主任要在宏观上指导和调控班干部,花时间和精力培养学生干部的能力。班主任对班干部既要交给任务,又要教给方法;既要热情鼓励,又要严格要求。激励并发挥其特长,是使用班干部的主要方法。

案例 6-4

班干部"挂牌上岗"

智障学生责任意识淡薄,对班干部的身份和职责认识不足,有的甚至担任着班干部也会"忘记"自己班干部的身份。因此,我设计了"班长"和"纪律委员"的牌子(如下页图所示),班牌上有五颗星星,代表表现最好的同学才能当班干部,还有学生喜欢的奖励贴。在轮到某位学生当班干部的时候,把牌子挂在他们的脖子上,并反复交代班干部的职责,比如,班长负责喊"起立"和分配学生每日值日工作;纪律委员是下课时站在教室门口,监督学生在走廊和教室的纪律问题。我会根据班级情况的变化,决定是否增加新的班干部牌子。

此案例由浙江省宁波市北仑区阳光学校谢安梅提供。

四、班级活动的开展

开展班级活动是学生认识客观世界、认识他人与自我、适应学校生活与社会生活的重要途径,也是建设良好班集体的重要组成部分。班级的努力目标要靠班级每个成员参与共同的活动来实现。班级活动的有效开展,可以促使班级目标的实现。班主任应根据班级活动的特点,为学生提供创新的氛围和成长的空间,鼓励和引导学生在各项班级活动中思索、探求、创造,从而培养实践能力。

班级活动是在教育者的组织和领导下,为实现教育方针和培养目标,完成学校的教育工作计划,组织班集体全体成员参加的一系列活动。它包括思想品德教育活动、课外活动、劳动活动等。它是班主任向学生进行政治、思想、道德、心理教育的基本形式,是通过学生集体来教育和影响学生个体的较为普遍采用的教育形式,也是学生个体进行自我教育行之有效的方式。

班级活动的类型有政治性活动、知识性活动、娱乐性活动和实践性活动。政治性活动是以思想品德教育和行为规范训练为主要内容的班级活动。政治性活动经常通过班会、队活动、传统教育活动等,使学生受到政治思想教育和社会公德教育,养成良好的行为习惯。知识性活动是以培养对基础学科的兴趣、扩展并运用学科知识、加强技能和智能训练为主要内容的班级活动。各项活动都要体现知识性与趣味性相结合的原则,使知识性活动成为开阔学生视野、发展学生能力特长的场所。娱乐性活动是以培养学生在文艺和体育方面的兴趣、技能为主要内容的班级活动。实践性活动旨在沟通学校、社会、家庭之间的联系,把学校教育同社会教育紧密结合起来,进而提高学生的社会实践能力。

案例 6-5

"我爱学校"十分钟主题队会

一、活动主题

我爱学校

二、活动时间

2013 年 11 月 29 日

三、参与人员

初职一(3)班全体学生

四、活动意义

通过让学生回忆初到卢湾辅读学校时的场景,对比现在丰富的学习生活,憧憬美好的未来人生,促进师生关系,增强学生对于卢湾辅读学校的热爱之情。

五、活动流程

1. 主持人开场白

2. 环节:"看现在"

A. 视频1:《猜猜他/她是谁》

视频内容概要:每位同学描述一名班级中的其他同学的优缺点。

B. 行为规范抢答:主持人问,其余同学回答

C. 才艺展示:朱颖婕,独唱《神兵小将》;周静,独舞 Sorry;谢守清、陈尧,对唱《月亮代表我的心》;吴越飞、陈尧,古诗朗诵《登鹳雀楼》;陈鸿,古诗朗诵《望天门山》

3. 环节:"望将来"

A. 视频2:《我想》

视频内容概要:学生依次说出对下列问题的回答"你现在想干什么?""在学校的三年想干什么?""毕业了以后想干什么?"

B. 集体朗诵诗歌《我爱学校,我爱老师,我爱同学》(配乐)

此案例由上海市华东师范大学附属卢湾辅读实验学校丁华英提供。

在开展班级活动时,应遵循主体性原则、多样性原则、整体性原则、易操作性原则。班级活动的教育意义是多方面的,它可以提高学生的思想道德水平、开发学生智力、提高实际操作能力、增强审美情趣、强身健体等。好的班级活动应当贯

彻主体性原则,即让全体学生动起来。主体性原则既要体现在活动内容上,也要体现在活动过程中。班级活动要达到理想的教育目的,必须注意活动内容、活动形式、活动组织方式的多样性。活动内容的多样性,就是在开展班级活动时,要兼顾学生德、智、体、美、劳各方面的素质,使活动既有教育性又有趣味性。而学生所处的年龄特点是喜欢求知、求新、求乐、求实,因此班级活动形式必须丰富多彩,富有吸引力。除此之外,班级活动的组织方式也要多样化。整体性是指班级活动的内容、活动的过程、活动的教育力量成为一个系统,也就是用整体的教育思想指导活动,达到教育目标的整体性和学生身心发展的整体性。整体设计活动内容,包括德、智、体、美、劳诸方面教育内容,使学生得到多方面的教育和发展。从活动的过程看,整体活动和个别活动是辩证统一的。就一次活动而言,只有从酝酿、设计、准备阶段发动学生全身心投入进来,活动实施时才会有激情,其教育性也就蕴含其中了。班级活动还要尽可能地发挥学校、家庭、社会的整体性教育功能。可以请家长参加班级活动,创设开展活动的条件。在争取社会力量配合时,可采取请进来、走出去的方法。即邀请有关人员来校参加活动,或带学生去参观一些博物馆等。最后,在开展班级活动时,要注意活动的规模、活动的频率,班级日常活动要形成自动化操作,这就是在开展班级活动时要贯彻的易操作性原则。

案例 6-6

上海一日游(实践活动)

当开始一个主题教学时,我就开始设想学生的实践活动了,并且时不时地把自己的想法与班级学生和陪读家长进行交流,我发现在与他们的沟通交流中,他们还会给我很多想法和思路,可以更加丰富和完善我的实践活动方案。

同时,开展实践活动时,我们要充分利用身边的资源,比如学生家里、社区场所、社会公共资源等。在"上海一日游"的实践活动中,我利用了公共资源——世博展示中心和上海青少年科技探索馆,通过事先联系,确定了活动的时间,得到了这两家单位的支持。

> "上海一日游"的活动过程安排如下。上午:参观"中国 2010 年上海世博会展示中心";中午:在丰裕餐饮店(陕西店)午餐,在瑞金二路街道文化活动中心的图书室阅览休息,参观"百姓收藏、品味生活"展览;下午:参观上海青少年科技探索馆。
>
> 在开展"上海一日游"的活动中,我事先让学生自己设计上海一日游的路线,然后和学生一起探讨确定了其中的一条线路,学生因为有了自主权而感到很高兴。在整个活动中,我们都是乘坐公共汽车往返的,并且让学生自己使用交通卡,要求学生自己保管好交通卡,培养学生的责任心。

此案例由上海市华东师范大学附属卢湾辅读实验学校丁华英提供。

特殊学校的实践活动需要根据学校的办学要求、学生的身心条件和发展水平以及学生融入社会的需要开展。例如,职高班的实践活动需要根据学校的办学理念、课程设置、培养目标、学生的自身能力水平,以及未来就业、融入社会的需要等进行规划。如果需要让学生了解企业的经营或者生产情况,让他们了解所学习的职业技能与未来就业的关系,班主任可以安排学生到当地的一些企业进行参观学习。开展这类活动,首先需要班主任提出活动申请,将活动计划和安排上报教导处进行报备,然后由教导处负责联系当地可参观的企业,并确定活动时间。活动时,一般需要由班级的正副班主任、班级辅助人员等一起负责带班前往参观单位,学校也需要派一位校级领导一同前往,负责安全监督和紧急突发情况的处理。这一类活动的外部要求是学校能够得到参观单位的支持,提供后勤保障;内部要求则是班主任提前对学生进行专业知识的教育和技能训练,加强学生的安全教育等。当然,参观单位相关人员的配合也是非常重要的,这就需要学校联络人员与对方仔细沟通,落实活动的各个环节,最终确保整个活动能够安全有序地开展。案例 6-6,就是职高班学生的社会实践活动,是根据社会融入需要而开展的一次实践活动,有助于学生生活技能和休闲技能的发展。

对于低年龄段学生而言,班主任可以根据目前学生的能力水平、学期的教学目标和未来融入社会的需要,安排学生到超市、邮局等社区重要场所,动物园、展览馆、电影院等常见娱乐场所进行综合实践活动。每次活动之前,班主任都要做好各项准备工作,班主任及其他负责管理的老师要各负其责。参观活动结束后班主任进行活动总结,巩固本次活动效果。如果学生能力较弱,通常也会安排学生家长一同前往,以方便照顾学生,确保活动安全、高效和有序地开展,最终实现活动的预期目标。

第三节 师生关系

美国著名教师克拉克(Ron Clark)所著的畅销书《优秀是教出来的》，表面上是这些班规成功地教导了学生，然而，透过表面我们看到的是克拉克对学生的态度，他下定决心要给每位学生一个不同的人生、一个更好的人生，于是他投入、付出而产生了正向的师生互动及营造了正向的师生关系。师生关系可以说是班级管理中最重要的核心。

一、教师与学生的角色

唐朝文学家韩愈在《师说》中说："师者，所以传道授业解惑也。"教师的角色在于传授学生做人做事的道理、知识学问，并为学生解答各种疑惑。美国学者杰诺特(H. Ginott)说过："我(教师)要做一个令人惊讶的结论，即教师是班级气氛的决定因素，其个人的方法可以营造班级气氛。教师每天的心情也会影响班级天气的阴晴。身为一名教师，我拥有极大的权力，可以使学生生活悲惨，也可以使学生生活变得好玩，可以是破坏的工具，也可以是鼓励的道具。我可以羞辱，也可以幽默，可以造成伤害或提供治疗。在所有的情况下，我的反应决定了危机是上升还是下降，学生获得教化还是没有人性。"由此可见，教师的角色在教育中的重要性。

教师要与学生建立良好的师生关系，即有效地运用沟通技巧，公平一致地对待每名学生，尊重并关心学生，营造安全无威胁的环境，表达对学生的正向期望。

教师在传送信息时应使用"我—信息"的方式，"信息"是指做事实的描述而非价值判断。接受信息时应该倾听，让学生感受到教师的重视、接纳和尊重。对每名学生要公平，没有私心。教师的管教态度必须一致是指教师的判断应具有可信度且是一致的，例如不可在走廊里奔跑，应为任何时刻均不被允许，而非有时可以有时不行，或甲同学不行而乙同学却可以。如此不一致的判断或偏心，会让学生莫衷一是、无所适从。教师应发挥爱在教育中的作用，尊重每名学生都是独立的个体，并以声音、脸部表情和行为，表现出对学生的重视。

同时，教师要管理好自己的情绪。当学生有良好的课业表现和行为时，教师的情绪一般是喜悦和兴奋的，然而，如果学生一再表现出不良的行为或没有学习动机时，教师难免会有生气、沮丧、冷漠、厌倦、忧伤、罪恶感、恐惧、焦虑等情绪。教师的情绪管理应该遵循这样一个良性循环：① 学生的行为只是让我失望、遗憾、不方便。情绪是激励，也是挫折的来源。② 还有办法可以处理，这些不是什么大不了的事。③ 对学生提出忠告和建议，学生的行为责任不在己，但教师最有可能协助学生让其为自己的行为负责。④ 难免会有这种事发生，不必因这件事，就断定自己不适合当教师，仍可想办法来加以改变。另外，教师对学生的不良行为做出情绪反应的分寸把握得当，还可作为学生情绪管理的示范。然而，教师还是应尽量让情绪冷静下来，尤其不要在情绪激动时做决定，以免在不理性的情境下，说了不该说的话或做了不该做的事。

学生是教育的主体，其角色之一就是学习者；由于学生年龄都在 6～16 岁之间，属于身心未成熟的未成年角色，更需要教师在知识的教导之外，对其人格、态度、情绪等社会性发展，给予同样的关怀和辅导。

二、师生间的关系形态

传统上认为"一日为师，终身为父"，教师和学生的关系是延续的，即使只有一天的师生关系，也要一辈子如敬重父亲般地看待老师。而父亲在传统观念中是严厉的，所谓"父严母慈"，又言"教不严，师之惰"，"师严而后道尊"，教师被赋予严加督促学生成长的角色，因此师生之间明显是上尊下卑、严管勤教的关系。

随着民主法治时代的来临，师生关系从伦理关系的规范，转而成为法律关系的规定。在法律上教师和学生的关系并非来自亲权的代理，即所谓的"代位父母权"，而是来自于相关的规定。教师的责任包括了行政责任、民事责任和刑事责任。教师的行为如触犯法律规定，就可能构成违法，因而同时产生了行政、民事、刑事三项法律责任。

亦师亦友，也是一种师生关系。由于学生在求学阶段与教师有很长的师生相处时间，若教师能如同朋友一样可以与学生谈论心事、一起从事休闲或体育活动，不但可以增进师生情谊，而且也能引导学生有正向的行为和良好的课业表现。朋友关系是平等的，没有上尊下卑的关系，这与传统师道尊严、长幼有序有所不同，教师能和学生打成一片，了解学生的生活世界和亚文化，有助于教学和辅导工作的开展。然而，由于教师相对地是一个较成熟的个体，具引导、启发的作用，所以教师如果要与学生维持朋友关系，应该让学生知道这样的关系具有特定的适用情境和场合。

师生关系如果以企业中的关系来模拟，可以有两类关系：一是老板与员工的关系，二是消费者与服务员的关系。以老板和员工来比喻师生关系，就是要求在这样的关系下，教师要做引导式的管理，与学生建立一种互相信任的关系。将师生关系比喻为消费者和服务者的关系，就是要求教师应满足学生的需求，提供各种教育服务。

综上所述，在任何形态下，师生关系都应该发展出三种要素。首先是信任。

教师和学生间的信任和信赖是二者之间建立良好关系的第一步。如果师生之间存在怀疑和猜忌,那么师生是何种关系形态已无意义。其次是合作。教师的任务在于协助学生实现教育权。如果学生不能合作,甚至处处与教师对抗,就会阻碍教育权的实现。寻求学生的了解、合作和支持,是必要的。最后是相互影响,而非相互排斥。

案例 6-7

我的舞台最闪亮

通过家访我得知琦琦有弹古筝的业余爱好,在校外报了辅导班,而且还开始考级了。在本学期艺术节节目彩排中,我第一个想到的就是要为琦琦提供一个舞台表演的机会,五彩灯光亮起时她将更加自信。果真,在排练过程中,每次我将她弹古筝的录音放给大家听时,她都会笑容灿烂地看着同学们,在同学们羡慕钦佩的目光中她感到了自豪与自信。而在最终的节目表演中,面对台下那么多观众,她丝毫没有怯场,在同学的搀扶下走上台,流畅地完成了一首古筝曲《渔舟唱晚》,那自信的台风让人根本想象不到她曾经那么自卑、退缩过。

此案例由上海市金山区辅读学校姚璐璐提供。

教师要成为学生生命中的重要他人。良好的师生关系应该具备坦白或诚实、关心、独立性、个体性、彼此适应对方的需求等特性。师生之间有了信任、合作和相互影响的关系,必定有助于班级管理。

三、教师对学生不当行为的处理

班级管理绝不等同于教师对学生不当行为的处理,因为班级管理的主要目的是让学生有更多的学习时间和机会,以及更佳的学习效果,让班级能够井然有序、运作顺畅,班级的成员互动良好、感情融洽,学生学会自治自律,表现出合适的行为。其中,教师对学生不当行为的处理在班级管理中最为突出,因为学生不当行为的出现,很容易影响班级管理目标的实现。

在班级中的不当行为指的是干扰或阻碍教师教学和同学学习的作为与不作为。所谓作为,就是学生积极地表现出来的行为,例如,上课装鬼脸、吵闹、随意走动、破坏公物等。而不作为,是指学生消极地不表现出来的行为,例如,作业迟交、打扫不认真、没有完成班主任布置的任务等。但当学生的特定作为或不作为出现时,判断其是否干扰或阻碍了教学和学习的进行,可能会因人、因所处的环境而有不同。

导致学生出现不当行为的因素有:学校与教室等环境、教师个人、学生个人或同伴、家庭环境等因素等。学校与教室环境可分为物理环境和心理环境。学校和教室的物理环境可能是造成学生不当行为的原因,例如,教室规划不当、教室过于拥挤、课桌椅摆设凌乱等。在心理环境方面,如果学校没有整体、一致的管理策略,存在高压管理,不能满足学生的需求,学生就容易出现不当的行为。教师个人因素,主要包括教师的人格特质、领导方式、教学活动准备、教师期望、教师身心健康状况等。学生出现不当行为,当然以其个人的原因居多,然而这些个人原因中,有些是由先天遗传造成的,或是由学生不可抗力产生的,如自闭症、注意力缺陷多动症的学生,会出现一些异常行为,这并非出于学生个人意愿或是其个人可以控制的。此外,家庭对学生行为的影响很大,学生在家庭中的习惯或行为由来已久,刺激与反应间已形成稳固的联结。而且有些家庭的功能式微,或本身是弱势家庭,对孩子的教育和养护不足,导致孩子本身自我效能感低,在学校容易出现不当行为。最后社会大环境、大众传播媒体的报道,还有社会重大事件的发生,也可能影响到学生不当行为的出现。

教师要注意从当前环境角度对特殊学生出现的不良行为原因进行分析,而不是仅仅把学生的不良行为归因为其生理、障碍或者家庭教育等因素。一般来说,特殊学生之所以出现不良行为,大多与其没有达到目的有关。教师要注意分析学生不良行为发生时周围环境中正在发生的事情,以及学生可能存在的需求,以确定有针对性的处理措施与方法。

案例 6-8

不拿他人的东西

2010年9月,王准迈入了在我们班的第二个学期。通过一学期的努力,王准基本上适应了我们班级,能与班级同学一起参与集体学习了,"装疯卖傻"的行为也很少出现了。有一天,我发现他口袋里装了很多吃的东西,根据同学、老师的反映和他自己的交代,我了解到他是从老师的办公室里拿的。有了第一次,他就开始每天进行搜索了,一下课,他就会说去上厕所,上了厕所,人就不见踪影了,过一会儿,我就发现他又找到东西吃了。每次当我搜到他拿的东西时,我都让他还回去,并且告诉他别人的东西不能拿。同时我和其他老师做好沟通,尽量不要把吃的东西放在外面。我也告诉他,我们校园里有摄像头,你在哪里拿的东西,我们都会看到的。尽管这样,他有时还是会忍不住去拿零食。10月下旬,我们学校开始每天给每个学生发一个水果吃。第一天中午,我把水果分给学生吃完后,就看不到他的人了,我马上意识到他去找水果吃了,当我找到他的时候,他正在吃水果呢,这一天,他一共吃了5个橘子。我就开始想,这怎么办呢?以后每天发水果,怎么看住他呢?第二天中午,我没有把他的那份水果分给他吃,告诉他,只要你不去拿别人的东西,下午放学时我就把水果给你,否则我就把你的水果赔偿给人家。听到这些话,果然他没有再去拿别人的东西,而是乖乖地在教室里看着自己的水果。我发现这个方法有效,于是以后的每天都这样做,他也就控制住自己了,很少再出现拿他人东西的行为了。

根据学生的特点,只要愿意想方法,针对学生的一些问题行为,教师总是能够找到解决的突破口的。

此案例由华东师范大学附属卢湾辅读实验学校丁华英提供。

第四节　家长工作

《三字经》上说:"养不教,父之过;教不严,师之惰。"这说明了家长和教师都负有教育的责任。教师在班级管理时,如果能得到家长的理解、支持、合作、参与、协助,则可以达到事半功倍的效果。但也有教师在班级管理时,不和家长接触,或冷漠以对,或发生冲突,而充满无力感。因此,如何开展家长工作,维持亲师关系是班主任的一项重要课题。

一、家长参与教育的重要性

在教育功能上,家长可以说是孩子的第一任教师。家庭教育对于孩子的身体、动作、认知、语言、社会行为、情绪、道德等发展,都发挥一定的影响力。而在经济功能上,家庭是孩子的主要经济来源,孩子的衣、食、住、行、育、乐等各项活动或任何花费，几乎都来自家庭。在社会功能上，家人的细心呵护与照顾，成为孩子爱与归属感产生的最重要因素。因此，家庭的重要性不言而喻。

家长主要是指父母。家长可能会因其个人求学经验、生活经验、教育训练、期望、社会经济背景、环境和其他因素，而对教师或学校教育抱持特定的认知和态度。从班级管理角度看，家长可以有这样七种不同的类型：① 无敌意、合作型家长，这类家长会配合教师对学生的教育。② 焦虑或压迫型家长，这类家长很担心孩子输给别人，主观性强。③ 自我涉入型家长，这类家长听到教师对于孩子的评论，觉得就好像在说自己。④ 否定型家长，这类家长认为孩子没有任何问题就是好事，所以教师最好不要找他。⑤ 抵抗型家长，这类家长经常不听教师的建议，有自己的教养计划。⑥ 严苛型家长，这类家长经常像行政人员一样看待教师的管教行为。⑦ 怀有敌意型家长，这类家长极度不满教师的管教，经常会到学校来理论。

对于这些不同类型的家长，班主任可以采取不同的方法。一般而言，大多数家长都是无敌意、合作型家长。对于焦虑或压迫型家长，班主任在讨论学生优缺点时应把握好尺度，点到为止，班主任做个积极的倾听者即可。对于自我涉入型家长，班主任要明确指出孩子的行为表现，既呈现孩子的缺点，也要告知优点。对于否定型家长，如果学生表现适当行为时，班主任可借家长于家中奖励学生的在校行为。对于抵抗型家长，班主任不要给这类家长建议，而是把问题丢回去，协助家长完成他们的教养计划即可。对于严苛型家长，特别要提醒班主任，如果体罚是法令禁止的就不要体罚学生，即使家长要求也不可以。对于怀有敌意型家长，遇到这类家长到学校来理论时，班主任的过度防卫反而容易使事态严重。由于班主任是专业人员，家长发泄情绪时班主任不应回嘴，应保持平静和冷静。不过家长也无权羞辱、贬损或辱骂教师，如果家长出现人身或语言攻击，班主任可立刻结束会谈，并告诉家长这样的会谈必须重新安排，假使家长开始大声咆哮，班主任可离开会场，切勿因和家长对骂而扩大事端。

如果取得家长的支持、合作、协助、参与，班主任可以获得多方面的益处，如：以开放、双向的沟通，建立正面和友善的关系；了解学生在家庭中的情况；告诉家长教师对学生在课业和行为上的期望；家长可以协助学生完成具体的课业内容，还可以协助班主任开展一些活动；告知家长学生在学校应遵守的规范，有助于学生行为得当，避免不良行为发生或矫正不良行为；列出家长可以协助学生的事项，使家庭和学校的教养一致，以求得更佳的效果。

对于特殊儿童家长而言，孩子进入特殊学校学习，他们对特殊学校教师有着不同于普通学校教师的要求。第一，他们希望教师保证学生的安全。因为学生都是残障孩子，他们的自我保护意识和安全意识很弱，对危险情况没有预判能力，因此，家长会要求教师在开展所有的教学和实践活动时能保证学生安全、不出事故。第二，在生活上要求教师照顾特殊学生。这也是因为学生的身心特殊，他们在生活自理和社会适应方面的能力较差，有些学生基本没有这些能力，因此，进入学校后，家长会希望通过学校教育使学生在生活自理和社会适应方面的能力有所发展。第三，在学习上，特殊学生家长对教师布置作业也有一定的要求。虽然学生有身心障碍，在认知能力上有缺陷，但家长还是希望通过学校教育使学生能够在原有的基础上有所提高，因此希望教师能够根据学生的能力和特点，布置有针对性的作业，帮助他们学习，提高相应的能力。第四，特殊儿童家长常常会要求教师能针对学生的特殊情绪和行为问题开展具有针对性的干预，改善学生的情绪与行为。特殊学生的特殊性，有很大一部分会表现在情绪与行为方面，他们可能无法控制自己的情绪与行为，家长会希望通过学校教育，找到有针对性的解决办法，帮助他们教育孩子，改善孩子的情绪与行为问题。

特殊儿童家长与教师合作的内容很多是基于上述内容展开的，合作的方式也有多种，一般常采取 QQ、微信、电话、面谈、家校联系册等方式进行合作沟通，除此之外，还可以通过学校开放日活动增进教师与家长的合作。

与家长建立关系，就要联络和接触。联络和接触的时机应配合学期节奏和教学进度进行。这些时机包括定期的，如学期初、重大活动前与各次段考试后；不定期的，如学生表现良好或有不良表现时、发生意外事件时。同时班主任要根据学生的年龄与身心发展状况，来增减联络的频率。例如，对年龄较小的学生，与其家长的联络要更密切，并要考虑联络便利性，可以较省时的联络簿作为经常沟通的渠道。

二、班主任与家长的沟通

沟通有五项要素，分别是发送信息者、信息内容、发送渠道与媒介、接收信息者、所处环境。衡量沟通的效果时应同时考虑这五项要素：发送和接收信息者本身的教育认知及态度、对信息内容的关注程度、沟通时所使用的渠道及传递信息的媒介、环境的气氛、有无噪音或干扰因素等都会影响沟通的效果。

作为信息的发送者时，班主任需要注意这五项要素对沟通的影响，并考虑接收信息者——家长——对教育的认知及态度、关注的信息内容、使用的沟通渠道与媒介，以及沟通所处的环境。

沟通有非面对面的沟通渠道和媒介，还有面对面的沟通渠道和媒介。非面对面的沟通方式采用的渠道和媒介主要有书信、文件和表格等书面资料，以及电信、网络等信息设备，主要有开学时的一封信，联络簿，作业本、学习单或考卷签名，通知单,班级通信,电话,电子邮件与网络信息,学生个人学习档案等。采用这些渠道和媒介沟通的优点是所用的沟通时间较少,一次可针对全班家长,发送和接收信息的时间及空间具有弹性,但缺点是发送者所发送的信息是否传达至接收者,接收者是否确切地了解信息内容,接收者和发送者是否因不同的认知及态度而对信息有不同解读,双方发送和接收信息时各处于何种环境等均不得而知,因此,如果运用这些渠道或媒介,就要考虑到这些优点和缺点。

俗话说:"见面三分情。"班主任与家长能够面对面沟通已成功一半。由于面对面沟通时,信息内容不限于语言、文字,其他肢体语言如身体姿势、脸部表情、手势、眼神等都可传达信息,更可达到最佳的沟通效果。面对面沟通的渠道有:家长会(学校日),家长主动来校,学校活动,非正式见面,家庭访问等。然而,面对面沟通所花费的时间、经济成本等也最大,不可能经常、普遍为之,所以,班主任更应该重视面对面沟通的机会,事先做好准备,以期发挥最大的效益。

案例 6-9

他也上班了

假期我在外地旅游,突然接到小黄妈妈的电话,她告诉我小黄得到了两家单位的面试机会,我真替他高兴。

记得我刚担任这个班级的班主任时,发现小黄内心很自卑,除了沉迷电脑游戏,没有其他的兴趣和社交。他上课没有精神,对学习缺乏兴趣,遇到问题就闹情绪,有时哭闹,有时逃避,甚至满地打滚。他十分敏感,有时会为了同学的一句话生闷气许久,很难调整自己的情绪,进而做出一些异常的举动。

通过家访,与他父母进行沟通,我感觉到他出现这些情况很大一部分原因来自父母。他的父母都是高级知识分子,在自己的事业上都非常成功,知道自己的孩子是智障儿童,他们很难接受,在日常生活中他们只满足他的物质需求,很少关心他的内心想法。除了到学校上学,他们就让小黄待在家里,很少带他外出,不想让外人知道他们家孩子的情况。父母的这些想法和做法使孩子更加自卑,觉得自己一无是处,于是就开始破罐子破摔。

调整家长的心态

当学校准备开家长会,我把通知发到学生手里时,小黄说了一句:"我爸爸妈妈是没有空来的,以前也从来不参加。"我看到小黄的眼神流露出一丝忧虑。

我知道,小黄的家长觉得自己的孩子在辅读学校读书,非常没有面子,他们不愿意面对学校的老师。为了保证小黄的家长能出席家长会,我进行了电话联系,告诉小黄的父母,家长能够参加孩子的家长会,表示父母对孩子的重视和关心,孩子也能体会到的。

家长会那天,他的爸爸出现在会场,我非常高兴,因为这是小黄转入我校读书几年来,他的家长第一次来参加家长会。

在家长会上,我与小黄的爸爸进行了深入沟通,希望他对自己的孩子充满信心。"您这次能来参加家长会,就已经走出了很好的一步,对孩子是一种鼓励。我希望您们能够同意他今后参加一些活动,让他慢慢地开朗起来。除了学校组织的一些活动让他参加以外,爸爸妈妈可以利用休闲的时间多陪孩子外出,让孩子多接触社会,为孩子更好地融入社会打下基础。不要总是把孩子关在家里,让他打电脑游戏,这对孩子的视力和精神都会有影响。可以丰富孩子的兴趣爱好,尤其是让他多参加一些户外运动,这样也有助于他的身体健康。"小黄的爸爸听后表示同意试试。

第二天,我就把这个好消息带给了小黄,他很高兴。同时我也对他提出了要求,让他认真学习。

活动,让家长对孩子有信心

不久,有一个单位组织了一次健康跑活动,要求我们学校选择几名运动员一起参加,我让小黄也参加了。当小黄父母得知这个消息后,还特意请了假一起去世纪公园看他跑步,他的妈妈看到孩子跑完了全程,激动地说:"真没有想到,他还能坚持跑到终点。"下午还一起陪他在世纪公园划船。这次经历给小黄留下了深刻的印象,在与小黄的交流中我就能感觉到他体会到了父母对他的关心和肯定。

上海举办世界特殊奥林匹克运动会时,我们学校接到了参与闭幕式演出的机会,在得到父母允许后,小黄也参加了。参加了这次活动后,小黄逐渐有了自信,脸上的笑容也多了。他妈妈遇到我时说:"真没有想到,我家的孩子还能参加这么大型的活动。"我说:"是呀,你儿子行的,我们要相信他。"看到孩子的成长,妈妈感到很欣慰。小黄的变化,让家长从孩子身上看到了希望,之后只要学校有什么活动,小黄的爸爸妈妈都会支持他参加,没有顾虑了。

成长中看到希望

假期,小黄的父母陪他去旅游了,小黄还拍摄了很多美丽的照片,其中还有父母的照片。当爸爸谈到孩子拍的照片时,得意地说:"别看是一个小孩拍的照片,还挺专业的呢,比我们大人都拍得好。"听了这些话,小黄也很受鼓舞。

双休日时,爸爸会陪小黄一起到公园跑步,还教他打羽毛球、游泳等。现在他的兴趣越来越广泛了,人也开朗了,整个精神状态也好了。

后来,每年的家长会,小黄的爸爸都会参加,当他看到自己孩子在"学生成长平台"上的资料时,他看到了孩子的成长足迹,仿佛这些年孩子的成长历历在目。

父母陪伴着孩子一起成长,看到了孩子的点滴进步,看到了孩子的希望。

临近初职三年级毕业,学校要求小黄参加招聘会时,他的爸爸妈妈欣然同意了。当小黄得到了两份面试通知时,爸爸妈妈一起陪同他去参加面试,表现出了极大的支持。当小黄穿上工作服来学校看我时,我已经看不到那个自卑的小男孩了,他已经成长为一个自信、阳光的男子汉了。

此案例由华东师范大学附属卢湾辅读实验学校丁华英提供。

特殊学校班主任的工作涉及多方面,主要工作有班主任工作常规,包括建立学生档案、班级日常管理、班规制定;班集体建设,包括教室环境营造与布置、班集体建设目标制定、班干部培养、开展班级活动;建立良好的师生关系;做好家长工作,及时沟通学生的情况等。虽然班主任工作细碎、繁重,但班主任的岗位是特殊学校不可缺少的,特殊学生的发展离不开班主任的支持。做好班主任工作,不仅对学生有利,也对学生的家庭有利。班主任要帮助家长一起教育学生,推动学生的发展。

第七章 特殊儿童保健

健康是指一个人生理、心理和社会适应方面都处于完好状态。与普通学生相比,特殊儿童身体发育明显落后,存在更多的健康问题,经常伴随有癫痫、免疫系统疾病、牙齿问题、饮食问题、消化系统与泌尿系统疾病、睡眠问题、肥胖等。如果这些问题不能得到很好的处理,不仅会影响他们的身体健康,还会给其学习与行为带来不利影响。此外,特殊儿童的心理和社会适应问题较普通儿童更为突出。因此,加强对特殊儿童的保健是特殊教育领域一项极其重要的工作。

本章着重介绍特殊学生的医疗保健需求、常用的特殊医疗护理流程、常见的保健及急救技能等内容,教师若能将这些内容与学生的教育干预计划有机整合,能更有效地开展工作。

第一节 特殊儿童保健概述

改革开放以来,我国在儿童保健工作方面取得了巨大的进步。1990年,联合国召开世界儿童首脑会议,通过了《儿童生存、保护和发展世界宣言》和《执行90年代儿童生存、保护和发展世界宣言行动计划》,中国政府签署了上述文件。1991年,经全国人民代表大会批准,中国成为"儿童权利公约"的签约国。儿童优先与儿童生存、保护和发展成为我国政府的承诺,也成为我国儿童保健工作的主要目标和基本策略。1994年,我国颁布了《中华人民共和国母婴保健法》,这是我国第一部专门为保护妇女儿童健康而制定的法律。2001年,国务院颁布了《中华人民共和国母婴保健法实施办法》,标志着妇女儿童健康工作步入了法制管理的轨道。2011年,国务院印发《中国妇女发展纲要(2011—2020年)》和《中国儿童发展纲要(2011—2020年)》,这两份纲要从健康、教育、福利及社会环境等方面详细地规定了十年促进中国儿童发展、保障儿童合法权益的目标和策略措施。

相比普通儿童,特殊儿童的健康问题还没有得到足够的特殊关注。目前,我国 0~14 岁儿童中有各类特殊儿童 900 余万人,占全国同龄儿童总数的 2.66%。①这部分儿童在生理、心理等方面与普通儿童有很大的差别,他们往往需要特殊关爱,但目前总体来说针对他们的保健措施还不够普及。而保健措施的缺乏在一定程度上限制了他们的健康发展,也给他们接受教育带来了一定的负面作用。

一、特殊儿童保健的重要性

与普通学生相比,特殊儿童的身体存在更多问题,表现出特殊性。以智障儿童为例,他们主要在以下几方面表现出健康问题:① 体格发育上存在明显的双峰现象(两极分化严重),即一些学生身材矮小,体重过低;而另一些学生则体重过高,甚至患有肥胖症。② 营养不良,主要表现为营养不均衡。③ 肺活量、心功能指数等生理功能水平普遍低下。④ 血压偏高、脂代谢紊乱较多见。⑤ 过敏性疾病、自身免疫性疾病的发病率较普通儿童显著升高。另外,特殊儿童的体质状况常常参差不齐,这也对学校体育及文化课的教学内容及教学形式产生影响,比如,智力障碍学生常常健康状况不良,导致他们的学习和康复训练活动屡屡中断,无法保证连续性,康复效果欠佳,持久性社会投入也因此受到限制。因此,对特殊儿童开展高质量的保健工作在当前的特殊学校越来越有必要性。但目前对特殊儿童的教育尤其是智力障碍群体的教育仍主要集中在精神和智力方面,相对而言,他们的生长发育、营养和健康状况在教育实践中往往被忽视。

十九大报告中明确提出了"办好特殊教育"的战略部署,将其作为当前改善民生、加强社会建设的重要举措。② 第二期特殊教育提升计划(2017—2020年)的重点任务提出:"提高特殊教育质量。促进医教结合,建立多部门合作机制,加强专业人员的配备与合作,提高残疾学生评估鉴定、入学安置、教育教学、康复训练的有效性。"③特殊儿童的身心健康开始受到人们越来越多的重视,要求学校为特殊儿童有更加健康的体质、更好地成长发展提供更全面、更高水平的保健服务。

二、特殊儿童保健的范围

对特殊儿童来说,其保健的范围总体与普通儿童相似,皆依据"促进健康、预

---

① 中国的儿童状况.(2000-09-03)[2019-04-16] http://www.scio.gov.cn/ztk/xwfb/11/Document/975922/975922.html

② 习近平.决胜全面建成小康社会 夺取新时代中国特色社会主义伟大胜利——在中国共产党第十九次全国代表大会上的报告(2017年10月18日)[M].北京:人民出版社,2017.

③ 教育部,民政部,财政部,等.教育部等七部门关于印发《第二期特殊教育提升计划(2017—2020年)》的通知[EB/OL].(2017-07-18)[2018-09-12]. http://www.moe.edu.cn/srcsite/A06/s3331/201707/t20170720_309687.html

防为主、防治结合"的原则,内容涉及广泛,与发育儿科学、预防儿科学、社会儿科学、儿童发展心理学、儿童营养学与儿童行为学等密切相关,其中与预防儿科学的关系最为密切。

目前,预防儿科学推行三级预防措施,其中一级预防为开展健康教育、指导合理喂养、实施预防接种,以做到防病于未然。二级预防是开展定期健康检查、儿童疾病筛查,做到及早发现,及早治疗。三级预防则是彻底治疗疾病,预防并发症和后遗症。与普通学校相比,特殊学校在保健方面的任务更加艰巨,情况更加复杂,形式更加多样。除了需遵循常规的三级预防保健流程外,还需有一套完整的针对特殊儿童的保健流程。本章重点关注那些常用的特殊医疗护理流程,这些流程能最大限度地保证班级正常教学进程。按照使用频率由多到少的顺序,将这些保健流程分为三组,其中第一组流程为"健康和安全流程",包括一些最基本的知识和技能,主要是常规医学评估、传染病的控制、心肺复苏和急救。第二组流程为"日常预防工作",包括牙齿和牙龈的护理、皮肤护理和肠道护理。第三组为"专业的医疗护理流程",主要包括癫痫发作、药物管理、生长发育监测、营养补充和食物摄入管理。这些流程对那些年幼儿童和重度障碍青少年的身体健康和安全具有重要的作用。

三、特殊儿童保健的特点

由于特殊儿童障碍、身体状况等方面的特殊性,特殊学校的保健工作呈现出以下特点。

(一)服务对象年龄跨度大、变化多

目前的特殊学校往往是九年一贯制的学校,招生范围从1年级至9年级,有些学校还有幼教班、职业高中,年龄跨度可达13岁以上。儿童在此时期内处于不断生长的动态平衡中,变化多而快,较正常儿童相比,特殊儿童情况则更为复杂多变,更容易受内外环境中不利因素的侵扰。随着儿童年龄的增长,有些疾病还会加重,比如癫痫的发作频率会越来越高;有些儿童会出现一些新的疾病,比如出现哮喘。肥胖也会随他们年龄的增加而不断增多。这些新增的情况都需要教师制订新的应对方案。

(二)涉及范围广

特殊儿童保健不仅需要采取防病治病手段,还需要采取健康有利的促进性干预措施,如营养膳食调整、体格锻炼、健康教育、疾病筛查、急救处理等多个方面的措施。只有各学科相互渗透、共同提高,才能做好特殊儿童的保健。

(三)需要家校医合作

特殊儿童的保健是一项周期长、任务重、涉及范围广、全天候服务的工作,因此,单靠一线教师的力量是远远不够的,必须得到外界力量的支持。首先,教师应该学习相应的医学知识。其次,教师就儿童病情与家长沟通。家长提供儿童在家的真实情况,并配合教师的计划,在家做好相应的支持,与学校保持同步。在需要医治的时候带儿童到医院接受相关的治疗。教师应该在儿童保健工作中做好沟通协调的工作。

第二节 健康和安全流程

这些流程包括:常规的医学评估、营养保健传染病的预防和控制、心肺复苏术和急救护理。这些流程要广泛地运用于多种不同的环境中。所有与学生有直接接触的人员都要熟悉这些流程。

一、常规的医学评估

医学评估包括医学诊断、健康检查和康复评估等方面的内容。通过对特殊儿童的医学和健康评估,可以全面了解特殊儿童障碍类别与程度、体格生长发育和神经心理行为发育状况、其他相关疾病,以及社会适应能力水平。对特殊儿童的健康与发育水平进行综合评估,可以让教师以此为基础对他们的个别化教育、康复、保健计划等提出意见与建议。

(一)医学评估的内容

1. 医学诊断

医学诊断是指相关专业的医生依据国家的相关标准,对特殊儿童的障碍类别和障碍程度进行相关的诊断,诊断结果是对学生进行教育安置与干预的重要依据。有些类型的障碍在儿童出生后不久就可以进行筛查和诊断,如听力障碍、脑瘫等;有些障碍则要等到儿童发育到一定的阶段才能进行诊断,如自闭症谱系障碍。一般来说,大部分特殊儿童的医学诊断在入学前基本可以完成。

2. 健康检查

除了本身的障碍外,特殊儿童往往还伴随多种与障碍相关的继发性疾病,比如脑瘫儿童,常常伴随癫痫、吸入性肺炎、胃食管反流、频繁骨折、疝气、膀胱控制障碍与上气道梗阻等问题。这些疾病不仅会影响儿童体格的生长发育,还会影响他们的日常生活和学习。提前了解儿童的这些信息,并进行有针对性的干预,不仅能改善他们的身体素质,还能提高教育干预的质量。故需在儿童日常照料时给予特别关注,并进行相应的治疗与护理。对特殊儿童来说,应在常规体检项目之外,增加适合他们特殊性的体检项目,以更全面地掌握他们的身体状况。

(1) 出生缺陷/先天畸形情况

出生缺陷/先天畸形主要指标为各系统先天性的缺陷,包括五官系统、循环系统、神经系统、消化系统、泌尿生殖系统、骨骼肌肉系统、遗传代谢障碍等分类下具体的缺陷或障碍类别,这些基本都在儿童出生时就已得到确诊的先天性缺陷。

(2) 体格生长情况

体格生长情况主要包含身高、体重、年龄、头围等体格生长指标,心肺功能、五官功能、口腔和龋齿以及血常规、尿常规等检查。此外,还应包含伴发疾病等方面的检查,如癫痫、心脏病、哮喘、高血压、糖尿病、肾脏病、肝病、食物过敏、药物过敏等。目前,该部分信息的主要来源是由家长填写,但由于家长知识水平的限制以及重视程度不够,该部分信息常常不够准确,所以,新生入学后,学校需要组织学生做进一步的检查,以便对有相关疾病的学生做好相应的保健工作。

(3) 营养疾病状况

营养疾病状况包括贫血、营养不良、超重/肥胖、偏食或挑食、厌食或拒食、异食等。营养问题不仅会影响特殊儿童的生长,有时候还会影响他们的行为。有20多年应用行为分析工作经验的布伊(Buie)的研究发现,50%以上自闭症患儿有胃肠道问题,因此怀疑自闭症患儿的消化道与脑功能异常之间存在某种联系。[1] 另一项对36个牛奶喂养的自闭症患儿所作的研究[2]发现,自闭症儿童在停用牛奶8周之后,其自闭行为得到了明显改善。保尼士(Bonisch,1968)[3]则采用大剂量的维生素B6(每天100～600 mg)治疗16名自闭症患儿,其中12名患儿有明显改善,3名患儿开始第一次开口讲话。虽然这些研究的结果还有待进一步研究考证,但对基层特殊学校而言,在营养方面尝试对儿童进行干预,不失为一条安全有效的途径,也应该成为未来特殊儿童保健的重点。

3. 康复评估

随着康复训练的广泛开展,康复评估越来越受到重视。康复评估是指参照一

---

[1] Buie T, Campbell D B, Rd F C, et al. Evaluation, Diagnosis, and Treatment of Gastrointestinal Disorders in Individuals with ASDs: a consensus report. [J]. Pediatrics, 2010, 125 Suppl 1(Supplement): S1—18.

[2] Lucarelli S, Frediani T, Zingoni A. M, et al. Food Allergy and Infantile Autism. Panminerva Med, 1995, 37(3): 137—141.

[3] Bönisch E. Experiences with Pyrithioxin in Brain-damaged Children with Autistic Syndrome [J]. Prax Kinderpsychol Kinderpsychiatr, 1968, 17(8): 308—310.

定的标准对障碍者的功能障碍类别、性质范围及程度等信息进行收集整理并做出初步判断的过程,是康复训练的逻辑起点。康复评估可以使老师全面了解障碍的状态,也是确定儿童康复资格及相关支持获得的依据以及效果评定的手段。特殊儿童康复评估是在医学诊断和健康检查基础上进行的更为详细的评估,主要包括对其运动、感知觉、心理、言语语言、社会适应等一个方面或多个方面的评估。具体见表7-1。

表7-1 特殊儿童主要评估领域

运动	感知觉	心理	言语语言	社会适应
肢体内(肌肉、关节)的运动能力,肢体间的运动协调	视、听、触压、本体感觉、平衡等	注意、智力、情绪、性格、神经心理等	构音、语流、语言发育、语用等	日常生活活动、学校/社区生活、职业/就业能力等

(二)医学评估的过程

特殊儿童评估是一项复杂的、系统的工作,贯穿于儿童早期发育的全过程。它涉及教育与卫生等多部门,由医生、教师、学校护士、家长等多个主体完成。在具体实施过程中,特殊儿童因障碍类别、障碍程度不同,所需要的评估可能有所不同,同一儿童在不同的发展与教育训练阶段所需的评估也可能有所不同,因此,应该根据他们的实际需求合理计划,并实施评估。

医学评估的过程主要由三个阶段组成:入学评估、过程性评估以及总结性评估。入学评估是为即将开始接受教育的特殊儿童实施的评估,旨在通过评估,对特殊儿童的障碍状况做出诊断,同时,全面了解儿童的健康情况,为儿童的医疗健康及教育安置提供依据。过程性评估是指特殊儿童入学后,在学习过程中进行的评估,旨在监测儿童存在的健康问题,并及时发现特殊儿童在生长发育过程中出现的新问题,根据评估的结果及时调整保健、康复,甚至是教学策略。总结性评估是障碍儿童毕业/转衔阶段的评估,是从一种安置形式转入另一种安置形式时所需进行的医学评估,它包括从一个学段到另一个学段、从一所学校到另一所学校、从一种安置形式到另一种安置形式、从学校到机构、从学校到家庭等多种情况。

二、营养保健

营养均衡是身体健康的基础,人体大约由63%的水、22%的蛋白质、13%的脂肪和2%的维生素和微量元素等组成,身体的每一个分子都来自我们所摄入的食物和水。由于自身运动以及认知方面的障碍,特殊儿童常常在进食方面存在问题,因而很容易出现营养失衡,继而损害身体健康,严重者则会影响到儿童的学习与生活。因此,让儿童摄入合理的营养,使身体尽可能达到健康状态,对特殊儿童有着重要的意义,也是对特殊教育简单而又有力的辅助。通过膳食平衡,使儿童摄入的营养均衡,这有助于改善儿童睡眠质量,提高体能,改善注意力和情绪,思维更清晰,增强抵抗力。

(一) 各种常见营养物质及其作用

1. 蛋白质

蛋白质是构成身体的基础物质,它本身由25种氨基酸组成。蛋白质对人体的生长发育和身体组织的修复有至关重要的作用,同时也构成了激素、酶、抗体和神经递质,并帮助体内转运各种物质。人体摄入蛋白质的数量和质量都非常重要,医生建议我们每天摄入的能量中应该有15%来源于蛋白质,而质量恰恰取决于25种氨基酸的平衡。从25种氨基酸平衡的角度考虑,质量最好的蛋白质来源于鸡蛋、大豆、肉类、小扁豆等,有很多种蔬菜如豌豆,五谷杂粮如玉米等都含有不少的蛋白质。

现在人们的膳食逐渐走向高蛋白(占摄入能量的30%)、高脂肪(占摄入能量的50%)和低碳水化合物(占摄入能量的20%)。这样的饮食结构,蛋白质已经超出了人体的需要,过多的蛋白摄入是有害健康的。首先,对过多的蛋白质降解会增加肾脏的负担;其次,蛋白质的分解产物氨基酸是酸性的,血液中氨基酸浓度过高会引起钙的流失,增加骨质损失的风险。

有些学生可能因对某些蛋白物质过敏而导致一些疾病,教师尤其需要注意他们的进食。

2. 脂肪

脂肪是由甘油和脂肪酸组成的三酰甘油酯,其中甘油的分子比较简单,而脂肪酸的种类和分子长短却不相同。脂肪酸分三大类:饱和脂肪酸、单不饱和脂肪酸、多不饱和脂肪酸,脂肪也相应地分为饱和脂肪、单不饱和脂肪和多不饱和脂肪。饱和脂肪不是人体必需的,大量摄入对身体还有害处,它的主要来源是肉类和乳制品;单不饱和脂肪主要来源于橄榄油;多不饱和脂肪主要来源于坚果、种子油和鱼类。医生建议,我们每天摄入的脂肪总量中,饱和脂肪最多占1/3,而不饱和脂肪最少占1/3,以提供两种必需脂肪:亚油酸族即Omega-6系列脂肪,还有α-亚麻酸族,也就是Omega-6系列脂肪。这两种脂肪的理想比例组成应该接近于1∶1。在人体膳食的总能量当中,脂肪最好不要超过20%。

许多患有注意缺陷多动障碍(ADHD)的孩子已经被证实有必需脂肪酸缺乏

引起的症状,如过度口渴、皮肤干燥、湿疹和哮喘。他们可能缺乏必需脂肪酸,必需脂肪酸的缺乏可能是因为孩子从膳食中摄入不够,也可能是孩子对必需脂肪酸的吸收不好,或者摄入的脂肪酸不能很好地转化为前列腺素(前列腺素可帮助大脑交流信息)。

3. 碳水化合物

碳水化合物是由碳、氢、氧三种元素组成的一大类化合物。人体的能量主要来源于碳水化合物。碳水化合物转化成能量有两种形式:一是快速释放型,如糖、蜂蜜、麦芽糖、甜食和绝大多数精制食物;二是缓慢释放型,如全谷类食物、蔬菜和新鲜的水果。快速释放型的碳水化合物在释放出能量以后,往往会出现剧烈的能量下降,而缓慢释放的碳水化合物则可以提供平稳的能量,因此更为可取。

富含精制碳水化合物的饮食,对任何人都没有好处。很多家长认为给孩子吃糖果是对孩子好,但实际上过多的糖果可能带来副作用,比如会让儿童过度活跃和产生攻击性行为。葡萄糖是大脑和机体的主要燃料,由于精制碳水化合物、刺激物、糖果、苏打饮料等的存在以及膳食中可降低葡萄糖吸收的膳食纤维的缺乏,血糖很容易像过山车一样处于大幅度起伏状态,此时人的活跃性、注意力、兴趣点以及行为也会随之大幅度波动,正如患有ADHD的孩子所表现出来的那样。孩子吃完糖以后表现出的平静,可能只是身体内部的血糖由原来的低血糖状态趋于正常化的结果。多动的孩子对糖的摄入要比其他孩子多;而减少膳食中糖的含量,会使他们的犯罪率降低一半。

4. 维生素

虽然相对于脂肪、蛋白质或者碳水化合物,人体维生素的需求量要少得多,但是它们也非常重要,维生素能"启动"酶的活性,酶让体内的所有生命过程得以运行,维生素还有很多重要的功能,如参与激素活动,增强免疫功能,维护皮肤健康和保护动脉,这些功能对于大脑、神经系统和每一个生命反应来说都是至关重要的。维生素A、维生素C和维生素E都是抗氧化剂,能够减缓衰老,帮助身体抵抗癌症、心脏疾病和污染;B族维生素和维生素C在食物转化为心理和生理能量的过程中起着极为重要的作用;维生素D则可以帮助控制钙平衡。维生素A主要以两种形式存在,一是视黄醇,这一动物形式的维生素主要来源于肉类、鱼类、鸡蛋和乳制品,二是β-胡萝卜素,主要来源于红色、黄色和橙色的蔬菜和水果;B族维生素和维生素C在新鲜水果和蔬菜中含量最为丰富;维生素D主要来源于牛奶、鸡蛋、鱼和肉类,也能通过晒太阳在皮肤中合成;维生素E则主要存在于种子里。

研究发现①,很多表现出自闭症症状的孩子都缺乏维生素 A。而它是维护视力所必需的,如果孩子不能获取天然的维生素 A,不仅会影响他们消化系统的完整性,也可能会影响孩子大脑的发育,造成视力损伤。一些患有自闭症的孩子已经被诊断出伴有大脑发育和视力受损现象。麦格森(Magsen)医生推断,视觉损伤是一条重要线索,因为缺乏维生素就意味着明暗分辨能力较弱,而在患有自闭症的儿童中,这是一种常见症状。如果看东西时分不清明暗,那就意味着看不到物体的影子。如果看不到影子,就失去了观察物体的三维感,也就不能很好地判断人的表情。这可以解释为何患有自闭症的孩子常常不会正视别人,而是看人的侧面,这一直被认为是他们社会交往不良的一个表现。而实际上,这可能是他们能够看到人们表情的最佳方式。这是因为物像的边缘比中间有着更强的明暗对比。麦格森医生的研究表明,补充维生素 A 后,自闭症的症状可得到明显的改善。

5. 矿物质

和维生素一样,矿物质在生命的每一个过程都是必需的,钙、镁和磷是构成骨头和牙齿的元素;神经信号对于大脑和肌肉来说是非常重要的,而神经信号的功能依赖于钙、镁、钠和钾;氧在血液中的运输主要靠含铁的复合物,铬参与控制血糖的水平,锌对于身体的每一个修复、更新和生长过程都是必需的,硒和锌能激活免疫系统;大脑功能取决于足够量的镁、锰、锌和其他一些必需的矿物质。

除了这些常见的必需矿物质,我们现在越来越多地吸入有害元素,如铝、镉、铅和汞等。这些元素不仅危害儿童的健康生长,还会对儿童大脑的发育造成严重的影响。有研究发现②,特殊儿童体内这些有害元素的含量普遍偏高。

(1) 铝

铝是一种银白色轻金属,有延展性。铝不只广泛应用于食品包装工业,越来越向家用产品领域扩展,很多物品如抗酸剂、牙膏管、除臭剂、铝箔、铝罐、铝锅中含有铝,甚至连饮用水里也含有铝。体内缺锌越严重,就会吸收越多的铝,铝和其他有毒金属一样也会和许多重要的维生素和矿物质结合,以致严重威胁人体营养情况,除了已知的对脑功能和记忆力的影响外,铝还与婴儿的肾脏问题和儿童行为问题以及自闭症有关。

---

① Clark J H, Rhoden D K, Turner D S. Symptomatic vitamin A and D Deficiencies in an Eight-Year-Old with Autism. [J]. Journal of Parenteral & Enteral Nutrition,1993,17(3):284—286.

② Mohamed B F, Zaky E A, Elsayed A B, et al. Assessment of Hair Aluminum, Lead, and Mercury in a Sample of Autistic Egyptian Children: Environmental Risk Factors of Heavy Metals in Autism[J]. Behavioural Neurology,2015(3).

(2) 铅

铅是人体中不需要的金属元素,有害无益,但在人类的生活中广泛应用,如电缆、蓄电池、油漆等。铅及其化合物可以通过呼吸、皮肤及消化系统进入人体,会影响胎儿、婴幼儿及儿童的多方面发展,导致血液疾病、肾损伤、中枢功能缺陷(注意缺陷、认知缺陷等)、发育迟缓等问题发生。

(3) 汞

汞俗称水银,常温、常压下唯一的液态金属。它可以与多种物质反应,形成三种不同形态的物质:金属汞(包括合金)、有机汞和无机汞。20世纪50年代在日本水俣湾发生的甲基汞水污染事件(水俣事件),导致人及动物残疾发生,引起人们对汞致残的关注。汞类物质中甲基汞类毒性最大,其后是金属汞、苯汞及无机汞。动物及人体研究表明,汞对于人体及动物的神经系统具有高敏感的毒害作用,并伴随其他不良反应,如肌肉萎缩、手足变形,视器结构及功能缺陷(如无色素、无瞳孔和斜视、视野缩小、眼球震颤或盲等)、颜面僵持、发音困难及言语不清、小脑性运动失调、认知缺陷及智力障碍、癫痫等。重者在急性期会出现意识行为异常,如嗜睡与兴奋交替、体曲腰弓痛苦叫嚷,甚至死亡。

(4) 镉

镉是一种银白并泛淡蓝色的过渡金属,质地软、富延展性。镉及其化合物均具有毒性,伤害人体多个系统,如咽喉痛、支气管炎、肺水肿、呼吸困难等呼吸系统疾患;会导致骨质疏松、关节疼痛、牙龈黄斑或渐成黄圈、肌肉酸痛并发热等"痛痛病"症状;也会引起尿中出现低分子蛋白、内分泌失调、食欲不振、失眠等肝肾损伤。

(二)各类障碍儿童的饮食特征

饮食对于维护儿童的健康有重要的作用,有些障碍儿童的健康与饮食的关系更为密切,下面主要介绍自闭症谱系障碍和脑瘫儿童的饮食特征。

1. 自闭症谱系障碍儿童的饮食特征

由于自闭症谱系障碍(ASD)儿童对感官刺激异常敏感,导致儿童普遍挑食,据估计有超过90%的ASD儿童存在饮食问题。ASD儿童通常只吃五六种食物,普遍拒绝各种水果、蔬菜和蛋白质,更偏爱零食和高脂肪、高碳水及加工食品。ASD儿童普遍缺乏维生素、微量元素、必需氨基酸以及必需脂肪酸,其缺乏程度与ASD严重程度相关。而给ASD儿童补充维生素和微量元素,他们的睡眠情况、胃肠道症状、多动、发脾气、自残与刻板等行为均得到了明显的好转。[1]

缺乏必需脂肪酸可能促进精神疾患的发生，Omega-3 不饱和脂肪酸对中枢神经系统的发育和正常功能具有重要作用。ASD 儿童体内大多缺乏不饱和脂肪酸，并且给 ASD 儿童补充 Omega-3 不饱和脂肪酸后，ASD 儿童在刻板行为、多动和不当言论等方面有显著改善。[2] 此外，谷氨酸和酪氨酸在体内的代谢过程中会引起 ASD 儿童大脑异常。无麸质/无酪蛋白饮食被认为可改善 ASD 症状，但是其具体作用机制还不是很清楚。

一些肠道微生物的异常也可能与 ASD 相关，肠道微生物的整体组成或者某些类型的菌群都可能对 ASD 产生影响。[3] 梭菌属细菌可产生神经毒性物质，一些晚发型 ASD 儿童的肠道菌群紊乱，破伤风梭菌产生的破伤风毒素异常高，并且梭菌属和瘤胃球菌属细菌数量明显高于正常儿童。为了抑制肠道中的梭菌，人们尝试使用万古霉素和甲硝唑这两种广泛用于厌氧菌感染的抗生素，发现它们确实能明显改善 ASD 症状。[4] 口服万古霉素几乎不被人体吸收，只对肠道微生物发挥作用，并且停药后 ASD 症状易复发，这可能是由于某些肠道微生物在抗生素的作用下产生了孢子，停药后孢子就会活化成细菌继续影响肠道和神经系统。近年来，用益生菌或其代谢产物对 ASD 儿童进行干预来改善肠道微生物平衡状态方面的研究取得了一些进展。

食物在塑造和维持肠道微生物方面具有决定作用，而肠道微生物又能进一步帮助人体从食物中获取更多的营养物质。食物和营养影响肠道微生物组成，不同的饮食习惯下，肠道微生物组成也不同。食物中的抗性淀粉（如纤维素、半纤维素和胶质等）、寡糖（如寡果糖和菊粉等）、不溶性糖类等植物多糖类碳水化合物不能被人体消化、分解和吸收，而肠道微生物能将它们转化为乙酸、丙酸和丁酸等短链脂肪酸，并为宿主提供能量和多种营养物质。在人们治疗 ASD 的实践中出现了一些饮食疗法。其中，特殊碳水化合物饮食（the specific carbohydrate diet，SCD）疗法尽可能减少饮食中未消化的淀粉和多糖，从而抑制酵母菌以及其他有害微生物的生长，减少产生的神经毒性物质伤害大脑。在抑制有害细菌生长的同时，还提供促进有益菌增殖的方法，帮助肠道菌群恢复健康，提高患者的行为、感知和语

---

[1] Meiri G, Bichovsky Y, Belmaker R H. Omega 3 fatty acid treatment in autism.[J]. Journal of Child & Adolescent Psychopharmacology, 2009, 19(4):449—451.

[2] Bui D. Omega-3 Fatty Acid Supplementation: a Potential Treatment for Autism? [J]. 2009, 13(1).

[3] Li Q, Han Y, Abc D, et al. The Gut Microbiota and Autism Spectrum Disorders:[J]. Frontiers in Cellular Neuroscience, 2017, 11:120.

[4] Sandler R H, Finegold S M, Bolte E R, et al. Short-Term Benefit From Oral Vancomycin Treatment of Regressive-Onset Autism[J]. Journal of Child Neurology, 2000, 15(7):429—435.

言发展能力。而肠道和心理综合征疗法则包括了主要的 SCD 成分，但允许使用淀粉和糖，还提倡食用发酵食品、益生菌和自制食品，特别强调了营养补充剂的作用，目的是促进 ASD 儿童肠道菌群的平衡，抑制有害菌的增殖。这一方法被用于改善 ASD 儿童多种消化系统异常以及相应的心理问题。

2. 脑瘫儿童的饮食特征

由于体质较弱，脑瘫儿童容易感染疾病而影响功能的康复，因此，合理的饮食、注意营养对保持他们身体健康是十分必要的。首先，大部分脑瘫儿童伴随咀嚼障碍或吞咽障碍，这会影响他们对一些营养物质的摄入。因此，他们的食物往往要"烂""软"，以便得到更好吸收。其次，脑瘫儿童多伴有自主神经功能失调，每天运动量少，胃肠蠕动少，胃液分泌少，导致经常便秘，因此要多补充一些纤维素含量高的食物。此外，由于患儿肌张力增高，持续存在异常姿势，消耗能量多，所需热量高。最后，大多数脑瘫患儿易出汗，每日丢失矿物质较多，故应每天饮 1~2 次淡盐水，以补充水及电解质。由于他们常常少活动，日光浴时间不足，易缺乏维生素 D，较易患佝偻病，因此，有必要补充钙、维生素 A 和维生素 D，以防骨质脱钙、疏松。总之，脑瘫儿童要少量多餐，饮食要高热量、高蛋白、高脂肪、高纤维素，膳食中富含多种维生素，矿物质也需平衡。

三、传染病的预防和控制

预防和控制传染病的目的就是为了防止疾病在学生和学校工作人员之间传播。当微生物进入人体，在人体内找到适合它们生长和繁殖的环境时，人们就会患上传染病。一些传染病，比如普通感冒，是儿童经常会感染的疾病。而另外一些传染病，诸如肝炎或者结核病，会发生在普通人群中，如果学校采取了恰当的控制方法，就能把风险降到最低。如何预防和控制传染病呢？首先，学校要努力保持公共卫生，积极预防传染病的发生。其次，预防那些已知的传染病的扩散，而控制已知的传染病的主要办法就是在入学前接种疫苗。

传染病的预防和控制还应防止传染病在学生、教育工作者之间传播。当确定某个学生患有某种传染病后，必须向学校保健室医生或护士咨询，确定该生应该回家休息还是可以继续留在学校学习。不同病毒潜伏期长短不一，有的发病的时候没有什么明显的症状，比如，一个儿童可能在十分年幼的时候就携带了巨细胞病毒，这些病毒可能在某些时候通过唾液或尿液传给他人，而这一过程发生时又没有明显的迹象。生活中常见的病毒包括：巨细胞病毒(CMV)、疱疹病毒、甲型和乙型肝炎病毒、艾滋病毒，当然不仅仅限于这些病毒。

与典型发育儿童相比，特殊儿童由于体质较差，更容易感染与传播疾病。比如,脑瘫儿童常常容易肺部感染,因此影响他们的正常生活和学习。每年的冬春季是呼吸道传染病的好发季节,学校又是人员较密集、集中的地方,一旦出现传染病,则比较容易传播,在特殊学校,传播造成的后果会更加严重。频繁洗手,尤其是当教师与某个学生有身体接触后,在接触另一个学生前洗手,是预防和控制传染病在教室中传播的一个关键而有效的措施。特殊学校除了常规的预防措施外,应该教会学生正确地洗手,这是预防传染病最简单而又有效的方法。

表 7-2 必须洗手的情形

1. 下面这些情形之后,一定要洗手
   - 用纸巾擤鼻涕
   - 咳嗽或打喷嚏时,用双手捂嘴或捂住鼻子
   - 准备食物
   - 触摸过伤口或溃疡
   - 与生病的孩子接触
   - 为某个孩子喂食(或者辅助孩子吃食物)
   - 所有与厕所有关的活动,包括接触尿布
2. 下面这些情形之前,一定要洗手
   - 触摸食物
   - 布置餐桌
   - 吃食物前或者喂饭了吃食物
   - 处理擦伤、割伤或创伤
   - 照顾病人

表 7-3 正确的洗手方法

1. 湿:在水龙头下把手淋湿,擦上肥皂或洗手液
2. 搓:手心、手背、指缝相对搓揉 20 秒
   ① 掌心相对,手指并拢相互摩擦
   ② 手心对手背沿指缝相互搓擦,交换进行
   ③ 掌心相对,双手交叉沿指缝相互摩擦
   ④ 一手握另一手大拇指旋转搓擦,交换进行
   ⑤ 弯曲各手指关节,在另一手掌心旋转搓擦,交换进行
   ⑥ 搓洗手腕,交换进行
3. 冲:用清水把手冲洗干净
4. 捧:用双手接清水将水龙头冲洗干净,再关闭水龙头
5. 擦:用干净的毛巾/纸巾擦干或用烘干机烘干

四、心肺复苏术

心肺复苏术(Cardiopulmonary resuscitation,CPR)是一种患者呼吸或者呼吸和脉搏都停止时需要使用的急救方法。在发生意外事故后应立即实施 CPR,这是维持个体生命的关键。尽管任何人都有可能需要 CPR,但是特殊学生需要的可能

性更大。这些学生往往患有心脏病、癫痫等疾病，容易出现流体和/或食物误吸入气管、口腔内分泌物过多情况。特殊儿童尤其是脑瘫儿童常常存在食物咀嚼不充分和/或吞咽不充分的情况，可能会导致学生用餐时吸入部分的食物。另外，三岁以下的幼儿呼吸道吸入异物的风险更大，他们常常倾向于把物品放在嘴巴里，与年长的孩子相比，他们的咀嚼能力也较差、呼吸道较狭窄，因而也容易出现食物进入呼吸道的情况。

如果学生可能发生了窒息，可以通过观察学生能否说话或者让其咳嗽，来判断学生的呼吸道是否完全阻塞。如果学生能够说话或者咳嗽，可以尝试让其把呼吸道内的物体吐出来，可能不需要其他的干预。如果学生无法说话或咳嗽，则需要立即实施CPR。

CPR的三个基本救援技能分别是保持呼吸顺畅A(airway)、口对口人工呼吸B(breathing)、建立有效的人工循环C(circulation)。美国心脏协会在2010年提出了新的科学指南，建议CPR的操作顺序由原先的A-B-C转为C-A-B。下面进行详细介绍。

1. C:建立有效的人工循环

首先检查心脏是否跳动，最简易、最可靠的是检查颈动脉。抢救者用2～3个手指放在患者气管与颈部肌肉间轻轻按压，时间不少于10秒。如果患者停止心跳，抢救者应握紧拳头，拳眼向上，快速有力猛击患者胸骨正中下段一次。此举有可能使患者心脏复跳，如一次不成功可按上述要求再次扣击一次。如心脏不能复跳，就要通过胸外按压，使心脏和大血管血液产生流动。以维持心、脑等主要器官最低血液需要量。

正确的按压部位是胸骨中、下1/3。具体定位方法是，抢救者以左手食指和中指沿肋弓向中间滑移至两侧肋弓交点处，即胸骨下切迹，然后将食指和中指横放在胸骨下切迹的上方，食指上方的胸骨正中部即为按压区，将另一手的掌根紧挨食指放在患者胸骨上，再将定位之手取下，将掌根重叠放于另一手手背上，使手指翘起脱离胸壁，也可采用两手手指交叉抬手指。抢救者双肘关节伸直，双肩在患者胸骨上方正中，利用上身重量垂直下压，下压深度儿童为3 cm(成人大于5 cm)，而后迅速放松，解除压力，让胸廓自行复位。如此有节奏地反复进行，按压与放松时间大致相等，频率为每分钟不低于100次。

2. A:保持呼吸顺畅

昏迷的患病学生常因舌后移而堵塞气道，所以心肺复苏的首要步骤是保持气道畅通。急救者以一手置于患者额部使头部后仰，并以另一手抬起后颈部或托起下颚，保持呼吸道通畅。若疑有气道异物，应从患者背部双手环抱于患者上腹部，用力、突击性挤压。

3. B：口对口人工呼吸

在保持患者仰头抬颏前提下，施救者用一手捏闭鼻孔（或口唇），然后深吸一大口气，迅速用力向患者口（或鼻）内吹气，然后放松鼻孔（或口唇），照此每5秒钟反复一次，直到恢复自主呼吸。每次吹气间隔1.5秒，在这期间抢救者应自己深呼吸一次，以便继续口对口呼吸，直至专业抢救人员到来。

正确有效的按压技术要求是：

● 抢救者的上半身前倾，两肩要位于双手的正上方，两臂伸直，两肘关节不可弯曲。利用上半身的体重和肩、臂部肌肉的力量，垂直向下按压，不可偏向一侧或左右摇摆。

● 按压应平稳，用力要均匀，有规律地按压，不能间断。

● 每次按压后，要全部放松，使胸部恢复正常位，务使胸骨不受任何压力。放松时注意定位的手掌根部不要离开胸骨定位点。判断按压是否有效，如有两名抢救者，在一人按压时，另一人应能触及颈动脉或股动脉搏。

五、急救护理

急救护理是指在获得常规医疗救援之前所实施的紧急护理。在多数学校中实施的急救护理并非生死攸关，但是不处理或者不正确地处理，可能会威胁到学生的生命，产生严重的后果。学校中开展的急救医疗服务多数是由于学生跌倒、外伤（比如，骨折或脱臼）和内科疾病（比如，呼吸困难、癫痫等疾病）。有些哮喘发作、食物过敏、药物过敏的学生也需要急救护理。对学校教职工来说，那些有特殊医疗护理需求的学生可能会带来更多的挑战，因为这些学生的症状可能不明显而很难识别出来，或者是他们存在沟通交流困难，无法说清情况。比如，某个学生可能会出现头痛、恶心或发热的症状，但学生本人又无法向别人描述出这些症状。对于这些学生，教师需要向其父母询问，获得一些线索，比如学生的肢体语言、面部表情或者脾气的变化，这些都可能是儿童身体不适的一些标志。

在学校里，教师有广泛地与学生接触的机会，当学生发生突发事件时，他们往往也是在现场的、可实施救助的第一人员，所以学校全体人员都有必要接受急救护理的培训，并且这种培训应该由有资质的医学专业人员提供。

对于可能有急救护理需求的学生，教师需做好以下工作。

1. 制订应急预案

对这些学生来说，应急预案应该是他们的个人健康方案（individualized health plan，简称IHP）和IEP的一部分。对学校来说，向教职员工提供的急救护理应急预案不仅应该涉及学校环境和可用资源,而且还要纳入那些常见的校外环境,比如,学生上学、回家路上。应急流程中需包括以下内容:

● 由哪些人来负责打电话寻求急救服务。
● 由谁打电话通知学生父母。
● 由谁陪同学生到急诊室、医务室或者其他场所。
● 在哪些场所接受急救服务。
● 由谁照顾其他目睹了该突发事件的学生。
● 学生父母的联系方式,以及当联系不到学生父母时,还可以联系的其他人的名字和电话号码。

另外,医疗护理专业人员应该很容易地从学校教职工那里获得学生的姓名和电话号码。学校的每个电话机旁边都应该张贴学校护士、学校行政人员、救护车、公安局、消防局、医务人员、疾病控制中心和医院急诊室的电话号码,同时还应该张贴紧急情况下应该遵循的步骤列表。

2. 确定需要紧急关注的几种情况

学生可能会出现一些突发事件,必须得到及时的处理。在紧急情况下,比如出现严重的出血、休克、突然昏迷或者过敏反应,就应该立即联系急救服务,把学生送到医院。因此,教师需要对何时联系医疗专业人员有清晰的了解,他们需要遵循一定的操作守则来对这些问题进行处理。

在联系急诊室工作人员或者紧急医疗服务时,为了判断学生的病情,学校工作人员至少应该向对方提供下面一些信息:① 学生具体有哪些不适或者症状。② 这些症状是什么时候开始出现的。③ 什么因素会造成学生的疼痛或状况有所缓解或者加重。④ 当意外发生时,学生正在做什么。⑤ 自从伤害或者疾病发生之后,发生过哪些变化。⑥ 学生是否吞咽过物品。⑦ 学生目前正在服用哪些药物。

第三节 日常的预防工作

日常的预防工作是指那些日常的卫生保健,也包括学生在校期间的特殊医疗护理需求。主要包括:牙齿和牙龈护理、皮肤护理和肠道护理。

一、牙齿和牙龈护理

牙齿和牙龈护理包括口腔卫生、预防性的牙科保健、良好的营养和饮食习惯。把牙齿和牙龈护理列入日常的预防工作,是因为有特殊医疗护理需求的学生家庭普遍认为口腔卫生是最常见的、但是没有得到满足的需求。此外,口腔健康是学生身体健康和日常活动中不可或缺的一部分,良好的口腔卫生能够减少龋齿、牙周炎的发生,还能够避免嘴巴中未被发现的食物残渣被吸入呼吸道。

有许多因素可能会导致学生牙齿和牙龈出现不健康和畸形,比如,下颌或牙齿不正常的形状、学生长期使用奶瓶喂养、缺乏咀嚼、不常清洁牙齿和牙龈、不经常做牙科保健、药物的副作用。那些有口部运动困难的儿童也有患上龋齿的风险。为了保持牙齿和牙龈的健康,要时刻注意饮食和口腔卫生。健康的饮食主要包括下面几组食物:面包、麦片、米饭、意大利面;蔬菜和水果;牛奶、酸奶和奶酪;肉类、鱼类、豆类、鸡蛋和坚果。长时间奶瓶喂养的儿童容易出现营养不良,牙齿发育出现问题。

对于那些有特殊医疗护理需求的学生而言,在他们年幼时就要关注其口腔卫生,形成卫生饮食的常规。对于那些对口部运动区域不敏感的儿童,要让他们对触摸口腔周边区域变得更加敏感。有严重身体障碍和口部运动困难的儿童偶尔会出现咬合反射,这种不随意的反射动作通常发生在把勺子、牙刷或者其他物品放在他们嘴巴里的时候。如果在清洁牙齿时出现困难,则可以使用较软的张口器以较为温和的方式,让学生的嘴巴保持张开状态。

学校要帮助学生获得这些合适的、预防性口腔卫生信息,并教他们如何进行口腔护理。在学校和家庭中,开展自主的或辅助的、保持学生口腔卫生的常规活动,有助于他们:① 通过保持牙齿和牙龈健康来预防牙周疾病。② 养成健康良好的饮食习惯。③ 养成正确的发音习惯,建立健康的身体形象。

二、皮肤护理

学校中要开展的皮肤护理工作侧重于防止学生皮肤皲裂和褥疮的形成。导致儿童皮肤皲裂的一些高危因素包括:① 瘫痪。② 触觉或其他感觉的缺失。③ 剧烈活动。④ 长时间静止不动。一些特殊学生可能每天大部分时间都是在轮椅、支架或者夹板上度过的,只能依靠他人的帮助才能改变身体姿势,他们很容易出现皮肤方面的问题,因此,在教室内系统地开展皮肤护理、监控学生的皮肤状况是十分有必要的。在促进学生皮肤健康方面,主要考虑四个目标:① 保持皮肤清洁干燥。② 保证适当的营养摄入。③ 在移动学生时,减少皮肤摩擦(两处皮肤表面相互摩擦)。④ 减少长时间地压迫身体某些部位。

清洁干燥是保持皮肤健康的必要条件。基本的皮肤护理应该包括:努力减少或消除学生的尿失禁、建立一份定期如厕的时间表、减少皮肤接触粪便或尿液的时间和次数。潮湿、粪便和频繁过度的清洗会导致个体皮肤对摩擦的耐受性下降,使得皮肤更容易被尿布和衣物磨损。皮肤接触到粪便或尿液,也能够导致皮肤浸渍变软,而皮肤浸渍后增加了被尿液中的化学物质伤害的可能,也使皮肤更容易感染粪便中的微生物,这就增加了溃疡发生的可能性。

最佳强度的活动也是皮肤护理计划的一部分。静止不动会增加皮肤表面长期受压的可能性。当皮肤和皮下组织与突出的骨头和较硬的表面(如床或者椅子)之间发生挤压,压力就产生了。皮肤受到持续不变的压力,就使得为皮肤提供营养和氧气的毛细血管受到挤压。在椅子或床上滑动(摩擦力)能够使得血管伸展或弯曲。当皮肤长时间缺乏营养和氧气,细胞组织就会死亡,就形成了褥疮。骶尾部区域是最容易形成褥疮的部位,接下来是脚踝区域,其次是枕骨区域(后脑勺)。当人们坐着和躺着时,身体的某些部分承受了更多的重量,这些部分被称为压力敏感区(比如,后脑枕部、脚踝、脊椎骨、臀部)。对于那些有严重身体障碍的学生而言,每隔一至两个小时就要改变一下姿势,从而缓解持续的压力作用于身体某个部位,同时还能促进血液循环。在移动学生位置、转换活动时,应该避免因皮肤的摩擦对学生造成的机械损伤,这一点十分重要,这就可能需要两个人和/或使用辅助设备,比如,转移板。

三、肠道护理

肠道护理的目的是提高人们对可能影响排便时间的相关因素的重视,促进学生的整体健康。有调查发现[①],所有儿童中,便秘的发生率为23%,而患有脑瘫和其他显著发育障碍的儿童中,便秘发生率为26%~50%。其原因是,肌张力的增加或降低会影响到肛门附近肌肉或骨盆底部肌肉的协调性,导致这些学生排便困难。肌张力的异常,再加上纤维素和水分的摄入不足、结肠蠕动减慢、学生长时间不动和服用某些药物,这些都会增加便秘的发生。便秘还可能引起其他问题,如:行为问题、明显的腹痛、食欲下降、腹部饱胀、呕吐、腹部肿胀等。有助于使肠道处于最佳状态的因素有很多,如:摄入较多含纤维素的食物、摄入充足的液体、规律作息、制订一份大小便训练计划(如果有实施条件的话)、有助于排便的环境、正确的排便姿势、每天安排一定量的活动或锻炼等。

饮食控制,尤其是增加纤维素和液体的摄入量,是管理学生排便的第一道干预措施。饮食中增加纤维素的摄入量,比如,生的水果蔬菜、全麦面包和谷类食

---

① Veugelers R, Benninga M A, Calis E A, et al. Prevalence and Clinical Presentation of Constipation in Children with Severe Generalized Cerebral Palsy[J]. Developmental Medicine & Child Neurology, 2010, 52(9): e216—e221.

品中富含纤维素,能够增加个体排便的次数,提高大便的便质,减少排便时的疼痛感。因此,学生应该尽早远离混合性、泥状的食物或者婴儿食品,因为许多婴儿食品中含有的纤维素非常少。当学生存在咀嚼和吞咽困难时,他们就很有可能无法摄入足够的纤维素,对于这些口部运动困难的学生,为了弥补他们纤维素摄入的不足,教师和家长可以把各种食物放在一起研磨,让其食用。早餐时可以让他们吃一些麸麦片或者在食物中加入一些未加工过的谷糠,以提供额外的纤维素。但实际上,即使很多家庭都知道摄入纤维素的重要性,这些孩子的纤维素摄入量仍然低于医生的建议量。只有向家长提供密集而持续的建议,儿童的饮食管理才能有效。

绝大部分儿童每天需要摄入 1~2 升的液体,最好是摄入那些无糖的果汁或饮用水。对于有吞咽困难的学生而言,可以每天分多次摄入少量的液体,从而满足学生身体对液体摄入的需求。另外,可以在一些液体食品中加入增稠剂,比如婴儿米粉、混合水果、天然的明胶等,这些物体可以改变液体的粘稠度,这种做法也更容易为学生所接受。

正常的肠道功能能促进排便。教师和家长有时需要对学生开展持续的或新的大小便训练计划,帮助他们形成适当的排便模式。这需要学生家人和学校工作人员共同讨论、通力合作,找出有助于或不利于学生排便的刺激或活动。以下刺激或者活动有助于适当排便模式的形成:

(1) 利用胃结肠反射通常发生在饭后 15~30 分钟这一规律,在学生用餐和吃点心后 10 分钟左右,让学生坐在马桶上,每天都按照这个方法做。

(2) 使学生保持正确的身体姿势,增加学生的肌张力,比如,蹲的姿势。

(3) 使用改良后的设备,比如,马桶椅,让学生更愿意坐在上面。

(4) 促进学生身体活动和锻炼,帮助排泄物从大肠转导到直肠。

第四节 特殊的医疗护理流程

在特殊儿童中,有些学生的障碍程度较重,这些学生往往需要多种特殊的医疗护理流程,其中主要涉及对学生在校期间身体状况的监控,包括:对癫痫的监控,生产发育监测、营养的补充和对摄入食物的管理。

一、对癫痫的监控

对癫痫的监控就是记录学生在校期间癫痫发作的频率,这能帮助学生家长和卫生保健专业人员评估所服用的癫痫药物的有效性。表 7-4 就是一份在校期间监控学生癫痫的计划,通过这个计划,我们可以仔细观察和总结与学生癫痫相关的信息。

表 7-4　癫痫监控表格

癫痫观察记录					
学生姓名：					
日期和时间					
癫痫发作持续时间					
癫痫发作前的表现(简要列出学生的行为、诱发事件、活动)					
是否有意识(有/没有/会发生变化)					
癫痫发作时学生身体是否受伤					
肌张力/身体的运动	身体僵硬/牙齿咬紧				
	一瘸一拐地走路				
	摔倒				
	身体摇晃				
	转来转去				
	全身抽搐				
四肢运动	右手臂肌肉抽搐				
	左手臂肌肉抽搐				
	右腿肌肉抽搐				
	左腿肌肉抽搐				
	随意地运动				
脸色	脸色发青				
	脸色苍白				
	脸色发红				
眼睛	瞳孔扩大				
	眼球转动(右眼或者左眼)				
	眼球上翻				
	眼神凝视或闪烁				
	眼睛紧闭				
嘴巴	流口水				
	咀嚼状				
	撅嘴巴				

续表

口头发声(作呕、讲话、清嗓等)				
呼吸(呼吸正常、呼吸困难、停止呼吸、呼吸作响等)				
失禁(大便或小便)				
癫痫发作后的表现	昏迷			
	嗜睡/疲乏			
	头疼			
	说话口齿含糊			
	其他			
确定处理方式所用的时间				
是否通知学生父母?(通知的时间)				
是否拨打急救电话(打电话的时间、救护车到达时间)				
观察者姓名				

此版权属于美国癫痫基金会股份有限公司,2008年。版权使用得到许可。

正常情况下,大脑的一般生理活动是在电信号控制下有序进行的。癫痫是大脑神经元突发性的异常放电,导致个体行为和意识发生短暂的改变。大脑神经元的异常放电有可能是大脑的一个区域,也可能是开始于一个区域,然后蔓延到大脑的其他区域。如果神经元的异常放电只局限于大脑的一部分,那么就会导致部分性发作。如,孩子的一条胳膊或者一条腿可能会出现僵直或痉挛。如果神经元的异常放电发生在整个大脑,就会导致全身性的癫痫发作,也被称作癫痫大发作。

癫痫发作,包括热性惊厥,在儿童中的发病率为0.5%～1%;其中40%是18岁以下的儿童和青少年。脑瘫儿童和其他有健康问题、发育障碍的儿童不太可能"摆脱癫痫",也不太可能通过服用抗癫痫药物来较好地控制癫痫。因此,监控学生的癫痫往往成为班级教师监测学生健康的一项主要任务。

通常情况下,癫痫发作持续时间为30秒至3分钟。记录下学生癫痫发作的持续时间,有助于我们判断学生癫痫发作的"典型"持续时间。如果癫痫持续发作的时间超过30分钟,且个体一直处于无意识的状态,此种状态被称为癫痫持续状态,会危及个体的生命,需要立即接受医学治疗。美国癫痫基金会认为,当学生癫痫发作符合以下条件时,可判断为紧急情况:① 癫痫发作时间超过五分钟。② 癫痫反复发作,个体无法恢复意识。③ 因癫痫受伤或患有糖尿病。④ 第一次发生癫痫。⑤ 出现呼吸困难。⑥ 在水中癫痫发作。

教师需要一套系统的收集学生行为数据的方法,才能对癫痫做好及时、全面的监控。为了满足癫痫学生的各种需求,教育工作者应该与学生家人密切合作,获取所有必要的信息,比如,癫痫的类型,癫痫发作前、发作期间以及发作后的典型行为与表现。学校、家庭和医疗护理人员之间通力合作有助于提高对癫痫监控的有效性。比如,当学校工作人员意识到某种癫痫药物的药效改变时,他可以告知学生家人和医生,医生就会根据癫痫发作的频率和严重程度来对药物做出适当的调整。这些信息十分重要,尤其是当医生正在为学生确定药物以及药量的时候。如果学生要服用抗癫痫的药物,必须由学校保健室医生或者护士负责给药,并且必须得到相关医院医生的许可和指导。

如果学生在校期间发生癫痫,教师应该学会一些必要的处理措施:一旦出现癫痫发作,不必惊慌;采取保护措施,防止跌伤、烫伤;将压舌板或筷子置于患者一侧的上下磨牙间,以防咬伤舌头;解开患者衣扣、裤带,使其保持呼吸畅通,并清除口腔内异物,摘掉假牙,取侧卧位以防口腔异物和分泌物误吸;不可强行按压抽搐的身体,以免骨折及脱臼;持续抽搐 10 分钟以上,面色青紫,呼吸困难者,应及时送医院。

癫痫患儿的饮食也需要注意:患儿切忌过饥或过饱,勿暴饮暴食;患儿应尽量少饮用兴奋性饮料;患儿应注意合理膳食,补充足够营养;除合理饮食外,注意补充维生素 B6、维生素 K、叶酸、钙、镁等,并多食蔬菜水果(米糠、麦麸含有维生素 B6,所以应多食粗粮;鱼、虾、蛋、奶中含有丰富的维生素 D,并能促进钙质吸收;绿色蔬菜含有丰富的叶酸、维生素 K,所以病人不能偏食、挑食,必须全面均衡营养,合理饮食)。

此外,患儿应避免劳累,保证充足的睡眠,睡眠不足可诱发或加重癫痫发作,癫痫患儿每天至少需要 8~16 小时的睡眠。

表 7-5 癫痫行动计划

癫痫基金会
有效日期:
这个学生患有癫痫。如果在校期间,该学生癫痫发作,下面的一些信息可能会对你有所帮助。
学生姓名:_____ 出生日期:_____
学生父母/监护人:_____ 电话:_____ 手机:_____
医生:_____ 电话号码:_____
病史:
癫痫信息:

癫痫类型	持续时间	频率	具体描述

引发癫痫发作的事件或者癫痫发作前的征兆：＿＿＿＿＿＿＿＿ ＿＿＿＿＿＿＿＿

学生癫痫时的反应：＿＿＿＿＿＿＿＿＿＿＿＿＿＿＿＿＿＿

基本的急救：护理 & 治疗：

（请描述基本的急救措施）

在癫痫发作后，学生是否需要离开教室？ 是　否

基本的癫痫急救：	对于强直阵挛性（癫痫大发作）：
√ 保持冷静 & 争取时间	√ 注意保护学生头部
√ 保证学生的身体安全	√ 保持呼吸道通畅/观察学生的呼吸
√ 不要抓紧或制止患者抽搐	√ 让学生侧卧
√ 学生嘴巴里不要有任何东西	√ 待在学生身边，直到学生恢复意识
√ 在日志中记录下学生的癫痫	

如果学生需要离开教室，请描述学生返回教室的过程。

对紧急事件的反应：

该学生的"癫痫发作"这一紧急事件可以定义为：

应对癫痫发作的方案：（在对应的做过的事情上打勾，如果有其他的，请简要说明）

☐ 联系学校护士，时间为＿＿＿＿＿＿

☐ 拨打急救电话120

☐ 通知学生父母或者紧急联系人

☐ 通知医生

☐ 紧急服用下面列出的一些药物

☐ 其他＿＿＿＿＿＿＿＿＿＿

> 癫痫符合什么情况，被看作紧急事件：
> √ 强直阵挛性癫痫持续时间超过五分钟
> √ 学生在未恢复意识前癫痫反复发作
> √ 该学生第一次癫痫发作
> √ 学生身体受伤或学生患有糖尿病
> √ 学生有呼吸困难
> √ 学生是在水中发生癫痫的

在校期间的应对方案：（包括每天的常规药物治疗和紧急药物治疗）

每天的药物治疗	每天服用药物的剂量和时间	常见的副作用 & 特别提示

急救药品＿＿＿＿＿＿＿＿＿＿＿＿＿＿＿

学生是否有迷走神经刺激器（简称VNS）？ 是　否

如果有这个设备的话，简要描述一下如何使用这个设备＿＿＿＿＿＿＿

特殊考虑 & 安全预防措施：（结合学校活动、体育项目、旅游等）

医生签名：＿＿＿＿＿＿　　日期：＿＿＿＿＿＿

学生父母签名：＿＿＿＿＿＿　　日期：＿＿＿＿＿＿

此版权属于美国癫痫基金会股份有限公司，2008年。允许使用。

二、生长发育监测、营养补充和对摄入食物的管理

营养良好的孩子会按照人们预期的速度成长,对疾病的抵抗力也更强,有精力抓住各种社会机会和教育机会。想充分开发一名儿童的大脑和身体的潜能,获得充足的营养是至关重要的。中重度脑瘫儿童的进食障碍明显会影响到这些儿童的身体健康和营养状况,他们常常面临巨大的骨折风险,因为他们的骨密度普遍太低。即使是那些有轻度进食障碍的儿童,他们往往需要把食物切碎或者捣碎才能进食,这些儿童同样有营养不良的风险。为了采取适当的干预措施,学校团队必须了解哪些学生可能会有营养问题,并且有较为简单的筛选方法。

(一) 生长发育监测

生长是对个体健康、营养状况和发育的测量。我们可以通过测量某个学生的生长数据,从而监测学生的营养状况。通过多次测量个体的身高和体重,我们可概括出学生发展所呈现出的趋势,判断他们的生长是否属于异常,监测他们的营养状况,评估营养干预或医疗措施的作用如何。学校每年要至少三次准确地测量和记录下学生的生长数据。除了测量学生的身高和体重,还要计算出体重指数(缩写为 BMI)。BMI 体现了个体身高和体重之间的关系,能够为我们提供该学生生长的信息。许多重度障碍学生的生长速度与同龄人不同,所以在监测他们的生长情况时,体重指数这个指标显得尤为重要。

(二) 营养补充和对摄入食物的管理

许多多重障碍或者重度障碍儿童都存在进食困难。引发他们进食困难的原因可能是:慢性疾病、幼儿期负面的进食经历(比如:使用吸管、插管进食)、神经问题、吃饭时感到疲劳,也可能是上述几个因素叠加在一起的后果。

因为学生除了在学校用餐,还要在家中用餐,所以学校和家庭要通力合作,及时地沟通学生饮食行为或者饮食量的变化,这十分关键。具体要观察的学生行为有:① 一餐时间是否少于 10 分钟或者超过 40 分钟。② 一些特定的行为,比如,乱叫、大哭、身体不适的表现,包括频繁地呕吐、咳嗽或被呛到。③ 一顿饭中是否坚持至少包含六组食物种类中的两种,例如,脂肪、油、糖;牛奶、奶酪和酸奶;肉类、鱼类、豆类、鸡蛋和坚果;蔬菜;水果;面包、麦片、米饭和意大利面,或者一顿饭菜的量是否超过或不少于根据学生身高体重所建议的食量。

除了要记录学生每餐吃的食物,还要记录下学生对各种材质、口味、黏稠度食物的反应,这能够为家庭和学校提供很多重要的信息。通过这些信息可以了解学生的饮食偏好,了解他们对不同食物的咀嚼的差别,从而对他们的进食能

力进行判断。学生用餐时的体位也会对学生的用餐能力有影响,尤其是头部和躯干的位置,所以也要记录下学生用餐时的体位,这部分内容也能够为后续的简单的体位干预提供重要信息,也有助于恰当地转介。对于需插管喂食的或者是插管喂食与口服食物相结合进食的多重障碍或重度障碍学生,需重点观察随着时间的推移学生通过嘴巴和插管摄入的食物总量和食物种类的变化。

一些学生可能需要增加热量的摄入。当某个学生的体重指数低于预期时,其原因常常是因为该学生没有摄入足够的热量。但是只是通过简单地增加摄入的食物量来达到增加体重的目的,其效果往往不尽如人意,因为这些学生的口部运动功能往往存在受损或者过多进食会让他们口腔感到疲劳。学生经常生病,发生感染,服用某些药物,这些都会影响到他们的食欲。对于没有摄入足够多的食物、需增加热量摄入的学生,为了维持该学生正常的生长速度,可增加脂肪(特别是集中的热量来源)、炼乳、小麦胚芽或者鸡蛋的摄入,这些食物不仅可以增加热量和营养的摄入,同时也不需要学生吃更多的食物。为了增加学生的体重,还可以在每餐中加入两或三份高热量的点心。

摄入足够的液体是维持个体身体健康所必需的,而那些有口部运动困难或者肢体运动困难的儿童往往摄入的液体不足。这可能是下面一些原因造成的:不能表达自己口渴的需求;用手把液体递到嘴巴的运动能力不足;存在吮吸吞咽困难,和/或严重的流口水问题。与稀的液体相比,许多有口部运动困难的学生更能消化较为稠的液体,因此可以让他们食用更为黏稠的食物。通常能够使稀的液体变稠的食品有:水果泥、婴儿麦片、酸奶、脱水水果和蔬菜、明胶(添加到热的液体中),或专门为增加食物稠度的可售食品。一些水果和蔬菜也可以加入水中增加液体的黏度,比如,罐头装的水果、黄瓜和南瓜等。

学校保健是特殊学校日常工作中非常重要的内容。为了在教育环境中建立高质量的医疗护理,教师必须将教育与特殊的医疗护理流程有机结合,学校也要积极预防相关健康问题的发生。学校所有的工作人员都应该接受的培训包括:传染病的控制、急救和心肺复苏法。教师同时还应该了解有特殊的医疗护理需求学生的信息。这些信息至少包括:癫痫发作的信息,包括癫痫的类型、发作的频率和如何应对;服用药物的信息,包括服用哪些药物、服药的目的、服药的时间、可能存在的副作用或药物间可能发生的相互作用;发生突发事件时,可以联系的学生家人的电话号码、可选择的医疗机构、初步的医疗护理提供者的电话号码;拟定为个别学生实施特殊的医疗护理流程的具体方案,由谁主要负责医疗护理流程的实施、指定的备选人员是谁等。

只有学校、家庭和医疗护理人员之间通力合作,才能最好地满足学生的医疗护理需求。当每个人,当然也包括学生本人,都十分清楚为什么需要实施某个具体的流程后,并且把医疗护理流程融入 IHP 和/或 IEP 中,学生的健康就能得到保证,学生参与到学习活动中的能力也能有所提高。在实施医疗护理和监控工作中,如果能做到既有创造性,又保持一致性,那么就能够产生一个好的结果。

参考文献

1. 杜萍. 课堂管理的策略[M]. 北京:教育科学出版社,2005.
2. 方炳林. 普通教学法[M]. 台北:教育文物出版社,1976.
3. 高丽芷. 感觉统合(上篇):发现大脑[M]. 南京:南京师范大学出版社,2008.
4. 耿文侠,冯春明. 教师职业的专业特性分析[J]. 教育研究,2007(2).
5. 顾明远. 教育大词典[M]. 上海:上海教育出版社,1990.
6. 蒋鹤生,计惠民. 教师说课的意义及主要内容[J]. 白求恩军医学院学报,2011,09(1).
7. 教育部关于印发《特殊教育教师专业标准(试行)》的通知. 教师〔2015〕7号.(2015-08-26)[2019-04-16]. http://www.moe.gov.cn/srcsite/A10/s6991/201509/t20150901_204894.html
8. 教育部,民政部,财政部,等. 教育部等七部门关于印发《第二期特殊教育提升计划(2017—2020年)》的通知[EB/OL].(2017-07-28)[2019-04-10] http://www.moe.edu.cn/srcsite/A06/s3331/201707/t20170720_309687.html
9. 卡罗尔·西蒙·温斯坦,安德鲁·J.米格纳诺. 小学课堂管理[M]. 梁钫,戴艳萍,译. 上海:华东师范大学出版社,2003.
10. 刘沛华. 班主任工作全手册[M]. 南京:江苏教育出版社,2011.
11. 帕特里克·霍尔福德. 营养圣经[M]. 范志红,译. 北京:北京联合出版有限公司,2012.
12. 齐学红,袁子意. 新编班主任工作技能训练[M]. 上海:华东师范大学出版社,2011.
13. 上海市教育委员会关于开展上海市特殊教育专业岗位培训的通知. 沪教委人〔2013〕57号.
14. 孙冬梅. 复式教学新论[M]. 兰州:兰州大学出版社,2011.
15. 汤盛钦. 特殊儿童康复与训练[M]. 大连:辽宁师范大学出版社,2005.
16. 王和平. 特殊儿童的感觉统合训练[M]. 北京:北京大学出版社,2011.
17. 王世臻. 小学语文课堂板书设计与应用[M]. 济南:山东教育出版社,1998.
18. 习近平. 决胜全面建成小康社会 夺取新时代中国特色社会主义伟大胜

利——在中国共产党第十九次全国代表大会上的报告(2017年10月18日)[M]. 北京:人民出版社,2017.

19. 夏正江. 一个模子不适合所有的学生:差异教学的原理与实践[M]. 上海:华东师范大学出版社,2008.

20. 熊川武. 反思性教学[M]. 上海:华东师范大学出版社,1999.

21. 周勇,杨九俊. 新课程:说课、听课与评课[M]. 北京:教育科学出版社,2004.

22. 杨俊威. 功能本位介入策略对注意力缺陷过动症学生口语干扰行为之成效研究[J]. 东台湾特殊教育学报,2006(8):21-38.

23. 中华人民共和国语言文字委员会.《中华人民共和国国家通用语言文字法》,2000.

24. 昝飞. 行为矫正技术(第二版)[M]. 北京:中国轻工业出版社,2012.

25. 张福娟,江琴娣. 特殊儿童个案研究[M]. 上海:上海教育出版社,2005.

26. 张民杰. 班主任工作理论与实务[M]. 上海:华东师范大学出版社,2008.

27. 赵刚. 家长教育学[M]. 北京:教育科学出版社,2010.

28. 中国的儿童状况. (2000-0903)[2019-04-16]. http://www.fmprc.gov.cn/ce/cgkhb/chn/xnyfgk/t117153.htm,2004-5-22

29. Bönisch E. Experiences with pyrithioxin in brain-damaged Children with Autistic Syndrome[J]. PraxKinderpsycholKinderpsychiatr,1968,17(8):308-310.

30. Buie T,Campbell D B,Rd F G,et al. Evaluation,Diagnosis,and Treatment of Gastrointestinal Disorders in Individuals with ASDs:a Consensus Report. [J]. Pediatrics,2010,125 Suppl 1(Supplement):S1—18.

31. Clark J H,Rhoden D K,Turner D S. Symptomatic Vitamin A and D Deficiencies in an Eight-year-old with Autism. [J]. Journal of Parenteral & Enteral Nutrition,1993,17(3):284—286.

32. Doyle W. Classroom Organization and Management [M]//M. C. Wittrock (Ed.). Handbook of research and teaching (3rd ed.). NewYork: Macmillan,1986.

33. Li Q,Han Y,Abc D,et al. The Gut Microbiota and Autism Spectrum Disorders:[J]. Frontiers in Cellular Neuroscience,2017,11:120.

34. Lucarelli S,Frediani T,Zingoni A. M,etalVFood Allergy and Infantile Autism. Panminerva Med,1995,37(3):137—141.

35. Meiri G,Bichovsky Y,Belmaker R H. Omega 3 Fatty acid Treatment in Autism. [J]. Journal of Child & Adolescent Psychopharmacology,2009,19(4):

449—451.

36. Mohamed B F, Zaky E A, Elsayed A B, et al. Assessment of Hair Aluminum, Lead, and Mercury in a Sample of Autistic Egyptian Children: Environmental Risk Factors of Heavy Metals in Autism[J]. Behavioural Neurology, 2015(3).

37. Polloway E. A., Patton J. R., Serna L., Bailey J. W.. Strategies for Teaching Learners with Special Needs(9th ed.)[M]. Upper Saddle River, NJ: Merrill/Pearson, 2013.

38. Sandler R H, Finegold S M, Bolte E R, et al. Short-term Benefit from Oral Vancomycin Treatment of Regressive-onset Autism[J]. Journal of Child Neurology, 2000, 15(7): 429—435.

39. Veugelers R, Benninga M A, Calis E A, et al. Prevalence and Clinical Presentation of Constipation in Children with Severe Generalized Cerebral Palsy[J]. Developmental Medicine & Child Neurology, 2010, 52(9): e216—e221.

北京大学出版社
教育出版中心 精品图书

21世纪特殊教育创新教材·理论与基础系列
特殊教育的哲学基础　　　　　方俊明 主编 36元
特殊教育的医学基础　　　　　张　婷 主编 36元
特殊教育导论（第二版）　　　雷江华 主编 45元
特殊教育学（第二版）　　雷江华 方俊明 主编 43元
特殊儿童心理学（第二版）方俊明 雷江华 主编 39元
特殊教育史　　　　　　　　　朱宗顺 主编 39元
特殊教育研究方法（第二版）
　　　　　　　　　　　杜晓新 宋永宁等 主编 39元
特殊教育发展模式　　　　　　任颂羔 主编 33元
特殊儿童心理与教育（第二版）
　　　　　　　　　杨广学 张巧明 王 芳 主编 36元
教育康复学导论　　　　　杜晓新 黄昭鸣 55元
特殊儿童病理学　　　　　王和平 杨长江 48元

21世纪特殊教育创新教材·发展与教育系列
视觉障碍儿童的发展与教育　　　邓 猛 编著 33元
听觉障碍儿童的发展与教育　　　贺荟中 编著 38元
智力障碍儿童的发展与教育
　　　　　　　　　　　刘春玲 马红英 编著 32元
学习困难儿童的发展与教育　　　赵 微 编著 39元
自闭症谱系障碍儿童的发展与教育
　　　　　　　　　　　　　　周念丽 编著 32元
情绪与行为障碍儿童的发展与教育
　　　　　　　　　　　　　　李闻戈 编著 36元
超常儿童的发展与教育（第二版）
　　　　　　　　　　　苏雪云 张 旭 编著 39元

21世纪特殊教育创新教材·康复与训练系列
特殊儿童应用行为分析　　李 芳 李 丹 编著 36元
特殊儿童的游戏治疗　　　　　周念丽 编著 30元
特殊儿童的美术治疗　　　　　孙 霞 编著 38元
特殊儿童的音乐治疗　　　　　胡世红 编著 32元
特殊儿童的心理治疗（第二版）杨广学 编著 45元
特殊教育的辅具与康复　　　　蒋建荣 编著 29元
特殊儿童的感觉统合训练　　　王和平 编著 45元
孤独症儿童课程与教学设计　　王 梅 著 37元

自闭谱系障碍儿童早期干预丛书
如何发展自闭谱系障碍儿童的沟通能力
　　　　　　　　　　　　朱晓晨 苏雪云 29元
如何理解自闭谱系障碍和早期干预 苏雪云 32元
如何发展自闭谱系障碍儿童的社会交往能力
　　　　　　　　　　　　　吕 梦 杨广学 33元
如何发展自闭谱系障碍儿童的自我照料能力
　　　　　　　　　　　　　倪萍萍 周 波 32元
如何在游戏中干预自闭谱系障碍儿童
　　　　　　　　　　　　　朱 瑞 周念丽 32元
如何发展自闭谱系障碍儿童的感知和运动能力
　　　　　　　　　　韩文娟，徐芳，王和平 32元
如何发展自闭谱系障碍儿童的认知能力
　　　　　　　　　　　　　潘前前 杨福义 39元
自闭症谱系障碍儿童的发展与教育 周念丽 32元
如何通过音乐干预自闭谱系障碍儿童 张正琴 36元
如何通过画画干预自闭谱系障碍儿童 张正琴 36元
如何运用ACC促进自闭谱系障碍儿童的发展
　　　　　　　　　　　　　　　　苏雪云 36元
孤独症儿童的关键性技能训练法　　李 丹 45元
自闭症儿童家长辅导手册　　　　雷江华 35元
孤独症儿童课程与教学设计　　　王 梅 37元
融合教育理论反思与本土化探索　邓 猛 58元
自闭症谱系障碍儿童家庭支持系统 孙玉梅 36元

特殊学校教育·康复·职业训练丛书（黄建行 雷江华 主编）
信息技术在特殊教育中的应用　　　　55元
智障学生职业教育模式　　　　　　　36元
特殊教育学校学生康复与训练　　　　59元
特殊教育学校校本课程开发　　　　　45元
特殊教育学校特奥运动项目建设　　　49元

21世纪学前教育规划教材
学前教育概论　　　　　　　李生兰 主编 49元
学前教育管理学　　　　　　　王 雯 45元
幼儿园歌曲钢琴伴奏教程　　　果旭伟 39元
幼儿园舞蹈教学活动设计与指导 董 丽 36元
实用乐理与视唱　　　　　　　代 苗 40元
学前儿童美术教育　　　　　　冯婉贞 45元
学前儿童科学教育　　　　　　洪秀敏 39元
学前儿童游戏　　　　　　　　范明丽 39元
学前教育研究方法　　　　　　郑福明 39元
外国学前教育史　　　　　　　郭法奇 39元
学前教育政策与法规　　　　　魏 真 36元
学前心理学　　　　　　　涂艳国、蔡艳 36元
学前教育理论与实践教程
　　　　　　　　　王 维 王维娅 孙 岩 39元
学前儿童数学教育　　　　　　赵振国 39元

大学之道丛书

市场化的底限	[美]大卫·科伯 著	59元
大学的理念	[英]亨利·纽曼 著	49元
哈佛：谁说了算	[美]理查德·布瑞德利 著	48元
麻省理工学院如何追求卓越	[美]查尔斯·维斯特 著	35元
大学与市场的悖论	[美]罗杰·盖格 著	48元
高等教育公司：营利性大学的崛起	[美]理查德·鲁克 著	38元
公司文化中的大学：大学如何应对市场化压力	[美]埃里克·古尔德 著	40元
美国高等教育质量认证与评估	[美]美国中部州高等教育委员会 编	36元
现代大学及其图新	[美]谢尔顿·罗斯布莱特 著	60元
美国文理学院的兴衰——凯尼恩学院纪实	[美]P.F.克鲁格 著	42元
教育的终结：大学何以放弃了对人生意义的追求	[美]安东尼·T.克龙曼 著	35元
大学的逻辑（第三版）	张维迎 著	38元
我的科大十年（续集）	孔宪铎 著	35元
高等教育理念	[英]罗纳德·巴尼特 著	45元
美国现代大学的崛起	[美]劳伦斯·维赛 著	66元
美国大学时代的学术自由	[美]沃特·梅兹格 著	39元
美国高等教育通史	[美]亚瑟·科恩 著	59元
美国高等教育史	[美]约翰·塞林 著	69元
哈佛通识教育红皮书	哈佛委员会撰	38元
高等教育何以为"高"——牛津导师制教学反思	[英]大卫·帕尔菲曼 著	39元
印度理工学院的精英们	[印度]桑迪潘·德布 著	39元
知识社会中的大学	[英]杰勒德·德兰迪 著	32元
高等教育的未来：浮言、现实与市场风险	[美]弗兰克·纽曼等 著	39元
后现代大学来临？	[英]安东尼·史密斯等 主编	32元
美国大学之魂	[美]乔治·M.马斯登 著	58元
大学理念重审：与纽曼对话	[美]雅罗斯拉夫·帕利坎 著	40元
学术部落及其领地——当代学术界生态揭秘（第二版）	[英]托尼·比彻 保罗·特罗勒尔 著	33元
德国古典大学观及其对中国大学的影响（第二版）	陈洪捷 著	42元
转变中的大学：传统、议题与前景	郭为藩 著	23元
学术资本主义：政治、政策和创业型大学	[美]希拉·斯劳特 拉里·莱斯利 著	36元
21世纪的大学	[美]詹姆斯·杜德斯达 著	38元
美国公立大学的未来	[美]詹姆斯·杜德斯达 弗瑞斯·沃马克 著	30元
东西象牙塔	孔宪铎 著	32元
理性捍卫大学	眭依凡 著	49元

学术规范与研究方法系列

社会科学研究方法100问	[美]萨子金德 著	38元
如何利用互联网做研究	[爱尔兰]杜恰泰 著	38元
如何为学术刊物撰稿：写作技能与规范（英文影印版）	[英]罗薇娜·莫 编著	26元
如何撰写和发表科技论文（英文影印版）	[美]罗伯特·戴 等著	39元
如何撰写与发表社会科学论文：国际刊物指南	蔡今忠 著	35元
如何查找文献	[英]萨莉拉·姆齐 著	35元
给研究生的学术建议	[英]戈登·鲁格 等著	26元
科技论文写作快速入门	[瑞典]比约·古斯塔维 著	19元
社会科学研究的基本规则（第四版）	[英]朱迪斯·贝尔 著	32元
做好社会研究的10个关键	[英]马丁·丹斯考姆 著	20元
如何写好科研项目申请书	[美]安德鲁·弗里德兰德 等著	28元
教育研究方法（第六版）	[美]乔伊斯·高尔 等著	88元
高等教育研究：进展与方法	[英]马尔科姆·泰特 著	25元
如何成为学术论文写作高手	华莱士 著	49元
参加国际学术会议必须要做的那些事	华莱士 著	32元
如何成为优秀的研究生	布卢姆 著	38元

21世纪高校职业发展读本

如何成为卓越的大学教师	肯·贝恩 著	32元
给大学新教员的建议	罗伯特·博伊斯 著	35元
如何提高学生学习质量	[英]迈克尔·普洛瑟 等著	35元
学术界的生存智慧	[美]约翰·达利 等主编	35元
给研究生导师的建议（第2版）	[英]萨拉·德拉蒙特 等著	30元

21世纪教师教育系列教材·物理教育系列

中学物理微格教学教程（第二版）
　　　　　　　　张军朋　詹伟琴　王　恬　编著　32元
中学物理科学探究学习评价与案例
　　　　　　　　张军朋　许桂清　编著　32元
物理教学论　　　　　邢红军　著　49元
中学物理教学评价与案例分析
　　　　　　　　王建中　孟红娟　著　38元

21世纪教育科学系列教材·学科学习心理学系列

数学学习心理学（第二版）
　　　　　　　　孔凡哲　曾　峥　编著　38元
语文学习心理学　　　董蓓菲　编著　39元

21世纪教师教育系列教材

教育学基础　　　　　庞守兴　主编　40元
教育学　　　　　　　余文森　王　晞　主编　26元
教育研究方法　　　　刘淑杰　主编　45元
教育心理学　　　　　王晓明　主编　55元
心理学导论　　　　　杨凤云　主编　46元
教育心理学概论　　　连　榕　罗丽芳　主编　42元
课程与教学论　　　　李　允　主编　42元
教师专业发展导论　　于胜刚　主编　42元
学校教育概论　　　　李清雁　主编　42元
现代教育评价教程（第二版）　吴　钢　主编　45元
教师礼仪实务　　　　刘　霄　主编　36元
家庭教育新论　　　　闫旭蕾　杨　萍　主编　39元
中学班级管理　　　　张宝书　主编　39元
教育职业道德　　　　刘亭亭　39元
教师心理健康　　　　张怀春　39元
现代教育技术　　　　冯玲玉　39元
青少年发展与教育心理学
　　　　　　　　　　张　清　42元
课程与教学论　　　　李　允　42元
课堂教学艺术（第二版）　孙菊如　陈春荣　49元

21世纪教师教育系列教材·初等教育系列

小学教育学　　　　　田友谊　主编　39元
小学教育学基础　　　张永明　曾　碧　主编　42元
小学班级管理　　　　张永明　宋彩琴　主编　39元
初等教育课程与教学论　罗祖兵　主编　45元
小学教育研究方法　　王红艳　主编　39元

教师资格认定及师范类毕业生上岗考试辅导教材

教育学　　　　　　　余文森　王　晞　主编　26元
教育心理学概论　　　连　榕　罗丽芳　主编　42元

21世纪教师教育系列教材·学科教育心理学系列

语文教育心理学　　　董蓓菲　编著　39元
生物教育心理学　　　胡继飞　编著　45元

21世纪教师教育系列教材·学科教学论系列

新理念化学教学论（第二版）　王后雄　主编　45元
新理念科学教学论（第二版）
　　　　　　　　崔　鸿　张海珠　主编　36元
新理念生物教学论（第二版）
　　　　　　　　崔　鸿　郑晓慧　主编　45元
新理念地理教学论（第二版）　李家清　主编　45元
新理念历史教学论（第二版）　杜　芳　主编　33元
新理念思想政治（品德）教学论（第二版）
　　　　　　　　胡田庚　主编　36元
新理念信息技术教学论（第二版）
　　　　　　　　吴军其　主编　32元
新理念数学教学论　　冯　虹　主编　36元

21世纪教师教育系列教材·语文课程与教学论系列

语文文本解读实用教程　荣维东　主编　49元
语文课程教师专业技能训练
　　　　　　　　张学凯　刘丽丽　主编　45元
语文课程与教学发展简史
　　　　　　　　武玉鹏　王从华　黄修志　主编　38元
语文课程学与教的心理学基础　韩雪屏　王朝霞　主编
语文课程名师名课案例分析　武玉鹏　郭治锋　主编
语用性质的语文课程与教学论　王元华　著　42元

21世纪教师教育系列教材·学科教学技能训练系列

新理念生物教学技能训练（第二版）　崔　鸿　33元
新理念思想政治（品德）教学技能训练（第二版）
　　　　　　　　胡田庚　赵海山　29元
新理念地理教学技能训练　李家清　32元
新理念化学教学技能训练（第二版）　王后雄　36元
新理念数学教学技能训练　王光明　36元
新理念小学音乐教学法　吴跃跃　主编　38元

王后雄教师教育系列教材

教育考试的理论与方法　王后雄　主编　35元
化学教育测量与评价　　王后雄　主编　45元
中学化学实验教学研究　王后雄　主编　32元
新理念化学教学诊断学　王后雄　主编　48元

西方心理学名著译丛

荣格心理学七讲　　　[美]卡尔文·霍尔　45元

书名	作者	定价
拓扑心理学原理	[德] 库尔德·勒温	32元
系统心理学：绪论	[美] 爱德华·铁钦纳	30元
社会心理学导论	[美] 威廉·麦独孤	36元
思维与语言	[俄] 列夫·维果茨基	30元
人类的学习	[美] 爱德华·桑代克	30元
基础与应用心理学	[德] 雨果·闵斯特伯格	36元
记忆	[德] 赫尔曼·艾宾浩斯 著	32元
儿童的人格形成及其培养	[奥地利] 阿德勒 著	35元
幼儿的感觉与意志	[德] 威廉·蒲莱尔 著	45元
实验心理学（上下册）	[美] 伍德沃斯 施洛斯贝格 著	150元
格式塔心理学原理	[美] 库尔特·考夫卡	75元
动物和人的目的性行为	[美] 爱德华·托尔曼	44元
西方心理学史大纲	唐钺	42元

心理学视野中的文学丛书

围城内外——西方经典爱情小说的进化心理学透视	熊哲宏	32元
我爱故我在——西方文学大师的爱情与爱情心理学	熊哲宏	32元

21世纪教学活动设计案例精选丛书（禹明 主编）

初中语文教学活动设计案例精选	23元
初中数学教学活动设计案例精选	30元
初中科学教学活动设计案例精选	27元
初中历史与社会教学活动设计案例精选	30元
初中英语教学活动设计案例精选	26元
初中思想品德教学活动设计案例精选	20元
中小学音乐教学活动设计案例精选	27元
中小学体育（体育与健康）教学活动设计案例精选	25元
中小学美术教学活动设计案例精选	34元
中小学综合实践活动教学活动设计案例精选	27元
小学语文教学活动设计案例精选	29元
小学数学教学活动设计案例精选	33元
小学科学教学活动设计案例精选	32元
小学英语教学活动设计案例精选	25元
小学品德与生活（社会）教学活动设计案例精选	24元
幼儿教育教学活动设计案例精选	39元

全国高校网络与新媒体专业规划教材

书名	作者	定价
文化产业概论	尹章池	38元
网络文化教程	李文明	42元
网络与新媒体评论	杨娟	38元
新媒体概论	尹章池	39元
新媒体视听节目制作	周建青	45元
融合新闻学	石长顺	39元
新媒体网页设计与制作	惠悲荷	39元
网络新媒体实务	张合斌	39元
突发新闻教程	李军	45元
视听新媒体节目制作	周建青	45元
视听评论	何志武	32元
出镜记者案例分析	刘静 邓秀军	39元
视听新媒体导论	郭小平	39元
网络与新媒体广告	尚恒志 张合斌	49元
网络与新媒体文学	唐东堰 雷奕	49元

全国高校广播电视专业规划教材

书名	作者	定价
电视节目策划教程	项仲平 著	36元
电视导播教程	程晋 编著	39元
电视文艺创作教程	王建辉 编著	39元
广播剧创作教程	王国臣 编著	36元

21世纪教育技术学精品教材（张景中 主编）

书名	作者	定价
教育技术学导论（第二版）	李芒 金林 编著	38元
远程教育原理与技术	王继新 张屹 编著	41元
教学系统设计理论与实践	杨九民 梁林梅 编著	29元
信息技术教学论	雷体南 叶良明 主编	29元
网络教育资源设计与开发	刘清堂 主编	30元
学与教的理论与方式	刘雍潜	32元
信息技术与课程整合（第二版）	赵呈领 杨琳 刘清堂	39元
教育技术研究方法	张屹 黄磊	38元
教育技术项目实践	潘克明	32元

21世纪信息传播实验系列教材（徐福荫 黄慕雄 主编）

多媒体软件设计与开发	32元
电视照明·电视音乐音响	26元
播音与主持艺术（第二版）	38元
广告策划与创意	26元
摄影基础（第二版）	32元

21世纪教师教育系列教材·专业养成系列（赵国栋 主编）

微课与慕课设计初级教程	40元
微课与慕课设计高级教程	48元
微课、翻转课堂和慕课设计实操教程	188元
网络调查研究方法概论（第二版）	49元
PPT云课堂教学法	88元